埃及历史铭文举要

李晓东 译注

商务印书馆
2007年·北京

图书在版编目(CIP)数据

埃及历史铭文举要/李晓东译注.—北京:商务印书馆,2007.12
ISBN 978-7-100-05657-1

Ⅰ.埃… Ⅱ.李… Ⅲ.埃及-古代史-史料 Ⅳ.K411.206

中国版本图书馆 CIP 数据核字(2007)第 162227 号

所有权利保留。
未经许可,不得以任何方式使用。

本书系东北师范大学历史文化学院
"十五·211"项目"地域文明重点问题"结项成果

埃及历史铭文举要
李晓东 译注

商 务 印 书 馆 出 版
(北京王府井大街36号 邮政编码100710)
商 务 印 书 馆 发 行
北 京 民 族 印 刷 厂 印 刷
ISBN 978-7-100-05657-1

2007年12月第1版　　　开本 787×960　1/16
2007年12月北京第1次印刷　印张 19 3/4

定价:42.00元

谨以此书缅怀
先师林公志纯教授
(1910—2007年)

目 录

前言 ·· 1

释例 ·· 6

一 古王国铭文 ······························ 1
  1 巴勒莫石碑 ···························· 4
  2 古王国对外关系铭文 ···················· 29
  3 梅藤传记 ······························ 30
  4 祥目石碑 ······························ 33
  5 国王哈弗瑞之子内库瑞遗嘱 ············ 35
  6 维什普塔赫陵墓铭文 ·················· 37
  7 普塔赫舍普塞斯铭文 ·················· 39
  8 乌哈的祭品 ···························· 42
  9 诺姆长汗库墓铭文 ···················· 43
  10 苇尼铭文 ····························· 44
  11 哈尔胡夫陵墓铭文 ···················· 52
  12 第一瀑布铭文 ························ 57

二 第一中间期铭文 ·························· 59
  1 斯坞特铭文 ···························· 62

三 中王国铭文 ······························ 73

2 埃及历史铭文举要

1 泰缇石碑 …………………………………………………… 76
2 哈努姆霍太普一世铭文 …………………………………… 78
3 阿蒙尼姆赫特铭文 ………………………………………… 80
4 赫普斋菲契约 ……………………………………………… 83
5 塞索斯特瑞斯三世统治时期对努比亚的占领 …………… 97
6 中王国埃及人与亚洲接触短铭文 ………………………… 107
7 霍尔维尔瑞铭文 …………………………………………… 109
8 被称作扎阿的胡塞贝克铭文 ……………………………… 110

四 第二中间期铭文 …………………………………………… 113
1 科普托斯政令 ……………………………………………… 114
2 阿蒙尼色内卜铭文 ………………………………………… 116

五 新王国铭文 …………………………………………………… 119
1 卡摩斯铭文 ………………………………………………… 121
2 上埃及艾尔—卡伯阿赫摩斯陵墓铭文 …………………… 124
3 阿尔蒙特石碑 ……………………………………………… 130
4 哈特舍普苏特出生 ………………………………………… 132
5 加冕令 ……………………………………………………… 148
6 卡纳克事记 ………………………………………………… 155
7 阿蒙霍太普二世的亚洲战役 ……………………………… 164
8 底比斯的叙利亚战俘聚居地 ……………………………… 174
9 底比斯墓中表现与亚洲贸易的场景 ……………………… 174
10 埃及人与亚洲神 …………………………………………… 177
11 赫瑞姆赫布将军墓铭文 …………………………………… 181
12 阿玛那改革后图坦哈门的宗教复辟 ……………………… 183
13 塔尼斯城纪年 ……………………………………………… 187
14 塞提一世在巴勒斯坦北部的一次战役 …………………… 189

15	塞提一世的亚洲战役	191
16	塞提一世与拉美西斯二世贝特珊石碑	194
17	拉美西斯二世的亚洲战役	195
18	维西尔帕塞尔陵墓自传铭文	209
19	一名边境官员的日志	210
20	边境官员的报告	212
21	追捕亡奴	213
22	抗击海上民族战争	215
23	哈尔发旱谷石碑(1)	218
24	卡纳克浮雕铭文	221
25	哈尔发旱谷石碑(2)	257
26	巴勒斯坦石碑	259
27	卡纳克大铭文	261
28	开罗石柱	271
29	阿瑟瑞比斯石碑	272
30	婚姻石柱	274

六 第三中间期铭文 278
　1 吉别林铭文 279
　2 达赫勒石碑 280

七 晚王国铭文 283
　1 塞拉皮雍石碑(I) 284
　2 塞拉皮雍石碑(II) 285

参考书目 287
译名对照表 288

前　　言

　　古埃及历史研究建立在古埃及考古文献基础之上。由于时代久远，文明断绝，考古文献研究几乎完全承担起重建历史的重任。埃及人几乎没给后人留下什么书写的历史，即使是某个国王统治的断代史也没有留下。尽管古埃及史家曼涅托曾经写下《古埃及历史》，但也早已亡佚，不复存在，残篇断简也没能保存下来。我们只在古典希腊著作家的著作中得知曼涅托及其著作曾经存在过的只鳞片爪，除了知道埃及历史在曼涅托的《古埃及历史》中划分为30个王朝并为后世史家所普遍接受外，其余内容便全部消失在历史的漫漫尘埃中。古典希腊著作家是最接近古埃及历史的史家，但也只有希罗多德在古埃及语言尚在埃及人口中使用时游历过埃及。因此，其《历史》多为当今古埃及历史研究者所借鉴。但希罗多德并非埃及学家，也不懂古埃及语言文字。其《历史》记述多为道听途说，对重建古埃及史作用不大，只有在古埃及人的风俗习惯研究方面能够给人诸多生动的描述。

　　因此，重建古埃及历史唯一可资利用的基础就只有考古文献一途。古埃及考古文献不仅有遗址的挖掘、居住地的复原、遗物的分析、年代的断定，还包括大量的文字材料。尽管这些文字材料用象形文字、世俗体文字和祭祀体文字书写，在古埃及文字成功破译之前无人能懂，但阅读翻译这些文献对现在的埃及学家来说已没有什么障碍。然而，重建历史的任务并未因有了文献可读就一切迎刃而解。历史是过去发生的一切事件的总和，是包括政治、经济、文化各个方面在不同时间上的整体面貌及历史长河中的总体脉络。虽然我们有大量的文字文献，在重建古埃及历史的时候，我们还是面临非常大的困难。

首先，文字文献来源并不均衡。北方文字文献较为稀少，南方文字文献较为丰富。古埃及早期文献尤其如此。这一方面是由于古埃及政治文化中心多在南方的缘故，但更主要的原因是古埃及人用来建造现实生活处所的材料多为泥砖，而建造来世生活处所的材料多为石头。南方一直是古埃及丧葬中心，神庙也集中在南方。泥砖易朽，石头却可以长久存留下来。修建陵墓和神庙的石头即使后来被人拆毁，其上所载文字仍然保存了下来。而泥砖就没这份幸运，我们不知道有多少用泥砖修建的建筑的墙壁上曾记载过的历史大事，都随着泥砖建筑的倒塌而消失殆尽，不复存在。这就使我们重建历史的时候偏向南方，似乎南方是古埃及的中心。同时，南方统治时期的历史文献多，而北方统治时期文献少，导致重建的历史可能并不完整。

其次，文字文献残片较多。由于古埃及文字文献的时代久远，受自然侵蚀比较严重，许多文字变得模糊不清。即使文字可读也大多不再完整，只剩一小部分的情形屡见不鲜。更有甚者，数千年的时间中经历了太多的时代变迁、朝代更迭后，新王朝往往并不重视旧王朝留下来的建筑。于是，很多文字文献就在旧建筑被人们拆毁并使用其材料建造新建筑的过程中消失了。偶有存留发现也因其失去原文献背景而增加了研究的难度，且因石头的重新利用而在工匠手上凿切磨打更使文献存留雪上加霜。石头上与墙壁上的文字残损严重，草纸上的文献更随空气中潮气的侵蚀而变得斑驳。自然的侵蚀现在仍在继续，今天尚未复制的文献，明天可能就不再可读。

再次，文字文献多孤立而少关联。这一方面是由于历史留存下来的文字材料大多是残篇，更因为很多原始材料都已经不在其原来应该在的位置上。这样，这些文献就失去了其书写时的必要背景，让后人很难从中推断出整个历史的来龙去脉。有时觉得一篇铭文应该属于某个特定时代，但也会因为没有确凿证据说明一定归属于这个历史时期而让史家不敢妄下结论。

第四，文字文献晦涩难懂。这不仅是因为古埃及文字成为死文字而破译后需要语言文字学家大量研究积累,才能准确翻译古埃及铭文,还因为很多可资利用的文献只有早期研究者公布的摹本,原文现在已不复存在。千年以来,埃及一直是吸引人们前往探察的热点国家,文物掠夺、损坏严重。即使抱着科学态度前往研究的学者,也会因为方法不当而使文献原件散失世界各地,流入不同人的手中。很多原文已不可见,惟有摹本存世。但遗憾的是,早期抄写者多非古金石学家,更不懂埃及文字。人们在抄写熟悉的文字文献时尚难避免遗漏、串行、衍文、误读等错误,更何况对于完全不懂且书写极其困难的古埃及文字。所以,这些公开发表的摹本大多无法利用,只能作为埃及学发展史本身的"文物"存入博物馆了。

第五,文字文献神之色彩较浓。古埃及人将政治、文化、宗教融于一体,我们很难将铭文按政治、经济、文化、宗教等类别分类。陵墓铭文是献给来世的;神庙铭文是献给神祇的;石碑记录的是现世的内容,但并非为了记录历史,而是为了感谢神灵。所以,我们无法获得直接的历史陈述,必须从敬神的字里行间寻找历史的踪迹。

文字文献尽管存在着很多问题和困难,但仍是无法替代的最重要的历史文献。当然,有一部分文字文献与历史毫无关系,比如《亡灵书》。但大多都为历史的重建提供了很有价值的材料。草纸文献我们几乎没选,故不论及。铭文文献主要有墓铭、庙铭、碑铭及采石场铭文。

墓铭。墓铭文献从古王国开始在皇家和贵族陵墓中的墙壁上出现,多伴之以浮雕或壁画。最初的墓铭比较简短,只是浮雕或壁画的解说文字。因为墓铭的用途主要是让死者在另一个永恒的世界中认定自己的身份和社会地位,故出现在墓铭中的文字首先是陵墓所有者的名字和头衔。墓铭的格式也较固定,甚至有许多雷同之处。甚至因此而有些埃及学家称之为古埃及人的"集体备忘录"。后来,贵族墓铭中出现了较长的文字,记述自己与国王的关系,如何得到国王的奖赏。这样的墓铭被后人称作"自传"。还有一些转赠等法律文书性质的文字也出现在墓铭中。到中王国,墓铭中出现了更多贵族家庭生活的详细情况。新王国的墓铭内容更为丰富,国外进贡等情况也在墓铭中出现。墓铭是我们重建古埃及历史不可缺少的重要文献。

庙铭。古埃及有大量的神庙保存下来，特别是新王国时期建造的神庙。然而，新王国以前的神庙留下来的却非常稀少。这一方面是时代久远、天灾人祸的结果，另一方面也是因为神庙建筑多随统治者的去世而成为后来神庙的采石场。新王国神庙大量保存下来，但十八王朝的神庙却几乎消失殆尽。因此，古埃及庙铭主要是十九王朝的文献及以后的一些神庙铭文。庙铭多为浮雕的简单的文字解说，多记载法老对外战争的胜利。文字中充满老套的对法老的赞颂，主要内容为法老对敌人的打击、俘获俘虏和向阿蒙神献上战利品。庙铭一般都不详细，因为刻写下这些庙铭时无需记录战事详细细节，人们对此都耳熟能详，古埃及人并不为历史着想。但庙铭中有些记载神庙建造者生平的文字作为历史文献却非常重要。此类铭文常将国王早年生平及如何登上王位刻写下来，是铭文中极为珍贵的历史文献。

碑铭。古埃及石碑很多，其上都有铭文。铭文多伴随浮雕或壁画，标志地点或记录事件。根据其功能与地点的不同，古埃及石碑大体可分作庙碑、墓碑和纪念碑几种。庙碑立于神庙之中，多为敬神之用，或有记事之碑。墓碑立于墓外，标记献祭地点，其上铭文多写献上的祭品，同时标明墓主名字。纪念碑有两种，一为标志边境之碑，或标明对外势力范围，或标志一地之属；二为对外战争胜利纪念碑。古埃及早期王表最初写在草纸之上，后也立碑刻录其内容。《巴勒莫石碑》于此类中最为著名。王表中记录国王统治时期的重要事件，从神话时候开始一直记到王表书写时期为止。因其主要目的是为了夸耀或显示王权传承的神圣，所以越往前内容越简单，所记国王名字也不一定是国王。此外，碑铭中有一类虽归在碑铭之中，但并非立起的石碑，而是岩石上刻下的一块类似石碑的铭文，如阿斯旺的《饥荒碑》。

采石场铭文。埃及是多石头的国家，他们的建筑也需要大量的石料。古埃及法老为建造陵墓和神庙，常派远征队伍前往采石场劳作。派往采石场的队伍常似一场对外战争的军队。采石场留下的铭文不仅有国王的名字、负责队伍的官员的名字、派遣队伍的记载，还会出现很多远征细节的描述。除了正式文书，采石场还有随便在石头上刻下的被称作涂鸦的文字，与采石场铭文一起成为古埃及历史铭文中的一项不可缺少的内容。

本书在选择文献过程中尽可能照顾到铭文的不同来源、不同时代。古王国、中王国和新王国是古埃及历史的主要阶段，故所选铭文也多。三个中间期因分裂混乱，铭文留存就不多，所以铭文选择也少。晚王国也只选两篇。

本书铭文多从布莱斯泰德的《古埃及记录》（芝加哥，1906）和《古代近东文献》（普林斯顿，1955）译出，翻译过程中大多参照核对了铭文原文，但有几篇原文未能找到，故未能尽所有铭文核对。因过去对古埃及人名的翻译都是从英文音译而来，而英文又都是从古希腊语译出，常失去名字原来的含义，甚至完全与原文相异。因此，书中埃及人名的翻译除少数几个约定俗成者外，都按照埃及原文翻译，以使译文更加正确。

释　例

1. 缺失破损处用方块符号填补。需要说明的是,因古埃及语文字长短不一,故很难判断其破损处文字的准确数量。
   例如:"我将在冥界为他们□□□□。"

2. 凡破损不严重尚可推出铭文内容或根据同类文献恢复原文之处,一律用方括号标记。
   例如:"将[其]驱逐出神庙。"

3. 凡原文需要添加文字才能正确理解铭文意思之处,用圆括号标注。
   例如:"(女神)塞莎特的祭司塞弗亥特为(被称作)'神之宝座'的房屋放绳。"

4. 每篇铭文都根据其所记内容加一标题,此为埃及学者约定俗成的惯例。

5. 铭文每行用圆括号数字标出。
   例如:"(1)十二次清点大小牛之年。"

6. 文中人名地名翻译除约定俗成者,多根据埃及语而不是西文惯例译出,可于"译名对照表"中查到。

7. 译文正文用缩进格式,为仿宋字体。因埃及铭文多以浮雕壁画注释形式出现,常有不完整字句出现,故需在译文前加以标注。必要解释以未缩进格式置于译文前。
   例如:

   【译文】
   　马之上文字

(7)陛下第一次伟大跨越:"胜利中的伟大"。

8. 铭文长短不一,为便于注释,各铭文皆分成若干段。

一　古王国铭文

古王国虽然不是古埃及历史的开端，但却是古埃及历史文字文献开始出现长篇的历史时期。对古王国之前的历史，我们主要通过考古遗址的挖掘和留存下来的古代建筑进行重新建构和复原，虽然有壁画内容的帮助，但只能粗线条地进行解说。古王国时期，文字文献开始越来越多地出现。主要文字文献有莎草纸上的文字和石碑、陵墓墙壁上的文字，我们称之为铭文。这些铭文对古王国的政治、经济、文化各方面的研究都至关重要，因为这是我们借此得以了解埃及古王国历史的主要途径。

但值得注意的是，这些铭文都是上层社会留下来的文字。下层社会没有可能建造这么豪华的刻写此类铭文的建筑，即使有文字留下来，也会因为他们在其上刻写下文字的建筑所用砖石都是些容易损坏的材料而无法存留下来。

古王国铭文主要为非皇室成员陵墓中的个人文献、各种物体上刻写的文字、皇家陵墓及其相伴建筑中的铭文、纪年、政令、采石场石头上的铭文、采石场标记、王表和诅咒铭文。

非皇室成员陵墓铭文中多为陵墓拥有者及其家人的名字、献祭文字、节日和财产转让继承等法律文书。这些铭文的文体结构和我们现代文体差别很大，所以读起来不够连贯。但其提供的信息却为我们建立该时代历史框架奠定了基础。各种物体上刻写的文字包括石碑铭文、"假门"和雕像上的文字，内容主要是人的名字、头衔、献祭祈祷等。这些文字为我们提供了分析当时社会结构和行政结构的最基本的材料。这一时期的皇家陵墓铭文又称"金字塔文"，最早都是用僧侣体书写的文献的抄本，但这些僧侣体"原稿"却没有保存下来。主要形式都是陵墓壁画的解说文字和标题。由于陵墓墙壁的破损，完整保存下来的不多。纪年是大事的记录，一般两年一次，或为国库的清点，或为牲畜的清点，是我们建立年代框架的重要材料。政令主要为赦免令，内容为免除某个神庙的税收和劳务。最早的王表就出现于古王国，即"巴勒莫石碑"，无论对于古埃及年代学还是古埃及的社会研究都非常重要。诅咒铭文主要内容是埃及想要占领的外国地名和人名。

尽管铭文在古王国越来越多的出现为我们提供了很多历史研究材料，但我们应该知道，古王国铭文并不能解决历史研究的一切问题。

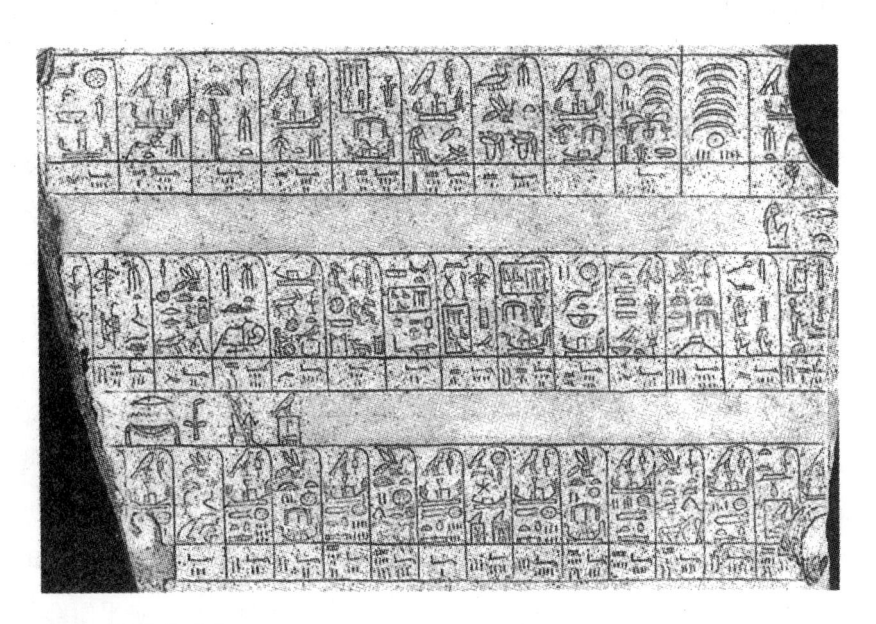

图1 巴勒莫石碑

1 巴勒莫石碑

【题解】

　　巴勒莫石碑是一块闪长岩断片,6.5 厘米厚,0.435 米高,0.25 米宽;从 1877 年起一直保存在巴勒莫博物馆,因此一般都称之为"巴勒莫石碑"。该篇铭文的内容给我们提供了一份正式的皇家年录,这样的年录由古王国国王们定期记录,并将内容回溯到埃及仍为南北两个王国的分裂时代。我们通过该年录可以知道,当时的王国是一个高度发达、具有侵略性且秩序井然的王国,石碑展示了那个遥远时代的高度文化和文明。由于该石碑时代久远,翻译起来很多地方会不知所云。

　　此篇铭文在石碑的正反两面刻写,由一系列的皇家年录[1]构成,开始于埃及南北尚未统一的前王朝时期,一直持续到第五王朝的中期。这些记录的编排方式从石碑的外观上就能够很好地理解。石碑正面上行有九个前王朝下埃及国王的名字。如果这些文字中每行内容都是满的话,可能有大约 120 位前王朝国王。正面的每一个长方形格子的记录里面都包含一个国王的名字,但没有记录每一位在此出现的国王统治的时间长度。在第五王朝,前王朝国王仅有一串国王的名字。该铭文中前王朝国王只有名字的一个重要原因,可能是书写该记录的书吏对前王朝国王根本不感兴趣。

　　尽管前王朝国王统治的时间长度不好确定,但王朝开始的时期却由该碑文确定下来,首次合理地确定了从美尼斯到第四王朝开始的时间。王朝时期的国王可能是按照下面次序排列的:第一王朝占据的是第 2 和 3 行,紧接着是前王朝的国王;第 4 和 5 行是第二王朝;第 6 行中统治者

---

[1] 年录是古埃及每年记载大事的文献,一般为一年记录一次,后来变成两年记录一次。记录的内容多为宗教节日、军事行动、神或国王雕像的雕凿。

的分布有些不甚明了，但因为背面底行是第四王朝的末尾，所以，前面最后两行（第 7 和 8 行）一定是第四王朝的主要内容，而第三王朝则很可能被转到了正面第 6 行，包括正面第 5 行的末尾。背面大部分内容被第五王朝的三位统治者占据，填满了背面的第 2 到第 5 行，可能继续用两行记录了努塞尔瑞[①]的统治。

每一位统治者的排列都是在每行上方狭长的横列框子里刻写上该国王的名字，而之下连续排列的长方形格子中刻写下他统治的年头，每个长方形格子是他统治的一年。当一位统治者一年一年的排列远远超出其名字所占空间的时候，名字就被放在纪年方形框子上面的正中间。

每一个方形框子右侧的竖列有一个表示"年"[②]的象形文字。每一个方形年框里都记载着在此年发生的重要事件，每一事件都用一个官员的名字命名。这样，我们就看到："战斗之年，打击北方人"；或"打击穴居人之年"。这和我们早就知道的早期巴比伦文献中出现的用法非常相似。随着时间的推移，越来越多地用相应的国库清点来名年："南北全部大小牛群第二次清点之年"或"第七次清点金子及土地之年"。

到了第五王朝，所有其他事件作为年的标记都逐渐被弃用，国库清点几乎成了唯一用来纪年的事件。清点一般两年一次，是连贯的，不考虑统治者的变换，因此，非清点之年就称为"某次清点后之年"。最后，当清点变成每年进行，每一年便有一个新的清点年名，这是埃及第六王朝以后的纪年体系。这实际上已经是真正的纪年了。这样，巴勒莫石碑就给我们提供了埃及纪年体系的最初形式。

除了这一年的主要事件之外，每一年的方框都在中间的底部有一组肘尺、掌尺和指寸[③]的数据，一般认为这是每年尼罗河水泛滥的高度；但

[①] 努塞尔瑞（N-wsr-Rᶜ），第五王朝的第六位国王，也有人将他的名字译为尼威塞尔拉（Ny-wsr-Rᶜ），名字的意思是"具有拉神力量者"。
[②] 原文 rnpt。
[③] 肘尺，是古埃及人最常用的长度单位，指小臂的长度。肘尺又称皇室肘尺，一般为 52.4 公分，由 7 掌尺构成，每掌尺由 4 指寸构成。

我们尚无确凿证据证明这样的结论是否正确。

在(正面)2.2-5行,包括有第一和第二王朝,每年的事件大多是宗教节日和类似情形的庆典,后来出现了"编号"。首先从第三王朝(6行)开始,随着年代编记者所知道的事件越来越多,纪年方框随之增加,大小也不再规范。这些纪年方框在第四和第五王朝仍在扩大。方框里的文字像第一和第二王朝的记载一样小,每一行的大小也都一样。这样,如果可以正确估计石头的总长度的话,我们就能对这些王朝年代数量进行粗略的估计。

如果我们对石碑的背面进行仔细研究就会发现,残片上每行总长度的十分之一到八分之一保存了下来。这样,可以粗略地确定头三个王朝的长度为500年,其中只有约80年属于第三王朝。

第一次尝试推测石碑长度由泽特进行,他得出下面的推论:

第一王朝(2.2-3行)	253年
第二王朝(2.4-5行)	302年
第三王朝(2.6行)	最多100-110年

这个开创性的推论后来由梅耶在《埃及年表》中做了如下修改:

第一王朝(2.2-3行)	210年
第二王朝(2.4-5行)	243年

这样,两个推论之间就差了一个世纪。梅耶的推论当然是最小的可能,而泽特的推论则是最大的可能,但毫无疑问,梅耶所用的原则现在泽特也是接受的。

在这个推算中,该石碑几乎没有提供确定第三王朝长度的信息。然而,都灵纸草却显示,在斯诺弗儒之前只有55年;或者,算上斯诺弗儒,是79年若干月;或者用一个整数是80年。

对于第四王朝的长度，该石碑几乎没有提供什么帮助，因为其正面底部的内容都丢失了。但它却提供了关于第四王朝结束和第五王朝头半部分很有价值的线索。第四王朝结束时的短暂统治在 I.1 行中有零散的显示，第五王朝头三位国王的短暂统治大体上确证了都灵纸草中记载的情况。

关于最早的王朝年表问题，纪念性建筑作为分析确证材料价值不大。如果我们接受公元前 2900 年作为第四王朝开始的日期，那么巴勒莫石碑就为我们提供了一个公元前 3400 年作为这一王朝时期开始和美尼斯加冕时间确切的最小值。

由于该石碑时代过于久远、残破严重，加之古埃及人书写文献的方式距我们所熟悉的文献差异很大，所以翻译起来十分困难。这也是以后古代埃及铭文翻译上始终面临的问题。译自《古埃及记录》（芝加哥，1906）。

【译文】

I. 前王朝国王[1]

（1） □□□□□□。[2]

【注释】

〔1〕 称统治者为法老，出现于埃及的新王国，之前只称国王。新王国前偶有法老称呼出现，但于铭文中也未普遍应用。题目仅为说明，铭文中并未出现。但其铭文格式显示了王朝的划分。下同。

〔2〕 古埃及有将神或祖先列入王表的习惯，故无法断定此处所载名字是否为前王朝国王。

下埃及国王

□□普；塞卡；哈舆；梯乌；柴矢；乃亥伯；瓦芷阿乃芷；麦赫；阿□□；□□□□□。[1]

【注释】

〔1〕 以下至少尚有四个名字。

8　埃及历史铭文举要

II. 第一王朝

国王 T(名字已毁坏)[1]
年 x[2]

　　　　(2)□□□□□。

【注释】
〔1〕 此处只留下一个 T,可能为美尼斯或其继任者阿托梯斯(Atothis)。
〔2〕 x 这里指某个特定年名,我们却无法知道是哪一年。

年 x+1[1]

　　　祭拜荷鲁斯。

　　　阿努比斯神诞生[2]。

【注释】
〔1〕 某一年之后一年。x 代表某一特定的年份。
〔2〕 这是一个节日的名称。阿努比斯是防腐神,身形为豺狗,墓地保护神。

年 x+2

　　　第六月,第七日。[1]

【注释】
〔1〕 这是该国王最后一年的日期,因为国王去世而没有完成。

国王 U[1]
第一年

　　　第四月,第十三日。[2]
　　　两土地[3]之统一。
　　　围墙巡回[4]。
　　　6 肘尺。[5]

【注释】
〔1〕 名字损坏,可能为国王阿托梯斯或他的继任者。
〔2〕 这是国王继任的日子。
〔3〕 两土地是古埃及文献中经常出现的埃及人自己称呼埃及的用语,指上下埃及。埃及统一时期的国王都称作"上下埃及之王,两土地之主"。
〔4〕 "围墙巡回"为节日名称。
〔5〕 尼罗河泛滥高度记录。

第二年

祭拜荷鲁斯。

戴舍尔节[1]。

【注释】

[1] 原文 Dšr，我们不知道这是什么节日，也不知道庆贺的是什么。Dšr 的意思是"红色"，一般用来指称荒漠地带。古埃及的节日庆典很多，主要内容是将所崇拜神像由一座神庙抬到另一座神庙中去。该过程一般都是一次盛大的游行。

第三年

下埃及国王两子出生。

4 肘尺，1 掌尺。

第四年

祭拜荷鲁斯。

□□□□□□。

第五年

(被称作)"神之力量"[1]房屋之设计。

索卡尔[2]节。

5 肘尺，5 掌尺，1 指寸。

【注释】

[1] 原文为 Sḫm-nṯrw。
[2] 索卡尔(Skr)是孟菲斯墓地之神。

第六年

祭拜荷鲁斯。

雅麦特女神[1]生日。

5 肘尺，1 掌尺。

【注释】

[1] 原文 Yȝmt，根据其词根，可能是树神，哈托尔女神就曾以树神形象出现在哈特舍普苏特的蓬特壁画中。

第七年

上埃及国王加冕。

缙神[1]生日。

5肘尺。

【注释】

〔1〕繁育之神与尼罗河东岸荒漠中矿藏的保护神。

第八年

祭拜荷鲁斯。

阿努比斯[1]生日。

6肘尺,1掌尺。

【注释】

〔1〕墓地与丧葬之神,常以坐姿豺狗的形象出现。

第九年

斋特节的第一次庆典。

4肘尺,1拃[1]。

【注释】

〔1〕古埃及人五指完全伸直时拇指尖到食指尖的长度。

第十年

☐☐☐☐☐。[1]

【注释】

〔1〕由于该国王的名字是在横行记述年代文字之上的中间,其统治16年的记述破损缺失了。我们这块残片中部缺失,因此,另一头至少10年无法见诸文字,6年留存下来,刻写在该国王名字之下。据此可以推测,该国王至少统治了26年。对此块石碑的恢复研究显示,该国王可能统治了50年。

国王缺失

(3)☐☐☐☐。

第五位国王
国王的名字

□□□□[麦]瑞特—[内特][1]降生。

【注释】

〔1〕 原文为 Mrt Nt,意为"内特神钟爱者",第一王朝国王斋特的王后。

年 x + 1

驻扎在亥卡□□的洒戊[1]神庙中。

3 肘尺,1 掌尺,2 指寸。

【注释】

〔1〕 "亥卡□□"原文为 Ḥk₃--,洒戊为 S₃w,本书的译名多按照古埃及语音而不是经希腊语拉丁化的语音译出。

年 x + 2

打击穴居人。

4 肘尺,1 拃。

年 x + 3

上埃及国王加冕。
下埃及国王加冕。
塞德节[1]。
8 肘尺,3 指寸。

【注释】

〔1〕 塞德节又称皇家大典,是埃及国王统治满 30 年进行的"更新、重生"仪式的庆典。尽管应该是在统治者统治的第三十年举行,但很多国王实际统治时间还不到 30 年就在文献中记录了庆典的举行。这有两种解释:一是有些国王在自己统治就要满 30 年的时候提前举行了庆典;二是实际上并没有举行庆典,但却提前在铭文中写下了以后要举行的庆典。

年 x + 4

西部、北部和东部诺姆[1]所有人口(之清点)。

3 肘尺,1 拃。

【注释】

〔1〕古埃及的行政区划。"诺姆"一词是托勒密时期希腊人称呼埃及42个行政区划的术语,埃及人自己称作"塞帕特"(spɜt)。这种区域划分始于公元前3100年左右。在古埃及大部分时代,上埃及有22个诺姆,下埃及20个。上埃及的诺姆都有自己的都城,有自己的诺姆标志,比如"野兔诺姆"、"朱鹭诺姆",标志一般都以旗帜的形象出现。每个诺姆由诺姆长统治。下埃及诺姆出现稍晚,且没有诺姆标志。

年 x + 5

第二次斋特节[1]盛宴。

5肘尺,2掌尺。

【注释】

〔1〕原文 Dt,古埃及宗教节日很多,有些节日的具体内容我们尚不清楚。

年 x + 6

[设计]称为"神之宝座"的房屋。

索卡尔盛宴。

5肘尺,1掌尺,2指寸。

年 x + 7

(女神)塞莎特的祭司塞弗亥特为(被称作)"神之宝座"的房屋放绳[1]。

大门。

4肘尺,2掌尺。

【注释】

〔1〕"放绳"(pd̠),奠基仪式中的一项内容。

年 x + 8

开凿(被称作)"神之宝座"房屋之湖。

叉河马。

2肘尺。

年 x + 9

在赫拉克里奥坡里的亥瑞——晒弗神庙湖边驻扎。

5肘尺。

年 x+10

 萨赫—斯特尼之航。

 打击外尔—卡。

 4 肘尺,1 拃。

年 x+11

 塞德[1]出生。

 6 肘尺,1 掌尺,2 指寸。

【注释】

 〔1〕 原文 Sd,塞德神。

年 x+12

 下埃及国王加冕。

 第一次"阿匹斯奔跑"[1]。

 2 肘尺,1 拃。

【注释】

 〔1〕 "阿匹斯奔跑"是一种仪式,在仪式上国王在阿匹斯神牛旁奔跑以证明他身强力壮,有能力进行统治。

年 x+13

 塞莎特和玛弗代特[1]出生。

 3 肘尺,5 掌尺,2 指寸。

【注释】

 〔1〕 塞莎特(Sšat)和玛弗代特(Mafdt)都是古埃及的女神。

年 x+14

 上埃及国王[加冕]。

 □□□□出生。

 □□□□□。

III. 第二王朝

国王内特瑞姆

佚失的统治者

 (4)□□□□。

国王名

荷鲁斯[1]：内特瑞姆，□□□□之子。

【注释】

〔1〕 埃及国王的名字有五个，分别为：荷鲁斯名、两女神名、金荷鲁斯名、本名和登基名。有时候国王的五个名字会全部出现，很多时候只出现一两个，多为本名和登基名。

第一年

□□□□。

第二年

□□□□。

[第一次清点。]

第三年

□□□□□。

第四年

[第二次清点。]

[第一次索卡尔盛宴。][1]

【注释】

〔1〕 该盛宴每隔六年举行一次。

第五年

□□□□。

第六年[1]

祭拜荷鲁斯。

[第三次清点。]

【注释】

〔1〕 在国王名字的另一侧应该还有 14 年的记载。

第七年

上埃及国王加冕。

为(被称作)赫尔—彻[1]的房屋放绳。

3 肘尺,4 掌尺,2 指寸。

【注释】

〔1〕 原文 Ḥr-rn,意为"名为荷鲁斯"。

第八年

祭拜荷鲁斯。

第四次清点。

4 肘尺,2 指寸。

第九年

上埃及国王加冕。

下埃及国王加冕。

阿匹斯奔跑。

4 肘尺,1 掌尺,2 指寸。

第十年

祭拜荷鲁斯。

第五次清点。

4 肘尺,4 掌尺。

第十一年

下埃及国王加冕。

第二次索卡尔盛宴。

3肘尺,4掌尺,2指寸。

第十二年

祭拜荷鲁斯。

第六次清点。

4肘尺,3指寸。

第十三年

第一次盛宴:"祭拜天上荷鲁斯"。

铲平城镇:晒姆—拉。

铲平城镇:"北方之屋"。

4肘尺,3指寸。

第十四年

祭拜荷鲁斯。

第七次清点。

1肘尺。

第十五年

下埃及国王加冕。

第二次"阿匹斯奔跑"。

3肘尺,4掌尺,3指寸。

第十六年

祭拜荷鲁斯。

第八次清点。

3肘尺,5掌尺,2指寸。

第十七年

　　下埃及国王加冕。

　　第三次索卡尔盛宴。

　　2 肘尺,2 指寸。

第十八年

　　祭拜荷鲁斯。

　　第九次清点。

　　2 肘尺,2 指寸。

第十九年

　　下埃及国王加冕。

　　□□□斋特盛宴。

　　□□□□。

　　3 肘尺。

第二十年

　　祭拜荷鲁斯。

　　第十次[清点]。

　　□□□□。

第二十一年[1]

　　□□□。

【注释】

〔1〕在这 21 年当中,有 16 年置于王名之前,16 年(可能还多,因为破损而无法确切知道)在王名之后,5 年在王名之下,加起来至少 37 年。

佚失国王

　　(5)□□□□。

国王 W[1]

第十二年[2]

  祭拜荷鲁斯。

  第六次清点。

  2肘尺,4掌尺,1.5指寸。

【注释】

 〔1〕 名字佚失。

 〔2〕 也可能是第十一年,因为我们不知道纪年是从第一年还是第二年开始的。

第十三年

  上埃及国王加冕。

  下埃及国王加冕。

  用石头建造:"坚守女神"的(神庙)。

  2肘尺,3掌尺,1指寸。

第十四年

  祭拜荷鲁斯。

  第七次清点金子和土地。

  3 ⅔肘尺。

第十五年

  哈—塞海姆葳[1]出生。

  1肘尺,6掌尺,2指寸。

【注释】

 〔1〕 哈—塞海姆葳(Ḥʿ-sḫmwy)是第二王朝国王。

第十六年

  祭拜荷鲁斯。

  第八次清点金子和土地。

  4肘尺,2掌尺,2⅔指寸。

第十七年

第四次提出代瓦斋法[1]墙计划。

造船。

4肘尺,2掌尺。

【注释】

〔1〕"代瓦斋法"(Dw3-df3),意为"祭拜供品"。

第十八年

第二月,第二十三日。[1]

【注释】

〔1〕该国王统治的总长度不是十六年就是十七年零两个月二十三日。

国王 X[1]

第一年

上埃及国王加冕。

下埃及国王加冕。

两土地统一。

围墙巡回。

4肘尺,2掌尺,2□指寸。

【注释】

〔1〕名字佚失。

第二年

上埃及国王加冕。

下埃及国王加冕。

国王进入双塞努特[1]房屋。

4肘尺,1⅔掌尺。

【注释】

〔1〕塞努特(snwt)是神庙前的旗杆。

第三年

  祭拜荷鲁斯。

  缮神诞生。

  2 肘尺,3 掌尺,2¾指寸。

第四年

  上埃及国王加冕。

  下埃及国王加冕。

  为"众神之舍"房屋放绳。

  3 肘尺,3 掌尺,2 指寸。

第五年[1]

  祭拜荷鲁斯。

  □□□□□。

  3 肘尺,□□□,□□□。

【注释】

 〔1〕该国王在位时间至少应该加上 11 年。

IV. 第三王朝

国王名字佚失

  (6)□□□□。

国王斯诺弗儒

年 x + 1[1]

  □□□□。

  下埃及国王两子[出生]。

  [第六次清点。]

  □□□□。

【注释】

〔1〕 由于该国王统治纪年不规律,所以根据该记载推算的在位年限也不可靠。

年 x + 2

建造100肘尺麦汝[1]木代瓦塔葳船[2]及国王60艘十六船[3]。

铲平黑人土地。

带回7 000名俘虏,200 000头大小家畜。

建造(被称作)"斯诺弗儒[4]之屋"的南北土地之墙。

带回40艘装满雪松木材的船。[5]

2肘尺,2指寸。

【注释】

〔1〕 原文 mr。
〔2〕 原文 Dw3-t3wy。
〔3〕 "十六"可能指船桨的数量。
〔4〕 第四王朝的第一位国王,国王胡夫的父亲。
〔5〕 这是一次由海路抵达黎巴嫩的远征。

年 x + 3

建造35间房屋[1]。

□□□122头家畜。

修建1艘100肘尺的雪松木代瓦塔葳船,2艘100肘尺的麦汝木船。

第七次清点。

5肘尺,1掌尺,1指寸。

【注释】

〔1〕 此处指某种特殊的建筑。

年 x + 4

修建:

"崇高的南门之上斯诺弗儒之白冠"。

"崇高的北门之上斯诺弗儒之红冠"。

为国王宫殿建造雪松木门。

第八次清点。

2 肘尺, 2 掌尺, 2¾ 指寸。

年 x +5

□□□□。

□□□□。

V. 第四王朝

王名佚失

(7) □□□□。

国王 Y

国王的名字

□□□□。[1]

【注释】

〔1〕 他母亲名字之后的定符及之前一个符号的顶部都表明是他的统治时期。

王名佚失[1]

(1) □□□□。

【注释】

〔1〕 背面的开始。

国王曼考瑞[1]

年 x

□□□[月], 第二十四日。

【注释】

〔1〕 曼考瑞(Mn-kꜣw-Rꜥ),国王胡夫之孙。吉撒三座金字塔中最小的那座就是他的陵墓。

国王舍普塞斯卡弗[1]
第一年

第四月,第十一日。[2]

[上埃及]国王加冕。

下埃及国王加冕。

两土地统一。

围墙巡回。

塞晒得盛宴。[3]

外普瓦乌特[4]出生。

国王祭拜统一两土地之神。

□□□为(被称作)"舍普塞斯卡弗之室"的金字塔选址。

□□□□每天南北□□□20□□□□。

□□□,624□□□;□□□600□□□。[5]

4肘尺,3掌尺,2½指。

【注释】

〔1〕 原文 Špss-kꜣ-f,第四王朝的一位国王,名字意为"其卡高贵之人"。"卡"为古埃及人对人的灵魂的称呼。
〔2〕 加冕日。
〔3〕 在公开加冕仪式之后,接下来会有个敬神仪式。
〔4〕 外普瓦乌特(Wp-wꜣwt),上埃及豺狗神,其名字的意思是"道路开拓者"。又被称作战神与丧葬之神,因其名字的意思为"打开道路",即为军队开路,又为死者开路。
〔5〕 数字指该年赠送神庙的土地,单位为斯塔特。

VI. 第五王朝

国王外瑟尔卡弗

第一到第三年

□□□。

第四年

第三次查明□□□。
□□□。

第五年[1]

上下埃及之王外瑟尔卡弗[2];他使(其)成为自己之纪念碑,献给赫里奥坡里之神灵:每□□□和每□□□盛宴20份面包和啤酒祭品;36斯塔特[3]外瑟尔卡弗域内之土地□□□。

1.(称作)塞普瑞太阳神庙之神:24斯塔特外瑟尔卡弗域内土地;

2.每天2头牛,2只鹅。

3.拉神:44斯塔特北方诺姆土地。

4.哈托尔神:44斯塔特北方诺姆的土地。

5.荷鲁斯之□□之屋之神:54斯塔特土地;在舍伊斯诺姆的布托修建他神庙之神殿。

6.塞帕:2斯塔特土地;修建他的神庙。

7.南方圣堂之神的乃赫拜特[4]:每天10份面包和啤酒。

8.俳尔—努[5]的布托:每天10份面包和啤酒。

9.南方圣堂的神:每天48份面包和啤酒。

第三次清点大群牲畜。

4肘尺,2½指寸。

【注释】

〔1〕因为不知道纪年是从第一年还是第二年开始,所以也可能是第六年。

〔2〕第五王朝的第一位国王。

〔3〕斯塔特,相当于100×100肘尺。

〔4〕南方圣堂之神(ntry)的乃赫拜特(Nḫbt),鹰女神。

〔5〕原文 pr-nw,前王朝下埃及位于布托的国家神庙。

第六年

[下埃及国王外瑟尔卡弗;他使(之)成为自己之纪念碑,献给]:
□□□:7 000斯塔特北方□□□;□□□□。

国王萨胡瑞[1]

(3)□□□。

【注释】

〔1〕 萨胡瑞(Saḥwrʿ),第五王朝国王。

第五年[1]

[上]下埃及之王,萨胡瑞;他使(之)成为自己的纪念碑,献给:

1. □□□赫里奥坡里:□□□200 [□□□],□□□圣船□□[□□□□]。

2. 俳尔—外尔女神乃赫拜特:每天800份面包和啤酒。

3. 俳尔—乃瑟尔女神布托[2]:每天4 800份面包和啤酒。

4. 塞努特[3]屋中之拉神:每天138份面包和啤酒。

5. 南方圣堂神中之拉神:每天40份面包和啤酒。

6. 太普—赫特[4]中之拉神:每天74份面包和啤酒。

7. 太阳神庙塞赫特—瑞中之哈托尔神:每天4份面包和啤酒。

8. 太阳神庙塞赫特—瑞的拉神:[2 000]□□□□斯塔特[舍伊斯]诺姆的土地。

9. 麦斯:2斯塔特布西瑞斯诺姆的土地。

10. 塞姆:2斯塔特布西瑞斯诺姆的土地。

11. 痕特—雅外特弗:2□斯塔特东部土地。

12. 萨胡瑞的罗—炉中之哈托尔神[5]:2□斯塔特东部土地。

13. 金字塔(神庙)"萨胡瑞神殿之心"中之哈托尔神:1斯塔特利比亚人诺姆土中的土地。

14. 白牛:13□□斯塔特东部痕特诺姆(第十四诺姆)之土地。

15. 第三次查明□□。

第二次清点年。

2肘尺,2½指寸。

【注释】

〔1〕 也可能是第四年。
〔2〕 古埃及蛇神。
〔3〕 原文 snwt,埃及语中神殿之义。与第19页第二年注〔1〕所指略有不同。
〔4〕 原文 tp-ḥt,尼罗河蛇神之穴。
〔5〕 母牛女神。

第六年

上下埃及之王[萨胡瑞;他使之成其纪念碑,献给]:

神圣的九神[1],

□□□。

【注释】

〔1〕 赫里奥坡里的九位神祇——阿图姆与之下三代神:第一代,殊与太弗努特;第二代,盖博与努特;第三代,奥西里斯、伊西斯、塞特及内柏特囧特。

第十三年[1]

(4)[上下埃及之王,萨胡瑞;他使之成]其纪念碑,献给:

1. □□□。

2. 拉神[2]□□□:□□□[斯塔特]南北土地。

3. 哈托尔:□□□[斯塔特]南北土地。

4. □□□:□□□[斯塔特]南北土地。

5. □□□:□□□所有东西。

6. 有从以下地方带来的:

7. 孔雀石国,□□□[6 000]□□□。

8. 蓬特,80 000单位的没药,[6 000]□□□的金银合金,2 6000 □□□棍杖,□□□。

第十一次清点年。

□□□。

【注释】

〔1〕这个纪年不能确定,可能是第六次或第七次纪年,所以,应该是第十一年到第十五年中的一年,十三是在可能的统治纪年中选取中间的数字。

〔2〕赫里奥坡里太阳神。

第十四年

[第九]月,[第六]日。

国王内弗尔伊瑞卡瑞[1]
国王的名字

荷鲁斯:外瑟尔—哈戊;上下埃及之王;两女神钟爱者:哈戊—姆—塞海姆□□。

【注释】

〔1〕原文 Nfr-ir-k3-Rc,第五王朝第三位国王,名字的意思为"拉神之卡美丽"。

第一年

第二月,第七日。

神之诞生。

两土地统一。

围墙巡回。

上下埃及之王,内弗尔伊瑞卡瑞;他使(之)成为其纪念碑,献给:

1. 塞努特屋的□□中之神圣九神:□□斯塔特(被称作)"神圣九神宠爱之内弗尔伊瑞卡瑞"城中土地。

2. 赫里奥坡里之神灵及赫尔—阿哈神:□□斯塔特的(被称作)"赫里奥坡里神灵宠爱之内弗尔伊瑞卡瑞"城镇中之土地;251(+x)斯塔特东部痕特诺姆(第十四诺姆)的土地——由赫里奥坡里两高

级祭司、先知及其屋□□中[官员]统治。

3. 拉神：一个祭坛。

4. 哈托尔：一个祭坛；□□□□；[210]神圣祭品，203份面包和啤酒；有□□□农奴□□□。

5. 为伊希[1]铸造□□合金雕像，跟着进入麦瑞特—斯诺弗儒的桑树[女神]哈托尔之屋。

6. 太普—赫特拉神：同样之□□为他而做。

3 肘尺，□□□□，□□□□。

(5)□□□□。

【注释】

〔1〕 原文 Yhy，意为欢庆神。

第九年[1]

[上下埃及之王内弗尔伊瑞卡瑞；他使之成为其纪念碑，献给]：

1. □□□□。

2. □□□。

3. 太阳神庙中之拉神："拉神钟爱之宝座"；为他进行围墙巡回盛宴□□□□。

国王塞特乃赫：□□斯塔特土地。

第五次[清点]年。

【注释】

〔1〕 也可能为第十年。

第十年

上埃及国王加冕。

下埃及国王加冕。

1. □□□□。

2. 在太阳神庙"拉神钟爱之宝座"南面修建太阳船之墙。[1]

3. 上下埃及之王,内弗尔伊瑞卡瑞,他使(之)成为[其]纪念碑,[献给]:

4. 太阳神庙"拉神钟爱之宝座"之拉神:8□□□块;为晚间太阳船□□□□;为早晨太阳船□□□□。

5. 赫里奥坡里之心:□□□□□□□。

6. 普塔赫,"他的墙之南":□□□斯塔特□□□。

7. 南方之布托:□□□□□□。

8. □□□。

【注释】

〔1〕这是一艘像柏林博物馆考古工程在阿布西尔(Abusir)努塞尔瑞(N-wsr-Rc)太阳神庙旁发现的船一样的太阳船。

2 古王国对外关系铭文

【题解】

古王国时期埃及的对外关系主要集中于和亚洲的交往,但铭文材料不多。主要材料多来自两地考古发掘遗址。有限的一些文字材料都比较简短,但对分析古王国埃及对外关系极为重要。译自《古代近东文献》(普林斯顿,1955)。

【译文】

塞特:佩尔—伊布森[1],在亚洲掠夺。[2]

【注释】

〔1〕原文 pr-ibsn。

〔2〕这是一位第二王朝国王的罐子封印。该国王的年代大约是公元前 2850 至前 2800 年左右。此封印可以认定是对亚洲军事活动的记录。此种封印在阿比多斯地区多有发现。佩尔—伊布森认定自己是塞特神而不是荷

鲁斯神。亚洲一词 Stt 指的是埃及以东及东北地区。

斯诺弗儒，伟大神祇，□□□□征服夷国。
哈努姆—胡夫，伟大神祇，痛击[亚洲]游牧民族。[1]

【注释】

[1] 古埃及人对西奈半岛上的绿宝石和铜矿非常感兴趣，所以留下了很多埃及人在西奈活动的记录。然而，在古王国时期，采矿的记录一般只记录国王打败某个游牧部落，壁画上会出现国王的名字。该记录为第一王朝（约公元前2950至前2900年）塞美尔赫特（Semerkhet）的记录和第三王朝（约公元前2750至前2700年）佐塞尔（Djoser）和扎—纳赫特（Za-nakht）的记录。这两篇短铭文由加德纳（Gardiner）与皮特（Peet）公布。下面两句铭文是描绘第四王朝（约公元前2650至前2600年）国王斯诺弗儒（Snfrw）与胡夫（Ḥwfw）壁画上的文字，壁画描绘他们用棍子击打跪着的人。

3　梅藤传记

【题解】

梅藤是古埃及第三王朝的北方官员。此篇传记是在撒卡拉其玛斯塔巴墓中发现的，现存于柏林。《梅藤传记》是为我们所知道的古埃及最早的传记，它为后来传记确立了最初的样式。因为该传记是分散刻写在陵墓中不同墙壁上的，所以要想确定各部分之间的先后顺序非常困难。铭文中所用语言都比较简短、含糊，有些内容很难理解。该篇铭文不仅是此类文献中最早的范例，还是第三王朝唯一留传下来的传记。此外，《梅藤传记》描述了北方地理和政权建制，记述了梅藤在三角洲的活动，因而为我们研究古埃及早期政治结构提供了特别重要的材料。没有这个文献，我们对古埃及早期行政管理情况就会一无所知。此篇传记讲述了他的逐步升迁：开始时他只是一个小书吏和供品仓库的监管，经过逐步提升，后来在三角洲管理了很多城镇和地区。他还在上埃及取得了对法尤姆东部和阿努比斯诺姆（第十七诺姆）东部的管辖权。梅藤曾得到国王给予的礼物,主要是土地,成为狩猎主人。传记中讲述了他房屋的规模和土地的广袤。作为这么遥远时代留给我们的传记,该篇传记拉近了我们与古人的距离。梅藤在斯诺弗儒统治时期去世,被安葬在佐塞尔国王梯形金字塔旁。译自《古埃及记录》(芝加哥,1906)。

【译文】
梅藤父亲之死
　　(1)其父判官、书吏阿努比斯姆乃赫将财产转给了他;房中无谷物及其他物品,但有人[1]及少量家畜。
【注释】
　〔1〕 指仆人。

梅藤的经历
　　(2)他被提升为供应仓库之大书吏及供应仓库之事物监管。(3)他被提升为□□□□,(4)成为舍伊斯(公牛诺姆)之地方长官,舍伊斯之属下地方判官。(5)他被任命[1]为□□判官,他被提升为国王全部亚麻监管。(6)他被提升为南部沛尔凯得之长官及代管。(7)他被提升为得普人的长官,(8)米沛尔和沛尔塞帕廷中长官,塞特诺姆之地方官,(9)森特要塞长官,诺姆[代管],(10)沛尔晒塞侪特长官,宫廷城镇及南湖城镇长官。(11)晒瑞特—梅藤有了基础,他的父亲阿努比斯姆乃赫将其领地留给他。
【注释】
　〔1〕 原文 nḫt-ḫrw,直译是"大声宣布",宣布的内容是任命给他一个与土地相关的行政职位。

荣誉与礼物
　　(1)阿努比斯诺姆[1]诺姆会之监管,诺姆长,监察,(2)门得西诺姆的□□□□之监察,□□□□[斯塔特]土地。还有人和物

□□(3)□□□(4)在萨伊特诺姆,在舍伊斯诺姆和塞赫米特诺姆□□□为之建立了12座城池。(5)许多皇家□□将200斯塔特土地作为奖励送予他;(6)每天从王子母亲尼玛阿特哈普丧葬神庙送予他100份[丧葬]供品;(7)修建装饰一个200肘尺长、200肘尺宽的房屋,美树成行排列,还修建一个大湖,种植无花果及葡萄。(8)这些都遵照国王的旨意在那里记录下来,他们的名字遵从的都是国王书写之命。(9)装饰有许多树木和葡萄园,还有大量的葡萄酒在那里酿造。(10)为他修建一个葡萄园:墙内有2 000斯塔特土地;在伊麦瑞斯、晒尔—梅藤、亚特—塞拜克、晒特—梅藤都种植了树木。

【注释】

〔1〕 上埃及之第十七诺姆。

梅藤的职务

(1)南沛尔—凯得统治者[1];

(2)佩尔外尔萨赫统治者;

(3)鱼叉诺姆海森要塞长官兼地方官;

(4)舍伊斯公牛诺姆塞赫姆之宫廷长官兼地方长官;

(5)得普[2]宫廷长官及地方长官;

(6)塞特诺姆之米沛尔宫廷长官及地方长官;

(7)门得西诺姆两猎犬之宫廷长官及地方长官;

(8)海斯—外尔宫廷长官,塞特诺姆西部田地之掌管者;

(9)母牛要塞宫廷长官,荒漠地方长官及狩猎之主;

(10)塞赫米特诺姆田地掌管者,[代理]及地方长官;

(11)法尤姆东部诺姆长,[行政官]及代理;

(12)塞特诺姆西部田地判官,宫廷长官,□□□首脑。

【注释】

〔1〕 原文ḥqꜣ,这个词的符号是象征权力的钩子。

〔2〕 即布托。

土地赠礼

(13) 许多王室□□□□馈赠他 200 斯塔特土地作为礼物。

(14) (其)母亲乃伯—塞内特送予他 50 斯塔特土地；

(15) 她立下遗嘱给(其)孩子；

(16) 由国王文书将之归入他们各处财产之中。

(17) 塞赫米特诺姆之□□□□掌管者。有 12 斯塔特土地给予他,同样给予他的孩子；还有土地上的人和牛。[1]

【注释】

〔1〕指随土地一起赠与的仆人和牲畜。

4　祥目石碑

【题解】

马瑞埃特在吉萨挖掘大司芬克斯及附近地区时(1853 年 9 月到 1858 年)在伊西斯小神庙中发现了这个石碑,该神庙由佩瑟博痕诺在大金字塔东面修建；石碑现存于开罗。

石碑中提到了胡夫时代的大司芬克斯及其旁边的神庙。该石碑从一开始就成为一个非常引人注目的文物。如果该石碑是胡夫同时代的文物,那么,石碑上所记内容就非常有价值；但是,通过字迹分析,得出的结论却是：它所属时代要晚,因为它提到了与伊西斯以及伊西斯头衔"金字塔女神"崇拜同时期的女神神庙。据此得出结论,该块石碑并非一个古老文献的抄本。佩瑟博痕诺时代的祭司将司芬克斯旁的建筑看做是"罗斯塔(Ra-stȝ)奥西里斯"神庙,非常引人注意,但我们无法确定该建筑的最初结构。人们清楚地记得,在埃及帝国时代,司芬克斯的形象已经被人们忘却或遭误解。它周围的建筑可能也遭到了同样的命运。后来人们才知道,该建筑是一个纪念性建筑的入口,甬道通向第二金字塔。译自《古埃及记录》(芝加哥,1906)。

【译文】

[1]他为其母亲,伊西斯,神母,哈托尔,[努恩]女神,建造了(它)。清查结果[2]刻在一个石碑之上。他再次给予她一个新的献祭,他为她重新建造一座石头神庙。他在她那里发现了这些神祇[3]。

【注释】

〔1〕 该石碑上边和左边的文字,右侧上边和侧边的铭文内容相同。
〔2〕 原文 sipt。
〔3〕 指神的雕像。

[1]哈尔玛胡特司芬克斯地区在金字塔女神伊西斯之屋以南;罗斯塔之主奥西里斯之室以北。为了调查,带来了哈尔玛胡斯女神[2]之文字。[3]

——愿他成长;愿他长生不老,面向东方[4]。

【注释】

〔1〕 凹面最下缘部分的铭文也非常重要。这部分占据了石碑的大部分空间,只包含一些表现神的雕像和浮雕,属于神庙,铭文列出其名字、建筑材料和大小。
〔2〕 可能指伊西斯女神。
〔3〕 根据上下文分析,这句话的意思可能是"司芬克斯地区"的范围是根据发现的"女神之文字"记录调查的。
〔4〕 埃及人认为,东方是世界诞生的地方。

[1](上边和右边)愿荷鲁斯长寿;梅蜇尔,上下埃及之王;胡夫,赋予生命。他建立了金字塔女神伊西斯之室,位于罗斯塔之主奥西里斯之室西北哈尔玛胡斯司芬克斯之室旁。他在该女神神庙旁建造了自己的金字塔,他在该神庙旁为国王的女儿赫努特森修建了一座金字塔。

【注释】

〔1〕 下面的铭文是凸起边缘的内容。

5 国王哈弗瑞之子内库瑞遗嘱

【题解】

哈弗瑞是第四王朝的第四位统治者,胡夫之子。该篇铭文是在哈弗瑞之子内库瑞吉萨陵墓中发现的。埃及学家泽特对这篇铭文进行了研究,得出一个哈弗瑞的新年代。该时代的纪年习惯上是两年一次,以国库或牲畜清点为纪年的内容。因此,纪年中出现的第十二年或第十二次清点就表明,这是哈弗瑞统治的第二十四年。这确证了都灵纸草中记载的哈弗瑞统治时间为二十四年是正确的。哈弗瑞之子内库瑞当时的年纪已经不小了,所以才感到有必要立一个遗嘱。这是古王国以来遗嘱类文献的第一篇,保存得非常好。

内库瑞王子遗留给他后代的财富包括14座城池和其父金字塔城中的两处房产。金字塔城中财产包括了他的"城中住房"和花园。他将这些财产留给了他的一个女儿,但显然她没能活到得到这份遗产的时候。女儿的夭亡,让他将这笔财产转送给了他的妻子。他将14座城池分给五个继承人,其中包括他的妻子,三个是他的孩子,剩下的一个是谁我们无从知道,因为名字已经无法考证。14座城池中有11座是以哈弗瑞的名字命名的,其他3座也可能是这样命名的,但此处文献已经残损,无法辨别。除了这14座城池之外,内库瑞王子在其陵墓的丧葬捐赠中至少还有12座城池,其中9座是以哈弗瑞的名字命名的。很难确定这些财产是否属于王子的房地产,也无法知道它们是否是在王子死的时候国王送给他的。译自《古埃及记录》(芝加哥,1906)。

【译文】

年代

(1)第十二次清点大小牛之年。

引言

(2)国王之子内库瑞□□□□当他还能两脚站立,任何方面都没有忍受病痛之时,颁布(下面的)[指令]。[1]

【注释】

〔1〕这句话的意思是他"头脑清醒"的时候。这一行横着刻在下面的竖列上面,显然是遗嘱的指令或题目。有八个附加的竖列,每一竖列都冠之以一个继承人的名字,名字后的内容是给他的遗产。一项遗产或是一座城池或是几座城池;先写出地区或诺姆的名字,然后是城池的名字,每个城池名字中都有国王哈弗瑞的名字。

第一项遗产

(3)我赠与国王信任的内肯乃伯梯□□"哈弗瑞"之城和"哈弗瑞"。

第二项遗产

(4)赠与我的儿子、国王信任的内库瑞东部内地的"哈弗瑞"的(城市)、"哈弗瑞□□□"和"哈弗瑞□□□"。

第三项遗产

(5)赠与我的女儿、国王信任的赫特普赫瑞斯东部地区的"哈弗瑞□□□"的(城池)和东部内地的"哈弗瑞□□□"(的城池)。

第四项遗产

(6)赠与[我的儿子]、国王信任的坎乃伯梯葳尔□□"哈弗瑞的声名伟大"(的城池)和"哈弗瑞□□□"。

第五项遗产

(7)□□□□□(在)曼德西亚诺姆[1]的"哈弗瑞□□□"与"哈弗瑞□□□"(城镇)。

【注释】

〔1〕下埃及第十六诺姆,又称"海豚诺姆"。

第六项遗产

(8)赠与我可爱的妻子、国王信任的内肯乃伯梯角蜑山诺姆的"哈弗瑞之美"(城池)、上埃及诺姆的"哈弗瑞之光辉"(城池)、"伟大的哈弗瑞"(金字塔城),赠与我女儿不动产□□和□□。

6 维什普塔赫陵墓铭文

【题解】

该铭文来自维什普塔赫阿布西尔的陵墓,现存于开罗。该铭文时代久远,破损严重。维什普塔赫是内弗尔伊瑞卡瑞宫廷中最重要的人物,他是维西尔、主判官和主建筑师。其子梅尔内彻尔塞特尼应召为他父亲建造陵墓,因此记述了这件事的发生。一天,国王携带其家族成员以及宫廷官员来视察一座维什普塔赫为主建筑师监督建造的新建筑。所有的人都赞美这项工程,国王也赞美他是忠诚的大臣。可当发现维什普塔赫并没有听皇室人员说话的时候,国王突然高声大喊,震惊了整个宫廷,维什普塔赫被吓倒。他很快被带到宫中,祭司和主医师被迅速招来。国王也带来了一卷病案,但都无济于事,医师宣布他已经没救了。国王非常悲痛,回到自己的寝宫向拉神祈祷。然后,他为维什普塔赫的安葬做了安排,命令建造一个黑檀木棺材,命人在他面前为维什普塔赫的身体涂上油膏。维什普塔赫的长子梅尔内彻尔塞特尼当时得到授权建造这座陵墓,费用由国王出。因此,这个儿子便在萨胡瑞金字塔旁修建了这座陵墓,并在墙上记述了整个事件。译自《古埃及记录》(芝加哥,1906)。

【译文】

他的儿子建造这座陵墓

(1)是他的长[子]、国王之下第一黎民辩护人梅尔内彻尔塞特尼,在其墓地陵墓里时,为他书写了此篇铭文。

国王视察新建筑

(2)□□□内弗尔伊瑞卡瑞来看□□□□[1]的美景,当时他走向他们(4)□□□□。陛下[说]是(5)□□□□□□皇家的孩子看(6)□□□□,他们对(7)每个建筑都很惊奇。这时,噢,陛下因此而赞美他[2]。

【注释】

〔1〕 显然看的是这些建筑。
〔2〕 指维什普塔赫。

维什普塔赫突然生病

然而,陛下看到他没有听。(8)□□□□[□□□□]。当官中的皇子和随从听说的时候,他们的心里都无比恐慌。

他被送往王宫,去世

(1)□□□□□□□[他被送往]王宫,陛下让皇子、随从、仪式祭司和太医都来到(2)□□□□。陛下为他带来了一卷书写的[1]□□(3)□□□□。他们在陛下面前说,他已经病入膏肓(4)□□□□□□。[陛下的心]异常[悲痛];陛下说,他要按照他[2]的心愿做任何事情,返回到自己的房间。

【注释】

〔1〕 这里指医药草纸,证明埃及在古王国时候就已经有药方了。
〔2〕 指维什普塔赫。

国王为他提供丧葬

(5)□□□□□□□ 他向拉神祈祷(6)□□□□□□□[写]入他的陵墓(7)□□□□□□□。[陛下命令,为他建造]

黑檀木棺椁，密封。(9)□□□□□□□这些□□□□北方的(10)□□□□□□□□。陛下让他在自己的身边为其身上涂上油膏。

他的长子修建了这座陵墓

(1)[是]他的长子,□□□□(2)□□□□□为他[修建]了台阶(3)□□□□□□□□很多。当(4)□□□□□□□□他在那里[就受托]给予土地(5)□□□□□□□□他让他来(6)□□□□□□□□所有□□□□从宫廷里(7)□□□□□□□□使它写在(8)[他的陵墓]里□□□□[陛下]因此[赞扬他[1]],他为其赞美神,对他甚为(感谢)。

【注释】

〔1〕 指维什普塔赫的儿子。

国王赠送他的陵墓

从同样长度的第四铭文很少几片残片中明显可知,国王为维什普塔赫的陵墓"金字塔边上的陵墓:萨胡瑞之心闪耀"设立了一个丧葬捐赠。

7 普塔赫舍普塞斯铭文

【题解】

此篇文献对于总结第四王朝的历史和为第五王朝前半段断代都异常重要。普塔赫舍普塞斯是努色尔瑞太阳神庙的一位祭司,出生在第四王朝曼考瑞统治时期,第五王朝的第五位国王努色尔瑞统治时期他仍然活着。这样就可以推断,曼考瑞统治的后几年到努色尔瑞统治的第一年的长度不超过一个人一生的时间。遗憾的是,这八行竖写的铭文上边的文字顶端损坏严重。头两行的内容只提及自己在两个统治者在位时候受到宠爱。第4行、第5行、第6行和第7行的开头,其顶端损坏的地方都一样。因此,非常清楚,这些丢失的地方各提及一个统治者。第3行有些不同,开头有一个词是"陛下",距顶端非常近,所以无法容得下提及一个新的国王,但可能是第1和第2行舍普塞斯卡弗统治的继续。我们知道,普塔赫舍普塞斯一直活到努色尔瑞统治时期,所以我们必须将该国王插入最后一行的开头。不算舍普塞斯卡弗继任者的短暂的统治和同样短暂的第五王朝哈内弗瑞的统治,普塔赫舍普塞斯列出的国王很可能如下:

第四王朝
  1. 出生和童年　　（曼考瑞）
  2. 青年　　　　　（舍普塞斯卡弗）
  3. 结婚　　　　　（"陛下"可能仍然是舍普塞斯卡弗统治）
第五王朝
  4. 成年　　　　　（屋色尔卡弗）
  5. 成年　　　　　（撒胡瑞）
  6. 成年　　　　　（内弗尔伊瑞卡瑞）
  7. 成年　　　　　（内弗尔弗瑞）
  8. 老年　　　　　（努色尔瑞）

该铭文刻在普塔赫舍普塞斯玛斯塔巴墓的一个假门上,坟墓在撒卡拉,由马瑞埃特发现。马瑞埃特在他《玛斯塔巴(石室坟墓)》一书中公布了此篇铭文,后来罗格的著作《第六王朝早期铭文研究》和泽特的著作《文献》第一卷中也分别公布了该篇文献。译自《古埃及记录》(芝加哥,1906)。

【译文】
曼考瑞统治时期
    (1) □□□□[1]在曼考瑞时代;他在王宫里、在枢幄中、在后宫中与王子们一起接受教育;在国王面前他是比任何孩子都受尊重的人;他就是普塔赫舍普塞斯。

【注释】

〔1〕 此处破损,可能是"他出生"。

舍普塞斯卡弗统治时期

(2)□□□□[1]在舍普塞色斯卡弗时代;他在王宫里、在枢幄中、在后宫中与王子一起接受教育;在国王面前他比任何孩子都更加受到尊敬;普塔赫舍普塞斯。

(3)□□□□陛下给予他国王的长女,玛特哈成为他的妻子,因为陛下想要让她和他而不是和别人在一起,普塔赫舍普塞斯。

【注释】

〔1〕 此处破损,可能是"他成长"。

屋色尔卡弗统治时期

(4)[从属于屋色尔卡弗,孟菲斯高级祭司,]国王看重他胜过任何其他仆人。他登上宫廷的每一条船;他在一切加冕盛宴[1]上都进入南宫;普塔赫舍普塞斯。

【注释】

〔1〕 这是国王在加冕周年举行的公众活动。

撒胡瑞统治时期

(5)从属于撒胡瑞、作为陛下每一项要做的工作的谋士,国王看重他胜过任何其他仆人;每天令其主人之心高兴,普塔赫舍普塞斯。

内弗尔伊瑞卡瑞统治时期

(6)[从属于内弗尔伊瑞卡瑞,国王看重他胜过任何其他仆人];当陛下为一件事情赞扬他的时候,陛下允许他亲吻其足,陛下不让他亲吻土地;普塔赫舍普塞斯。

内弗尔弗瑞统治时期

（7）[从属于内弗尔弗瑞,国王看重他胜过任何其他仆人]；在所有亲临盛宴[1]上他都登上圣船；其主所钟爱之人；普塔赫舍普塞斯。

（8）□□□□从属于其主之心,其主所钟爱之人,普塔赫神所尊敬之人,做神希望他去做的事情,使每一个国王手下的工匠都高兴。普塔赫舍普塞斯。

【注释】

〔1〕 尼罗河上圣宴游行中诸神出现的场面。

8 乌哈的祭品

【题解】

此文献断代为第五王朝,大约为公元前 2400 年。译自 D. 邓纳姆《纳盖第一中间期石碑》(伦敦,1917)。

【译文】

在他山上[1]的,奉献给防腐之屋中的居住者[2]、圣土之主、国王及阿努比斯神的祭品：

【注释】

〔1〕 丧葬山。
〔2〕 原文 m wt。

一份祈祷祭品献给诺姆长,赖希特[1]、国王玺印携带者、唯一陪伴者、主持祭司、主神、天堂之主所中意者。乌哈说：

【注释】

〔1〕 原文 rḫyt,意为"臣民"。

我是父亲所爱的、母亲宠幸的、兄弟和姐妹喜爱的人。当我与

120个男人和120个女人一起行割礼[1]的时候,没有人打斗起来,没有人被打,没有人抓挠起来,没有人被抓挠。我是一个好名声的普通人,我依靠自己的财产生活,用我自己的一对牛耕种,用我自己的船航行,而不是通过我找到的我尊敬的父亲乌哈的财产。

【注释】

[1] 割礼,在古埃及可能并非每人必行,但却非常普遍。在新王国期间,战场上统计打死敌人的数量是通过记数割下他们身体器官来完成的。没有进行过割礼的敌人要割下其生殖器,而进行过割礼的敌人就只割下其手。

9　诺姆长汗库墓铭文

【题解】

　　汗库,上埃及第十二诺姆角蝰山诺姆的统治者。角蝰山诺姆在第十三诺姆理口坡里的对面。他在第五王朝或第六王朝早期得志,其后人也受到了第六王朝法老的宠爱。关于古王国诺姆长的材料非常少,因此,尽管这份材料提供的东西不多,但也十分重要。特别值得注意的是,其中提到其他诺姆向该诺姆移民。此篇铭文除了损坏严重外,内容上也常常含混费解。这里选择的是相对比较好理解的部分。坟墓铭文的释读应该小心,因为此类铭文是用来展示死者好的一面而不是严格的真实记录。

　　铭文刻在代尔—埃尔—盖伯若玮的一个崖墓里,戴维斯在《代尔—埃尔—盖伯若玮》第二卷和塞特(从戴维斯那里选)的《文献》(第一卷,76-79)里公布。译自《古埃及记录》(芝加哥,1906)。

【译文】

　　(1)噢,你们角蝰山的人们;噢,你们伟大的其他诺姆之主,将要走过该坟墓的人们,我,汗库[1],将好的事情讲诉:□□□□□□□□□□□□(11)□□□□□□□□□□□□□□□。

【注释】

〔1〕 原文 Hnqw。

我给予所有角蝰山地方之饥者以食物;(12)我给予这里的裸者以衣服。我让其海滩(13)充满了大牛,其低地充满了小牛。(14)我用小牛的嫩肉让山上的狼[1]满意,(15)让天上的禽鸟满意□□□□(16)我是该诺姆南方谷物之主人和管家□□□□(18)我让其他诺姆的人落脚在这个柔弱的城池;(19)那些拥有农奴的人,我让他们的官员像官员。(20)我从来没有压迫过拥有其自己财产的人,以至于他因此而向我的城池之神抱怨;(但是)我说,告诉人们好的事情,(21)从来没有一个人因为另一个人比他强壮而害怕,以至于他向神抱怨。

【注释】

〔1〕 给饥者食物、给裸者衣服、给动物食物是埃及人的传统美德,这样的表述在以后的铭文中时有出现。

然后,(22)我在角蝰山和我尊敬的兄弟、唯一的伙伴、仪式祭司瑞阿姆一起提升,成为统治者,(23)我是该诺姆牛栏之恩人,捕禽者居民之恩人。我让每一个地区(24)都住满了男人和牛群□□□□事实上是小牛。我不撒谎,(25)因为我是(26)父亲所宠爱的人,(27)母亲所赞美的人,(28)对兄弟极好的人,(29)对[姐妹]友善的人□□□□□□□。〔1〕

【注释】

〔1〕 最后七行省略。

10　韦尼铭文

【题解】

该篇铭文来自马瑞埃特在阿比多斯发现的韦尼玛斯塔巴墓中。铭文

一　古王国铭文　45

刻在一块高1.10米、宽2.70米的石灰石上，这块石头是该玛斯塔巴墓外部仪式堂的一面墙。现在，这块石头存放在开罗。铭文由德罗格在《铭文与书信学者备忘录》和《第六王朝早期铭文研究》、马瑞埃特在《阿比多斯》、厄曼在《埃及语杂志》中发表；伯鲁格施和高勒尼舍弗将文献与抄本进行了校对；皮尔将厄曼发表的该铭文与最初的版本进行了校对；伯鲁格施在《辞典》、格瑞葆特在《博物馆》、泽特在《文献》中也公布发表了该铭文。格瑞葆特的照片和塞特来自柏林压缩本的抄本是唯一正确的文本。除了塞特，还有一个与厄曼和布尔查特最初版本校对过的抄本。

此篇铭文是自古王国以来最长的叙事铭文，也是最重要的历史文献。苇尼的生平事迹从国王泰提统治时期开始叙述，经过俳匹一世的统治时期，一直到梅尔内瑞时期结束。铭文中有古王国宫廷中一位统治者对他做的生活教诲，此外，苇尼铭文还讲述了古王国最为重要的战争。译自《古埃及记录》（芝加哥，1906）。

【译文】
泰提国王统治时他的职业生涯

苇尼在泰提统治时期度过童年，作为王室底层管理者开始他的仕途生涯。

引言

［诺姆长，南方长官，］庭中侍者，从属于内亨[1]、内赫波[2]之主，唯一陪伴者，奥西里斯神前受尊重的人，西部人中第一人，苇尼。他说：

【注释】
〔1〕即希拉康坡里（Hierakonpolis），位于卢克索南80公里处。
〔2〕内赫波（Nḫb），即埃尔卡伯（El-kab），上埃及遗址，位于尼罗河东岸，卢克索南约80公里处。

职业生涯的开始

(1)[我是一个]紧系在泰提[1]陛下腰带之上的孩子;我的公务是监管□□□□,我任法老领地低级官员职务。

【注释】

〔1〕 第六王朝的第一位统治者。

任命为判官

(2)□□□□[我是]俳匹[1]陛下手下的[□□□□]部的最长者。陛下指定我为随从等级及其金字塔城的低级先知。当我的职务为□□□□(3)陛[下让我]成为从属内亨的判官。在他心里,我胜过他的任何仆人。我单独跟主判官及维西尔[2]一起以国王的名义对后宫和六大宫[3]的每一件私人事物(4)□□□□"听讼",因为国王爱我胜过他大臣中的任何人,胜过他贵族中的任何人,胜过他仆人中的任何人。

【注释】

〔1〕 俳匹(Ppy),第六王朝统治者。
〔2〕 维西尔是埃及法老之下地位最高的大臣,相当于中国古时候的宰相。这里和他听讼的维西尔没有提到其名字。
〔3〕 原文字面意思是"六座大房子"。

国王为他修建陵墓

(5)然后,我[恳]求□□□□国王陛下为我带来一个特罗雅[1]的石灰石棺。为了从特罗雅为我带来该石棺,国王让神的司库及其一队(6)水手按照他的命令划船过来;他随船而来,在一个皇宫的大船里,带有盖子(7)和假门;[设置]两个□□□□和一个供碑。这样的事情从来没有为任何仆人做过,(8)因为我在陛下心中是优秀的,因为我在陛下心里是令人愉快的,因为陛下宠爱我。

【注释】

〔1〕 特罗雅(Ra-aw),孟菲斯对面的采石场,开罗南五六公里处。

指定为高级管理人

当我做判官的时候,从属于内亨,陛下指定我做唯一随从和法老领地的高级监护人,法老领地在那里的四个高级监护人中的□□□□[1]。当料理宫廷、[2]准备国王的旅程(或)安排行止之时,我做了,陛下赞扬我。我跟随始终,因此陛下每件事都赞扬我。

【注释】

〔1〕 该词有些损坏,带一个很怪的定符。定符是象形文字中表意部分。
〔2〕 他的职责中,料理宫廷和准备国王的旅程相对照。

当法律程序秘密在后宫起诉王后伊姆特斯的时候,陛下让我介入,以便单独听讼。没(11)有主要法官和维西尔,没有王子在场,只有我自己,因为我是优秀的,因为我使陛下的心愉快,因为陛下宠爱我。我单独记录,(12)在场的只有一个隶属于内亨的法官;而我的职责(只)是国王领地的高级官员。以前从来没有一个人像我一样听讼于皇室后宫的秘密,只有我,国王让(13)我听(讼),因为我在陛下心中比他任何官员、任何贵族、任何仆人都更优秀。[1]

【注释】

〔1〕 这里记述的是一次宫廷阴谋,埃及学家对此次阴谋的研究众说纷纭,甚至有人说伊姆特斯并不是国王的妻子,后宫阴谋也不是她策动的。

打击贝多因人战争

陛下发动了针对亚洲沙漠居住者的战争[1],(14)陛下聚集万人的军队;在整个南方,南到埃勒凡泰尼[2],北到沛尔哈托尔[3];在北方土地,整个(15)两边,在[要塞]里,在[要塞]中间,在伊尔柴特黑人、麦扎黑人、亚姆黑人中,(16)在瓦瓦特黑人中,在卡乌黑人中,在柴麦赫的土地上。[4]

【注释】

〔1〕 "发动了□□□的战争"原文 ḫsf yḫt 有"惩罚"之意。
〔2〕 埃勒凡泰尼是尼罗河第一瀑布北靠近阿斯旺的岛屿。该岛上的城镇是上

埃及或努比亚诺姆的都城。在早王朝时期这里就已经有了一个村庄。
〔3〕 沛尔哈托尔(Pr-ḥt-ḥr)，希腊罗马统治时期叫阿弗罗狄特波里(Aphroditopolis)，即格贝林(Gebelein)，位于底比斯南30公里处。
〔4〕 伊尔柴特、麦扎、亚姆、瓦瓦特及卡乌，这些全是努比亚地名。

苇尼率队远征

陛下派我为他部队打先锋，(17)而诺姆长们、御玺佩带者们、宫廷单独随行们、地方长官和要塞的统帅们分属南方和北方土地；随从、商队队长、(18)高级先知分属南方和北方土地，王冠属国之监官分别在南方和北方土地军队之先头，他们统领要塞和前方城市。(19)我是为他们制定计划之人，而我的职务(只)是□□□□的法老领地内的高级官员。其中没有一人□□□□[1]他的邻居；(20)其中没有一人从行人那里劫掠[钱财](或)鞋；其中没有一人从任何城市夺取面包；(21)其中没有一人从任何人那里夺走山羊。我从北部小岛、伊霍太普之门、荷鲁斯之湾[2]、尼波玛特[3]派遣他们。当我在这个等级的时候(22)□□□□□□没有一件事，我[探察]这些军队的数量，(尽管)从来没有任何仆人探察过。

【注释】
〔1〕 缺失之处是个动词。
〔2〕 一个河湾或一个地区。
〔3〕 这里列出的三个地名是一个地方的不同称呼还是三个不同的地方还不清楚。

军队返回

在铲平沙漠居住者(之后)，此支部队(23)安全返回[1]；在毁坏沙漠居住者之土地(之后)，此支部队安全返回；(24)在掀翻其要塞(之后)，此支部队安全返回；在砍倒(25)其无花果树和葡萄树(之后)，此支部队安全返回；在将其[军队]投入火海之后，此支部队安全返回；在屠杀其军队数万人(之后)，此支部队(26)安全返回；在带走大量俘虏(之后)，(27)此支部队安全返回。由于上列事实，陛下赞扬我。

【注释】

〔1〕 这个动词反复出现,意思应该相同。

贝多因的反叛

陛下五次让我去派遣[这支部队],(28)以便每当他们反叛之时都能率领这些部队横跨沙漠居民之土地。我这样做,陛下因此赞扬我。

远征巴勒斯坦南部

(29)当传说因为瞪羚鼻子土地上这些野人当中的一件事有人反抗之时,我带着(30)这些部队乘战船赶去,我行军到沙漠居住者(31)北部之山梁的高处[1]。当这支部队来到大路上之时,我赶到打击他们,(32)他们当中每个人都被杀戮。[2]

【注释】

〔1〕 巴勒斯坦高原。
〔2〕 苇尼在俳匹一世统治时期职业生涯的结束是由石头上一行文字的分开标记的。

梅尔内瑞统治时期职业生涯
被任命为南方总管[1]

当我成为宫廷脚凳主管和执鞋官之时,上下埃及之王,梅尔内瑞我主——万寿无疆——提升我为诺姆长和南部长官,(33)南到埃勒凡泰尼,北到阿弗罗狄忒波里[2];因为我在陛下心中是优秀的,因为我令陛下愉快,因为陛下钟爱我。

【注释】

〔1〕 梅尔内瑞任命苇尼为南方总管,这是他职业生涯中最高的职位。他受命远征第一瀑布附近的花岗岩采石场,以确保皇室金字塔修建石料的供应。他还率队远征哈特努波(Hatnub)采石场,为金字塔神庙巨大雪花石膏神殿采集石材。之后,他又疏通第一瀑布,开凿了五条河道。苇尼死于梅尔

内瑞统治时期。
〔2〕 即格贝林。

　　(34)当我做[脚凳主管]和执鞋官之时,陛下赞扬我细心而警觉[1],这一点我在公众方面表现出来,远在他每一位官员之上,远在[他每一位]贵族之上,(35)远在他每一个仆人之上。我作为南方长官令他满意。没有一人在那里与[其]邻居□□□。(36)我完成所有任务;我两次计算宫廷在南方之每一件东西,都令宫廷信任;在南方做了两次所有劳役之全面计算(令宫廷信任)。我在南方执行了□□(37)□□;以前在南方从未这么多过。我一直这样做,陛下为此赞扬我。

【注释】
〔1〕 原文ḫr rsw,定符为一根棍子和一张牛皮。

南方采石场远征

　　陛下派我(38)到伊勃亥特[1]去取石棺,(名字是):"生命之柜",同时取的还有石棺之盖和价值非凡、辉煌壮丽的金字塔顶尖:王后的"梅尔内瑞—闪亮且漂亮"[2]。

【注释】
〔1〕 伊勃亥特(Ybhɜt)为一采石场的名字,该采石场在什么地方我们尚不知道,可能在阿斯旺附近,因为在那里发现有黑色花岗岩,而梅尔内瑞撒卡拉金字塔中发现的石棺正是以黑色花岗岩为材料制作的。
〔2〕 最后三个词可能指的是与这个金字塔相连的王后丧葬地。

　　(39)陛下派我到埃勒凡泰尼[1]去取一个花岗岩假门,同时取它的祭品碑、门和花岗岩设施;(40)去取门口建筑和花岗岩祭品碑,属于金字塔的上部尖顶(称作):王后的"梅尔内瑞—闪亮且漂亮"。然后我又顺流而下(41)来到(被称作)"梅尔内瑞—闪亮且漂亮"的金字塔,随行的有6条货船、3条[拖]船和3□□□船,只有一艘战船。

伊勃亥特和(42)埃勒凡泰尼从来没有在任何国王执政时被一艘战船造访过。无论陛下命令我做什么,我都根据陛下之每一条命令完全执行。

【注释】

〔1〕 此次远征可能是从上文记述的远征之地前往该地的,因为伊勃亥特距埃勒凡泰尼很近。

哈特努波雪花石膏采石场远征

陛下派我去(43)哈特努波去取一块巨大的哈特努波硬石[1]祭品碑。我仅用17天的时间就为他取回了祭品碑,是在哈特努波采的石头,我用货船载之顺流而下。(44)我为他砍了一艘60肘尺长、30肘尺宽的刺槐建造木船,只用了17天便建造完成,是在第三季的第三个月(第十一月)。尽管在□□□上没(45)有水,我安全地在(被称作)"梅尔内瑞—闪亮且漂亮"的金字塔处登陆,金字塔一切都根据我主陛下对我的命令由我亲手执行。

【注释】

〔1〕 原文 Rwdt,意为"耐久石材"或"硬石"。

第二次南方采石场远征

陛下派[我][1]去南方挖掘5条沟渠,(46)并制造了3艘瓦瓦特刺槐木货船和4艘[拖]船。那时,伊尔柴特、瓦瓦特、亚姆和麦扎[2]的黑人首领(47)运来了木料,我只用一年就完成了一切。他们开船装载为修(被称作)"梅尔内瑞—闪亮且漂亮"的金字塔所用的巨大花岗岩。然后我在所有5条渠中(48)为宫廷□□□□,因为我尊敬,因为我□□□□,因为我赞扬上下埃及之王、比所有神祇都长寿的梅尔内瑞之声名,因为我(49)根据他之卡[3]给我的命令完成这一切。

【注释】

〔1〕 "我"在文中被省略。

〔2〕努比亚三个地名,瓦瓦特在努比亚北部。
〔3〕卡为埃及人所认为的每人都具有的与生俱来的生命创造力量,通常表现为一双上扬的手臂。

我是父亲宠爱、母亲赞扬之人,首先出生(50)□□□□让弟兄愉快的人,诺姆长,南方真正的长官,受到奥西里斯尊敬,苇尼。

11 哈尔胡夫陵墓铭文

【题解】

该陵墓铭文是一个非常重要的文献,比其他材料都更完整地告诉了我们古王国与极南端的黑人之间的贸易关系,包括与苏丹间的交往。哈尔胡夫是阿苏安贵族中能力非凡、最为成功的沙漠商队领袖。他曾四次到遥远的南方努比亚亚姆国家去,最后向西进入到不知道叫什么名字的地区。他四次远征中有三次是在梅尔内瑞统治时期进行的,最后一次在俳匹二世统治时期完成。他的描述第一次向我们展示了这些南方边境上的贵族及其与南方积极的贸易交往。

哈尔胡夫完整的头衔刻写在陵墓的门上:"诺姆长,南方长官,御玺佩带者,单独随从,仪式祭司,商队总管。"

自传性的陵墓铭文常常以一个非常肯定的自我评价开始。与法老的亲密关系、正直、对穷人的善行是此类铭文的一个特点。哈尔胡夫在两个法老统治时期任职:梅尔内瑞(大约公元前2279 – 前2270年)和他的继承人俳匹二世(大约公元前2279 – 前2181年)。译自《古埃及记录》(芝加哥,1906)。

【译文】

我今天来自我的城池,我出生于我的诺姆,我建造了房屋,我竖起了门户。我挖掘了湖,我种植了树。国王赞扬我。我父亲为我立誓,(因为)我很优秀□□□□□[一个]其父亲[宠爱的]、母亲赞扬的、兄弟热爱的人。我给饥者以面包,给衣服以裸者,我渡无船者过河。

噢,你,活着的人,在大地上,[你将经过这个陵墓无论]走向下游还是走向上游,你将说:"千块面包、千杯啤酒给该坟墓的主人。"我将在冥界为他们□□□□。我是一个优秀的人,富有勇气,一个仪式祭司,我的嘴知道说些什么。[1]

【注释】

〔1〕 这是一个许诺,代表为死者反复祈祷的生者调停冥世的争斗。

至于任何将进入[这个]坟墓[当作他的丧葬属地]的人,我将抓住他,就像抓住一只野禽;他将因此而被伟大的神所审判。[1]

我是一个说好话并一再做可爱事情的人。我从来没有对一个有权势的人说过任何恶毒的话以冒犯任何人,(因为)我渴望在伟大的神的面前一切顺利。我从来没有以一个儿子被剥夺了他父母财产的方式来裁决[两个兄弟]。[2]

【注释】

〔1〕 传说中的埃及"诅咒"就是此类语言的误传。
〔2〕 这是一种传统的说法,在第六王朝"俳匹—纳赫特铭文"中就出现过相同的字句。

引言

(1)诺姆长,贴身随从,仪式祭司,内侍,内亨法官,御玺佩带者,商队首领。南方一切事物之私人顾问,主人哈尔胡夫(2)□□□□□[1]所钟爱的人,我带来所有国家的东西给我主,我带来所有南方长官的皇家祭品,我在各国建立对(3)荷鲁斯的敬畏,我主赞扬我做的事,□□□□□受到普塔赫—索卡尔的尊敬。哈尔胡夫。

【注释】
〔1〕 此处是一些同样头衔的重复。

第一次远征

(4)他说:我主梅尔内瑞陛下派我与我父、贴身随从、仪式祭司伊瑞一道去亚姆,去开辟到达该国之路。(5)我用了七个月完成,我从该国带回了(所有的)礼物[□□□□]我为此受到很大赞扬。[1]

【注释】
〔1〕 第一次远征的礼物:不是奢华物品的贸易,而是统治者们交换"礼物"。哈尔胡夫此次远征是否进行了交易,是否带着他的军队从当地首领那里强取豪夺,还有待进一步研究确定。

第二次远征

陛下派我第二次(6)单独远征;我来到了埃勒凡泰尼[1]的路上,我从伊尔太特、麦赫尔、特瑞瑞斯回来,执行了一项八个月的公务。当我回来之时,(7)我从这些国家带来了非常大量的礼物。以前(8)从来没有这样的东西被带到这块土地[2]上来。我在考察了(9)这些国家之后从塞图和伊尔太特首领居住地回来。没有任何到过亚姆的人或商队首领(10)在此之前这样做过。[3]

【注释】
〔1〕 埃勒凡泰尼,第一瀑布北面靠近阿斯旺的尼罗河上的岛屿。
〔2〕 指埃及。
〔3〕 第二次单独远征,即没有他父亲的陪伴。伊尔太特和塞图两地似乎都在下努比亚,亚姆则再向南。

第三次远征

陛下现在第三次派我到亚姆去;(11)我从□□□□来到乌哈特[1]的路上,我发现亚姆首领在(12)往柴麦赫的土地去,打击柴麦赫(13)直到上天空的西角。我跟着他到了柴麦赫的土地上,(14)我平息了他,直到他为国王赞美所有的神祇。

【注释】

〔1〕 乌哈特(Weat)可能是"埃勒凡泰尼路"的起点。

第三次远征补[1]

(1)□□□□,亚姆,他跟着□□□□□为了通告梅尔内瑞陛下,我主,(2)□□□□□[2]跟着亚姆首领。现在,在我平息(3)□□□□□在伊尔太特之下在塞图之上的亚姆首领之时,我发现伊尔太特、塞图和瓦瓦特的首领(4)□□□□□。

【注释】

〔1〕 这是刻写在前门左侧的铭文,文字下面是哈尔胡夫之子向他进香。
〔2〕 破损处大约有一行的三分之一。可能是哈尔胡夫派人告之法老,他"跟着亚姆首领"走了。

我带着300头驴载着香、乌木、亥克努[1]、谷子、豹皮□□□□象牙、(5)[掷棒]和所有好东西回来。现在,当伊尔太特、塞图(6)和瓦瓦特的首领和战士们看到同我回到朝廷的亚姆军队是多么强大又众多之时,(7)该[首领]便带给我公牛和小牛[2],并引导我来到伊尔太特高原的路上,因为我比任何以前被派往亚姆的诺姆长、随从或商队首领都更优秀,更警觉,更□□□□□(8)现在,当那里的仆人[3]来到朝廷之时,有人[4]派□□□□□(9)单独随从、洗浴总管胡尼[5]乘坐载满枣酒、[糕点]、面包和啤酒的船逆流而上。(10)诺姆长,御玺佩带者,单独随从,仪式祭司,神财官,政令私人顾问,受人尊敬的哈尔胡夫。

【注释】

〔1〕 原文 ḥknw,为一种圣油。
〔2〕 也可能是瞪羚。
〔3〕 自谦,我。
〔4〕 国王。
〔5〕 原文为 H̱wny,也可能是Rꜥ-wny,符号 Rꜥ 或 ḫ 破损,有些看不清楚。

俳匹二世之信

哈尔胡夫第四次前往亚姆,捎信回来给国王,说他带回来很多南方宝物,特别是一位会跳舞的小矮人,国王回信表示谢意,如果小矮人安全送达宫中,将给予厚奖。哈尔胡夫将这封信刻在他此时已经完成的陵墓前。

日期与引言

(1)御玺,第二年,第一季的第三个月,第十五日。

(2)皇家颁命于单独随从、仪式祭司和商队首领哈尔胡夫。

信的正文

(3)我已注意到你信中的内容,你已派人来见国王,到王宫里,以让寡人知道你已同你的军队一起(4)从亚姆安全返回。你在信中说,你带来了(5)所有的哈托尔,伊姆之主送给(6)上下埃及之王、永生之内菲尔卡瑞[1]之卡的伟大而漂亮的礼物。你在信中说,你从(7)神灵的土地上带来了一个该神的跳舞矮人,就像(8)神的司库布尔得德在伊塞斯时从蓬特带来的矮人一样。你对陛下说:"以前从来没有(9)像他这样的人被任何去过亚姆的人带来过。"

【注释】

〔1〕内菲尔卡瑞(Nfr-kȝ-Rˁ),即俳匹二世。

每年□□□□(10)你做你主渴望并赞扬之事;你日夜[与商队]在一起做(11)你主渴望、赞扬并命令之事。陛下将让(12)你的许多超凡荣耀成为汝子之子的光彩,这样,所有的人(13)当他们听到陛下为你做的事就都会说:"有像为单独随从哈尔胡夫(14)当他从亚姆返回时所做的那样的事情吗?因为他显示了做其主渴望、赞扬并命令去做的事的机敏。"(15)立即北上到宫廷来;□□□□(16)你要带来这个矮人,他要活着,吉祥而健康地从神灵之土地上带回,(17)因为该神之舞蹈将令上下埃及之王内菲尔卡瑞——愿他万岁！——之心愉快喜悦。(18)当他与你上船之时，指派优秀的人，让他们在船的两边(19)保护他；小心，以免他掉到水里去。当他夜里睡觉的时候，指派优秀的人，(20)躺在他帐篷里睡在他身边，每夜查看十遍。(21)陛下比看到比亚[1]和(22)蓬特之礼物更渴望看到该矮人。如果你带着该矮人(23)活着，吉祥而健康地到达宫廷，陛下将根据陛下看到矮人之渴望，对你做一件比对神之司库布尔得德(24)在伊塞斯时代所做的更大的事情。

【注释】

〔1〕 比亚，西奈一个矿区的名字。

(25)命令已经发给"新城"首领、副官及高级先知，命令每个储城、每个神庙都(26)从他那儿取得食物，无需节缩。[1]

【注释】

〔1〕 国王已命令各地官员提供宿食。

12　第一瀑布铭文

【题解】

　　该铭文刻在尼罗河东岸第一瀑布南边的两块花岗岩石上，为第六王朝国王梅尔内瑞亲访第一瀑布地区的记录，铭文非常重要。在《苇尼铭文》中有努比亚首领向埃及国王臣服的记载，但是否虚夸存有疑问。这篇铭文正好佐证《苇尼铭文》中该记载之真实可信。《苇尼铭文》中为苇尼采石船提供木材的黑人部落于此铭文中向国王致敬。此篇铭文与《苇尼铭文》一起见证了当时埃及对努比亚该地区的控制。此间运河的开凿及国王对此地的造访为第十二王朝对下努比亚的控制奠定了基础。译自《古埃及记录》(芝加哥，1906)。

【译文】

北铭文

国王倚杖而立,狮尾为其王权唯一标志。其后为哈努姆神,身前为努比亚首领。国王头上为其常用名字及头衔:"上下埃及之王,梅尔内瑞";身后文字为:"哈努姆神所钟爱,瀑布之主";身下为日期:"第五年,第三季之第二月,第二十八日。"

国王身前为一列铭文:

国王亲莅,立于山国之后,麦扎、伊尔柴特及瓦瓦特之首领亲吻土地[1],献上赞美。

【注释】

〔1〕"亲吻土地"意为"臣服"。

南铭文

该篇铭文实际上是前篇铭文的副本,但没有日期。可见努比亚一位首领立于国王身前,伴随铭文如下:

国王亲莅,现于山国之后,视山国内之一切,□□□□□□□□麦扎□□□□,□□□□赞美。

二　第一中间期铭文

第一中间期(约公元前2181－前2040年)是古埃及历史上第一次大分裂。由于社会极度不稳定,留下来可供后人研究该段历史的材料也非常稀少且晦涩难懂。

随着第六王朝最后一位国王统治96年之后终于去世,埃及的统一也随之结束。接下来是长达140年的混乱。中央集权不复存在,地方势力纷纷独立,你争我夺,都试图建立自己的王朝。古王国那种繁荣景象变得黯淡无光,以金字塔和大司芬克斯为标志的高度发达的技术也不见了踪迹。埃及人心目中崇尚的至高无上的代表稳定、秩序和平衡的观念——"玛阿特"——遭到了毁灭。

第一中间期包括第七王朝到第十王朝。该时期历史框架的重建主要依靠的是古典希腊作家残缺不全地引用的曼涅托的《历史》。最为人所熟悉的就是第七王朝70位国王统治了70天的记述,这显然是为了说明该王朝的混乱,而不是真的历史史实。第八王朝以孟菲斯为中心,统治了一个很小的地域,因为这个时候三角洲被侵入的亚洲人占领,南方则是底比斯政权的势力范围。第八王朝仅存在了20年左右就寿终正寝了,随之而来的是众诺姆的权力争夺。就在此时,希拉克里奥坡里出现了一个比较强大的家族,建立了第九王朝,其王朝的创立者叫美瑞伊布瑞—亥提。第九王朝和第十王朝前后承续,政局不稳,常发生统治者变更的情况。南方以底比斯为中心的第十一王朝不断壮大,常和希拉克里奥坡里为中心的北方势力发生冲突,最后第十一王朝的孟图霍太普一世终于打败北方重新统一了埃及,埃及历史进入中王国时期。

第七和第八王朝国王(公元前2152－前2130年)
首都:孟菲斯
国王多不知名,很多国王先后执政,包括几位叫内非尔卡瑞(Nfr-kꜣ-Rꜥ)的国王。
第九和第十王朝国王(公元前2135－前2074年)
首都:希拉克里奥坡里
重要国王包括亥提、美瑞卡瑞和伊提。

第一中间期材料稀少,很多情况都是根据中王国草纸文献得出的结论。但这些文献主要用意在于渲染第一中间期的混乱,以表明新的王国之伟大。所以,都称不上是可资利用的历史文献。

第一中间期的研究材料主要有下面一些内容:

铭文。第一中间期的铭文文献有两部分非常重要,即皇家铭文和非皇家铭文。皇家铭文第一次由国王刻写在石碑或石头上,叙述、报告甚至吹嘘他们自己的丰功伟绩。此种皇家铭文之所以在这一时期出现,主要是因为该时期国王都是地方势力首领,如诺姆长或其后代攫取政权,变作国王的。这样,他们就将其本不属于皇家的此类铭文带进了皇家文献。还有一种皇家铭文,是古王国的免除令,在第八王朝继续存在。

非皇家铭文主要是自传文献。这一时期的自传文献不仅出现在官员的陵墓中,还常常出现在石碑或石头上。此类地方势力首领留下来的自传一般用其自己的纪年来标注而不是用国王的纪年。

此类铭文为后人重新建构该历史阶段提供了重要材料。这些材料辅之以考古发掘的该时期的遗址,为这一时期的历史框架提供了支撑。此类铭文中还包含了一些赞美诗和祈祷词,具有很高的文学价值。

棺文。首次出现的非皇室成员的丧葬文献汇集,被称作棺文。棺文是金字塔文的延续。

文学文献。该时期是埃及"古典文学"的第一次繁荣时期,此时期的文献中所使用的语言形式标准规范,为后世许多世纪所效仿,所以称作古埃及语言的"古典"时期。现在称作"中埃及语"的语言就是此时形成的。主要文学样式包括"智慧文学",主要是长者对后人的教诲,作品如"美瑞卡瑞教谕"。中王国这一文学样式得到发展。"悲观文学"也是此一时期的重要文体,多描述社会的混乱。应该说明的是,很多此类文献都是后来的作品。还有一种文学样式在此时期出现,即"故事"。"能言善辩的农夫"的故事就发生在第一中间期,但该故事可能是中王国写成的。

考古。除了遗址的挖掘之外,挖掘出来的带有铭文物品的铭文研究对于历史研究也非常重要。因为该时期刻写下来的象形文字各个地区风格不完全相同,这就使后世学者得以通过仔细研究确定文字刻写的时间和地点,对于历史研究极有价值。

1 斯坞特铭文

【题解】

　　这些铭文刻写在三座并行排列的陵墓上端，高悬在俯瞰现代城市阿斯坞特或称斯坞特城的悬崖正面之上。铭文最早由跟随拿破仑军队进入埃及的学者抄录下来，后来由格里菲瑟于1889年发表〔《斯坞特与戴尔—瑞菲赫铭文》(伦敦)〕。

　　这些陵墓中的五篇铭文，三篇是第九和第十王朝时期的铭文，两篇是第十二王朝的铭文。第九和第十王朝的铭文构成了我们关于这个材料稀少时代唯一的原始材料来源。这三篇铭文是里可波里诺姆三位王子的铭文，他们是：泰菲比、其子亥提一世和另一位叫亥提的人，第三位和前两者的关系尚不清楚。这些王子作为诺姆长，都拥有同样的头衔："世袭王子，王公，御玺佩带官，内侍，斯坞特之主，外普瓦乌特之先知。"他们都是软弱的希拉克里奥坡里国王长期的朋友和支持者。这些王子构成一个缓冲，隔开了叛乱的底比斯王公直接的攻击。这些底比斯王公的后代成为了第十一王朝统治者。遗憾的是，他们没有提及任何抗击底比斯的情况，只提到了他们为之效力的一个希拉克里奥坡里人——美瑞卡瑞。

　　这些铭文的语言极其隐晦难懂，加上铭文的残破常常使翻译无法进行。对铭文文献的恢复工作只是根据类似文献和残存符号猜测原本的文字，而无法将原来的文字重新恢复原貌。译自《古埃及记录》(芝加哥，1906)。

【译文】

泰菲比铭文[1]

与南方的冲突这里写得比较清楚，但由于此篇铭文的不完整，使得我们很难看到这场冲突的全貌。此次冲突的粗略概况是这样的：泰菲比恳请所有过路的人都为他祈祷。他宣布其统治的慈善——人与人没有差别，维护所有人的安全，即使是在国外亦如此。因为他的慈善统治，其子还是个孩子之时就继承了他的王位而没有遇到反对。在他第一次战争中，来自埃勒凡泰尼直到北方某个地方的南方诺姆联合起来与他为敌。他在西岸打败了南方联军，将他们赶到"南方港口要塞"。他接着越过河来到东岸，在那里打败敌人的第二支军队，打乱了敌方的舰队。这样，他就镇压了叛乱，提升了有才华的官员。战争带来了对他的强大政权的普遍尊重、神庙的繁荣以及邪恶者的羡慕嫉妒。

对路人的呼吁

(1) 噢，你活着的人们！噢，你地上之生灵，待生之孩子；将要顺流而下的人们，逆流而上的人们，将要到来的斯坞特之主，外普瓦乌特的追随者，将要路过此湾[2]的人们，将要进入此墓的人们，要看到其中所有的人们，外普瓦乌特神、斯坞特之主与阿努比斯，洞穴之主，为你而生，你要为王子泰菲比的丧葬供品祈祷。

【注释】

〔1〕 第三号墓中铭文。
〔2〕 峭壁或河流转弯处。

泰菲比的仁慈统治

(2) 世袭王子，王公，御玺佩带者，内侍，斯坞特之主外，普瓦乌特的高级先知，泰菲比说：□□□□[1](3)□□□□。听我说，你们到来的人。我对每一个人都很慷慨，□□□□□□□[1]，(4)

□□□我有一个绝妙的打算,一个对其城池有用的打算,一个面对恳求的□□□□,□□□□□□[1](5)□□□□个面对寡妇的公开□□□□□□□□我是其人民之尼罗河[2](6)□□□□□□[1]□□□□(7)□□□□□□□□□□□[3](10)当夜幕降临,睡在此条道路上的人给予我赞美,因为他像在自家房子里一样;我勇猛的战士是他的护卫□□□□□□□□□□□□□□□□□□□□□□(13)。然后,我子接替了我之位置,官员们接受他的权力。他还是个1肘尺高的孩子[4]之时就开始统治;该城为他而欣喜,记着那些(14)善举[5]。因为每一位对其人民做善事的贵族,将超越其父之美德,他在来世应该□□□□(15)受到祝福,其子应该居住在其父之房子里,在该城里,他的记忆应该愉快,他的雕像应该由其子抬着[6],受到崇拜。

【注释】

〔1〕 约破损一行内容的三分之一。
〔2〕 阿蒙霍太普四世也在其子民面前称自己为尼罗河。
〔3〕 此处内容大概是泰菲比对其子民的恩惠。
〔4〕 1肘尺高的孩子,意思是刚出生的孩子,极言其生来就是统治者。
〔5〕 其父做过的善事。
〔6〕 这里指的是一种仪式,雕像抬在节日的队伍中。

与南方的战争

(16)[1]第一次我的战士与南方诺姆战斗,南到埃勒凡泰尼,北到□□□□□□□,他们痛击为之所知的(17)南方边境[2]□□□□□□□□西侧[3]。当我来到该城之时[4],我打败了[敌人]□□□□[5][我驱赶他](18)□□□□直到南部港口要塞。他给我土地,而我没有归还他城池□□□□□[5](19)□□□□□我到达东边,向上游航行;来了另一个人,像一只豺狗□□□□[5]□□□□(20)带着另一只来自其联盟的军队。我出去与他作战,带着一只□□□。没有惧怕□□□□[5]。(21)他急赴战斗像光一样;

里可波里诺姆□□□[5]像一头公牛一样前进(22)□□□□永远。我利用[南风]和北风、东风和[西风],始终不停战斗□□□□[5](23)□□□□。他倒在水中,他的船到处乱跑,他的军队像公牛一样,□□□□[5]当受到野兽的攻击,(24)掉头而逃。□□□□□□放火□□□□[5](25)□□□□我驱赶出了反叛者□□□□,借助外普瓦乌特之计划,□□□□[5](26)只强大的公牛。当一个人做得出色之时,[我就]提升他为我士兵之头□□□□□[5](27)为其主。□□□□□[6]□□□□[5](36)希拉克里奥坡里。这片土地处于我士兵的威严之中;没有哪片高地逃脱恐惧。如果他□□□□[5](37)在南方诺姆放火。他这样做像是他自己土地上的事物一样,以结束□□□□□[5]。

【注释】

〔1〕 第16至40行内容曾被灰泥覆盖,其上又刻写了文字,所以,恢复起来非常困难。
〔2〕 指希拉克里奥坡里国王们的南方边界。
〔3〕 这里指河西岸的战斗。
〔4〕 这个城市应该在南北界限之间地带,因为他刚刚越过"南方边境",接下来又说到达"南部港口要塞"。
〔5〕 约三分之一行损坏。
〔6〕 此处八行损坏严重。

结束

(38)神庙繁荣,供奉献神;智者所见,□□□□[1](39)他没有在其面前给予永恒,他看不到未来,他看到的是罪恶□□□□[1](40)□□□□□。

【注释】

〔1〕 缺失三分之一行。

亥提一世铭文

此篇铭文出现在三座陵墓中间一座的北墙上,对面是手持大盾牌的战士壁画。亥提一世是前面陵墓中泰菲比的儿子。他继承了其父的土地和头衔,成为一位诺姆长。除了阿斯坞特诺姆长的一般职责外,他还是"整个土地之军事将领"。他的铭文对于希拉克里奥坡里王国的内部历史非常重要。但遗憾的是,铭文残破严重,晦涩难懂。在提及亥提服务国王美瑞卡瑞并提到亥提家族的古代渊源之后,铭文陈述道:他为国王严惩中部埃及。这清楚地表明希拉克里奥坡里王国内部已经出现了反叛。麻烦平息了,亥提陪同国王到上游去,可能是去接受王国的臣服。当亥提庞大的舰队驶来的时候,埃赫那斯(Ehnas)的贵族非常惧怕。返回埃赫那斯—希拉克里奥坡里之后,国王受到老人和年轻人的欢呼拥戴。亥提回到家,受命修复外普瓦乌特古神庙,该神庙在位于斯坞特建筑底下的某个地方。在亥提统治的余年,人民生活安逸。

此篇铭文头七行只有上面部分保留了下来,内容非常重要,但只有很少的残片现在可以释读。这些残片上的内容显示,该铭文是对死去的亥提讲的,内容是:(1)"□□□□□个古代血统[1]□□□□□□□(3)□□□□□上下埃及之王,美瑞卡瑞□□□□□(6)希拉克里奥坡里。你平定了反叛□□□□□□□(7)两土地之主,神所钟爱,覆盖全部土地"。这最后的称号让我们确定指的是国王,可能亥提受他之命平息叛乱。这就为我们提供了当时历史关系的联系。

【注释】

〔1〕 指亥提家族的古代渊源。

亥提的世系

　　　　一位统治者,(8)统治者之统治者之后裔,一位统治者之子,一位统治者女儿之子,先人之□□□□[1],一位统治者女儿之子,(9)□□□□一位[无与]伦比的贵族。(10)□□□□□□□因为你在这片土地上布下[敬畏],你只为他[2]惩罚中埃及。

【注释】

〔1〕 约三分之一行缺失。

〔2〕 指国王。

服务国王

你送他到上游去,(11)天为他而晴朗,整个大地都站在他一边,中埃及之王公,希拉克里奥坡里之大人,大地上女神之地域[1],都来(12)打击作恶者。大地颤抖,中埃及[惧怕了],所有的人都很恐惧,村庄[惊恐],(13)恐怖渗透进他们的肢体。法老之官员成为恐惧之奴隶,受宠者受尽希拉克里奥坡里恐怖之折磨。(14)大地燃烧起它[2]的火焰□□□(15)□□□□从来没有一只舰队之首已经进入晒斯霍太普,而其尾部仍在[□□□□][3]□□□□(16)□□□□他们走水路而来,在希拉克里奥坡里登陆。整个城市都来了,为其主人、其主之子而欣喜;妇女(17)与男人,老人与小孩。

【注释】
〔1〕 许多不同的地域都这样表述,可能和希拉克里奥坡里相邻。
〔2〕 指希拉克里奥坡里。
〔3〕 晒斯霍太普位于阿西乌特(Assiut)以南。后一个地点可能是堠(Hou)。

老年

统治者之子,到达其城,进入其父之房屋。他看着(18)(其岁月,)其石棺、其老年向他们房屋[1]走来。当一个人进入他的位置(他的陵墓)的时候,这座永恒之城□□□□(19)□□□□。

【注释】
〔1〕 其祖先的陵墓。

修建神庙

城市之神热爱你,泰菲比之子,亥提。他让你出现,这样他就可以看到未来,为的是(20)恢复其神庙,为的是修起古代之墙,最初的献祭之地,□□□□神圣的土地,(21)□□□□普塔赫神用他的手建造的,托特神[1]为之奠基的,由外普瓦乌特神、斯坞特之主、(22)

国王、两土地之统治者、上下埃及之王美瑞卡瑞下令为伟大的神灵阿努比斯之心建造的一座建筑；他（国王）要为其（神）度过数百万年，他要重复其塞得节；(23)在国王、泰菲比之子、中埃及伟大统治者之信心的引导下[2]，看吧，你的名字[3]将在(24)外普瓦乌特神庙中永恒，你的记忆将在廊柱中闪耀。有些将会传至别处，□□□未来□□□□(25)年，一百年又一百年，增加地上之生命；你仍在地上之生命中间□□□□□(31)□□□□□。

【注释】

〔1〕 古埃及智慧与文字之神，也是月神。
〔2〕 指该神庙的建筑在亥提的领导下修建。
〔3〕 亥提的名字。

和平统治

在你的时代发生的事情都是那么美好啊，城市对你非常满意。那些瞒着人民的事情，(32)你将其公开，为的是给斯坞特一份礼物——只是你的意愿。每一位官员都恪尽职守，(33)没有一人打架，也没有一人射箭[1]。母亲身边的孩子及妻子身边的市民不会遭到痛打。在□□□□中没有人作恶，(34)也没有人对他的房屋□□□□有任何冒犯。你城市之神，那爱你的父亲，引领着你。

【注释】

〔1〕 伤及他人。

亥提二世铭文

这篇铭文是三个陵墓中最北面的一座后墙的假门上及南墙上发现的。亥提二世与前两个诺姆长的关系我们不十分清楚，但他享有的平稳统治让我们推测到他可能生活在与底比斯战争开始之前，因此，也应该在泰菲比之前。该篇铭文很奇怪，将其童年放在了最后，而且没有提及其父的名字。他任里可波里诺姆之诺姆长的外祖父去世后，亥提的母亲开始执政，直到他长大继承其母的职位。在此期间，他与皇子们一起接受国王的教育,很早就在其诺姆受命执政。他的生活安定富裕,却不忘大力开发其诺姆的物质资源。他开掘了一条非常需要的灌溉运河,将水引到尼罗河水泛滥所未及之地。他谷物富裕,分发给其民众。他免除赋税,其牧群成倍地增加。他修建神庙,增加供奉。他还是一位勇士,作为中埃及的军事指挥官,养育有一支军队;他像亥提一世一样拥有一支水军。其民众和希拉克里奥坡里之民众都对其政府非常满意,承认其国王的教诲。可能亥提二世在底比斯取得胜利并巩固了整个埃及的统治之后成为底比斯第十一王朝国王的一位官员。

该篇铭文以惯常使用的斯坞特诺姆长的头衔开始,亥提陈述说,在他的陈述中没有虚假成分,他做的一切都是在其人民的眼前做的;然后接着说:

新运河

我给该城一份礼物,城市中没有北方土地上的家族,没有中埃及人[1];(3)在□□□[2]修建一座建筑。我重修了一条10肘尺[3]的运河。我是在耕地上开掘的该运河。我为其□□□□配备了门(4)□□□□在□□□□的土地上在一座建筑中,免除了□□□□。我对该□□□□(5)□□□□建筑是慷慨的□□□□。[我维系着]该城之生命,我使□□□□以粮食,中午给水(6)于□□□□□□□。我为该山地供应水,我为这个没见过水的山中的中埃及城市[4]提供用水。(7)我让边境安全□□□□□□□。我在高地地区供给水源,我使高地变成沼泽。我让尼罗河水漫过古代之地标,(8)我使耕地□□□□水。每位邻居都有水供应,每位市民都随意使用尼罗河水;我给他的邻居提供水,他对之非常满意。

【注释】
〔1〕 别的民族的人。
〔2〕 有三分之一行缺失。
〔3〕 可能指宽度。
〔4〕 指斯坞特城。

财富与慷慨

(9)我粮仓富有。当国家需要的时候,我用上千亥克特[1]的谷物维持该城之生存。我让(10)每位市民都领走其自己的谷物、其妻子的谷物,寡妇和其孩子也有谷物。他免除了(11)一切我父亲记录下来的赋税。我让草地充满了牛群,(12)每个人都有许多颜色[2];母牛成倍地生育,牛栏充满了(13)小牛。我待母牛宽厚,当她说"这是□□□□"[3]的时候,我是一个有很多公牛的人(14)□□□□他的牛;□□□□他生活很好。

【注释】

〔1〕 "亥克特"为埃及谷物容量单位。
〔2〕 指不同种类的牛。
〔3〕 这里是牛说的话。

亥提的纪念建筑

我是一位富有神庙建筑的人,(15)□□□□[1][我增加了]他修建的建筑,不断给予供奉。我是一个心腹,(16)□□□□[2]。

【注释】

〔1〕 破损约半行。
〔2〕 破损三分之二行。

他的军队

我是一位有弓箭力量之人,我的剑锋有力,(17)在我的邻人中充满了敬畏。我建立起一只军队□□□□(18)成为中埃及的指挥[1]。

【注释】

〔1〕 指挥这个头衔,泰菲比之子亥提也有,但加上了"整个土地",变成了"整个土地之指挥"。

他的舰队

我拥有好船,当他向上游航行之时[1]□□□□□□□□国王之心腹。

【注释】

〔1〕 从希拉克里奥坡里到斯坞特。

他的陵墓

我是一位对他说的话时刻注意的人;在不幸的日子保持着坚定信心。我拥有一座高耸的(20)陵墓,墓室前有一级宽大的台阶。

亥提的童年

我是国王之钟爱者,其王子的心腹,中埃及(21)之尊者。他让我在1肘尺高之孩提时代就开始统治;他在我年轻时就提升我的职位。(22)他让我和皇家子弟一起接受游泳训练。我是一个说话正确的人,(23)从不违逆将我从小养大的陛下。斯坞特对我的管理(24)非常满意;希拉克里奥坡里为我赞美神灵。中埃及和北面土地(三角洲)说:"这是国王之教诲。"[1]

【注释】

〔1〕 亥提孩提时代的描述以下的内容均为残片。

亥提外祖父之死

(40)[亥提]说□□□□(39)□□□□□□□希特(38)所生□□□□夜间观测(37)□□□□光耀他[1]的名字。

【注释】

〔1〕 死者是亥提外祖父。

(36)□□□□[然后,哀悼]国王,整个中埃及及北部土地(三角洲)(35)□□□□。国王本人和王公[为葬礼](34)而聚集在一起。[他被埋葬在其高原上的陵墓里。]

亥提母亲摄政

他女儿的儿子使其名字永存,使其荣耀(33)。□□□[他女儿统治斯坞特],她父亲嫡出血统(32)[统治该城]□□□□外普瓦乌特神所钟爱,对[该城]之善举而高兴[1] (31)□□□□□□□□(30)□□□□国王所钟爱,他的心腹。该城对她说的话满意。(29)□□□□[她像]神一样行动,直至其子臂力强壮(28)□□□□□(25)□□□□□[2]。

【注释】

〔1〕 "高兴"一词的词尾为阴性。
〔2〕 以下的残篇内容都是赞美词,但因为太不连贯而无法翻译。

三 中王国铭文

中王国开始于第十一王朝的孟图霍太普二世内布赫佩特拉，随第十三王朝的终结而结束，前后统治400多年。孟图霍太普二世统治埃及50年，他将分裂而无序的埃及重新统一起来，重建政治及社会秩序，经济和文化得到很大发展。中王国恢复了贸易，重开了矿场。同时，重新开始对外征讨，特别是对利比亚、努比亚和西奈贝多因人的征讨。孟图霍太普二世的继任者孟图霍太普三世和四世继续以底比斯为首都进行统治，保持了第十一王朝的强盛，扩展了王国的势力范围。但此后，一位大臣——维西尔阿蒙尼姆赫特——篡夺了王位，建立起第十二王朝。阿蒙尼姆赫特将首都从底比斯迁移至孟菲斯，在其子统治时期，又将首都迁往阿尔—法尤姆。

中王国是一个经历了第一中间期的动乱分裂重新统一的王国。重新统一后的新秩序带来了文化上的繁荣，各种文字文献大量出现。主题多为对国王的忠诚及颂扬国王的伟大，许多种类的文献中都渗透出这一主题。埃及学家认为该时期文字多有宣传意味，就是说，有些吹嘘的成分。但这一时期的文字却很具文采。

中王国文献仍然主要为考古遗址材料及文字材料。文字材料主要为：

皇家和非皇家铭文。此类文献多刻写在陵墓和神庙的墙壁上、石碑上、雕像上、圣甲虫宝石上、封印上以及岩石上。该时期的铭文中出现很多自传。岩刻主要在一些遗址发现，此类遗址主要有哈玛玛特旱谷、埃尔—胡底旱谷和阿斯旺地区，此外在境外的西奈和下努比亚以及许多远征过的地区也都有铭文留存下来。重要的皇家铭文有塞索斯特瑞斯一世托得内战铭文,里面记载了埃及对亚洲的远征。

纸草文献。此类文献主要有信件、法律文书和管理档案。重要的有:赫卡那赫特书信,是第十一王朝末或第十二王朝初底比斯王公给家人的书信;卡珲草纸,主要为中王国晚期神庙管理和法律文件以及私人信件;塞姆那急件,是阿蒙尼姆赫特三世统治时期塞姆那要塞信件的抄本;布拉克草纸,记述了第十三王朝的管理情况;布鲁克林草纸,内有第十三王朝下层仆人的情况,包括许多外国人的情况;雷斯那草纸,第十二王朝早期的建筑记述文件。

文学。中王国文学非常繁荣,文字规范,被称为埃及古典文学。这个古典不是时间意义上的古老,而是经典之意。文学文献包括:故事《西努亥的故事》、《遇难水手的故事》、《能言善辩的农夫的故事》,智慧文学《阿蒙尼姆赫特一世教谕》、《忠诚教谕》,还有社会评说《内弗尔提预言》等。

书吏教育文字。此类文字也应该算作文学中的一部分,因为主要内容都是对商务的讽刺,告诉学生书吏是最好的职业。此外还有《凯米特之书》,意思是埃及之书,都是教育学生如何写作的内容。

赞美诗。赞美诗一般分三类:一类赞颂神,一类赞颂国王,一类赞颂王冠。

丧葬和仪式文字。此类文字包括棺文及其他陵墓文字。

技术文献。主要有药学和数学记录。

诅咒文字。多为对敌人包括外国人的诅咒。

以上分类只是按照习惯做法划分,有些地方并不严格。比如说,自传可以出现在陵墓的墙壁上,也可以出现的石碑上。

考古遗址材料对于我们研究中王国是另一个重要资料来源。中王国期间建筑艺术大量渗入到纪念性建筑当中去,另一方面,精美的首饰也大量发现。主要遗址分布在下面一些地区:底比斯、法尤姆、孟菲斯、阿比多斯,在上下埃及甚至努比亚以及西奈地区也有遗址零散分布。

这里选择的铭文都是石碑和陵墓墙壁上的文字,不包括草纸等文献。内容也多与历史相关,不包含该时期非常繁荣的文学文献。

1 泰缇石碑

【题解】

该石碑由一位埃及商人收藏,后由学者皮尔抄录,在《美国闪语与文学杂志》上公布。泰缇是第十一王朝国王尹泰弗一世和尹泰弗二世的大司库。该石碑上的铭文是他的自传。此铭文是第十一王朝第一份清楚地陈述王位父子相传的文献,也首次列出尹泰弗二世的荷鲁斯名字。此外,它还为我们提供了尹泰弗一世王国北方与南方的边界。遗憾的是铭文中给出的南方边界我们很难准确确定其具体位置。给出的北方边界在提尼斯,尹泰弗一世陵墓石碑证实了这一记述。因为泰缇石碑是尹泰弗一世去世后刻写的,因此,这位国王的统治显然没有超越提尼斯。译自《古埃及记录》(芝加哥,1906)。

【译文】

引言

(1)现世荷鲁斯,瓦荷内赫,上下埃及之王,拉神之子,尹泰弗(一世),美之创造者,像拉神一样永生。

泰缇的头衔

陛下真正钟爱之仆人,陛下之室中拥上等位置,伟大而受宠爱之官员,深谙陛下个人事物,全程跟随陛下,心胸[开阔](2)□□□□非常真实,宫中高官之首,掌管内务司封印,陛下比高官更加信任之人,用其渴望之事让荷鲁斯神(国王)之心喜悦,陛下钟爱他,他宠爱的,大司库,掌管(3)陛下喜爱之内务司,大司库,国王之下第一人,可敬的泰缇,他说:

尹泰弗一世时期的生平

我是陛下钟爱之人,他每日之心腹。我在陛下——荷鲁斯,瓦赫内赫,上下埃及之王,(4)拉神之子,尹泰弗——统治时期度过很多年,他统治的此块土地上游远到[泰斯],下游远到提尼斯;我是其仆人,他的子民,他真正之下属。他使我变得伟大,他提升了我的职位,他安置我在他(5)宫中信任的职位上,因为□□□□;国库由我掌管,置于我之封环[1]之下,我是因带到陛下面前之所有善举而从南方与北方经过各种考虑选出之人;我是因以整个土地进奉使国王高兴之人;因为他的意见避免了(6)带给陛下来自红土地首领之物品的土地之减少;因为他的意见免除了高原土地的缩减。然后,他意识到我能力出众,把该职务给我。然后我向他报告;因为我的伟大智慧,那里什么都不缺乏(7)□□□□。

【注释】

〔1〕 封环,类似现代的封印。

我是一个陛下真正宠爱的人,一个伟大的受宠官员,陛下房屋之冷暖,在大臣中出于敬意对之双臂下垂的人,我没有[放在](8)两□□□□之后,为此而遭到仇恨。我是一个从善如流、嫉恶如仇的人,一个在陛下宫室中受到钟爱的人,按照陛下意愿之□□□□关心照料每项宫中事宜的人。现在,每一件因为他(国王)命令我去做的事情(9)□□□□[1]我没有僭越他命令我的礼数;我没有将一件东西放在另一件的地方[2]□□□□□□□(10)□□□□我没有从一份遗产中拿走过一件东西,每项事物都非常小心。现在,陛下命令给他的所有皇家食品我都要为之列出一份其卡渴望的所有东西之清单;然后我呈送给他;我成功地执行所有管理工作;因(11)我之伟大智慧而从没有缺乏过什么。

【注释】

〔1〕 当国王让他离开的时候,宫廷官员起立为他送行。下边的词句比较模糊,

约十多个字，大概是泰缇去世的时候宫廷对他的称赞。

〔2〕可能指以次充好。

尹泰弗一世之死

我为该城建造了一艘游船和一艘小船跟随陛下[1]。每次□□□□我都算在大臣之列，我既荣耀又伟大。我用自己的东西(12)供给我自己□□□□，都是我主陛下，荷鲁斯，瓦荷内赫，上下埃及之王，拉神之子，尹泰弗（一世），像拉神一样永生，因为非常爱我而送于我的；直到他去向其地平线[2]为止。

【注释】

〔1〕一艘在底比斯为官员所用，另一艘供国王出游乘坐。

〔2〕指他的陵墓。这是一座砖造的金字塔墓，位于底比斯西部平原上。

尹泰弗二世时期生平

然后，当其子[1]继承王位，(13)成为荷鲁斯，那赫特内布—泰普内菲尔，上下埃及之王，拉神之子，尹泰弗（二世），美之创始者，像拉神一样永生，我跟随他到其所有愉快的宝座上去。因我之大智，他在那里从没有□□□□。他给予我(14)其父时代我所拥有之职责，在陛下统治下使之繁荣，从未有出现任何匮乏。我在世上度过了我全部时光，先做陛下之子民；在陛下手下变得强壮伟大。我是一个使其品格完美之人，陛下每天都夸奖我。

【注释】

〔1〕指尹泰弗二世。

2 哈努姆霍太普一世铭文

【题解】

哈努姆霍太普一世（大约公元前1991－前1962年）是第十二王朝贝

尼哈桑地区最有势力的贵族中我们首先要说明的人物。他在阿蒙尼姆赫特①一世争夺埃及王冠、掌握埃及最高权力的最后角逐中显然发挥过作用。该铭文有许多地方破损,支离破碎,我们不得不在字里行间猜测其原文的内容。但有一点很清楚,哈努姆霍太普在一次远征中陪伴过阿蒙尼姆赫特一世,他们在此次远征中乘坐的是"20艘雪松船",远征的结果是将敌人从埃及驱逐出去。我们不清楚铭文中敌人指的是谁,文中只用了一个"他"字,很可能是阿蒙尼姆赫特的政敌,和他角逐王位的政敌。接下来是国外敌人的降服,北方亚洲人和南方黑人,高原和低地("两地")的敌人。在完成这一切之后,国王奖励其忠实的跟随者,哈努姆霍太普被任命为"麦奈特—胡夫诺姆长"。他在该诺姆的管理令国王非常满意。

哈努姆霍太普出身于一个势力强大的羚羊诺姆家族,因其对阿蒙尼姆赫特一世的忠诚而被任命为诺姆长。其子、其孙哈努姆霍太普二世与其长重孙在中埃及各诺姆都拥有同样的地位。

该篇铭文在贝尼哈桑第14号墓中发现。首先注意到该铭文并将之抄录下来的是纽伯瑞,随后,他在《贝尼哈桑》中发表了此篇铭文。铭文写在该墓的西墙上,残破严重。译自《古埃及记录》(芝加哥,1906)。

【译文】

世袭王子和诺姆长,御玺佩带者,唯一陪伴者,□□□羚羊诺姆之伟大主人□□□□,附属于内亨(法官)。

我来自我的城市,我去向我的[诺姆]。我从未对任何人作恶。□□□□□□(4)□□□□□然而[我主],上下埃及之王,(5)塞赫特伊布瑞,拉神之子:阿蒙尼姆赫特(一世),愿他永远长寿,指定我[就任]□□□□。我陪同陛下去□□□□[1],20艘之雪松船[2][由]他[率领],来到□□□□。他[3]将他[4]从两土地(埃及)驱除

---

① 此书中的人名和地名的翻译,除了少数大家已经接受的译法之外,多按古埃及语而不是英文或德文的发音译出。古埃及人的名字有点像中国人的名字,其内容是有意义的。所以,按古埃及语翻译有助于其名字意思的把握。

出去。(6)黑人[5]□□□□,亚洲人纷纷倒下;他在两土地夺取低地、高地,□□□□其人民□□仍留在他们的土地上□□□□□□□□□□(7)□□□□。然后,陛下任命我为麦奈特—胡夫[6]之诺姆长。我的管理在陛下心中是无与伦比的,在□□□□是愉快的。然后,我□□□□我的城市,我造福我的人民。陛下为我实现我嘴里说出的[□□□□](8)□□□□该□□□□是□□□□,该□□□□是□□□□,其纳税人□□□□,市民为仆人□□□□□□□□。

【注释】

〔1〕 这里一定有一个地名,或者原本残破了,或者是抄写错误。因为埃及语书写体系所用符号为象形符号,常常会发生译读的错误。
〔2〕 雪松船:古埃及的船大多是用当地的木材建造的,木板相应比较短,所以船比较小。用雪松建造的船要大得多。
〔3〕 指阿蒙尼姆赫特一世。
〔4〕 可能指他的政敌。
〔5〕 黑人:根据考迦斯考(Korusko)铭文,阿蒙尼姆赫特在他统治的第二十九年曾率军攻打过努比亚。
〔6〕 字面意思为"胡夫的保姆"、"荷鲁斯地平线"的都城,贝尼哈桑地区的一个公国。

3 阿蒙尼姆赫特铭文

【题解】

该铭文刻在阿蒙尼姆赫特贝尼哈桑凿岩陵墓门口的侧板上,1828年商博良抄录发表。阿蒙尼姆赫特是贝尼哈桑王子中最强大的一位。他于塞索斯特瑞斯一世第十八年继任其父哈努姆霍太普一世成为贝尼哈桑家族中的首领,统治该地区25年。他记录了三次皇家的远征。第一次他作为其诺姆军队首领随同国王与努比亚作战。但此次远征与其他记载的塞索斯特瑞斯远征努比亚的文献中描述的内容都无法确切认定。第二和第三次远征都是为了获取黄金。第三次远征目的地是科普托斯后面的矿区，即位于科普托斯路上的弗阿希尔（Foakhir）旱谷矿场。第二次远征的目的地可能也是该矿场，但铭文里没有说。铭文中有阿蒙尼姆赫特对其领地管理的描述，非常有趣也很重要。译自《古埃及记录》（芝加哥，1906）。

【译文】

（1）塞索斯特瑞斯一世，愿他永远长寿，(2)陛下第四十三年，(3)正是世袭王子、王公□□□□胜利者阿蒙尼姆赫特[1]羚羊诺姆第二十五年。(4)第四十三年，第一季第二月，第十五日。哦，你热爱生命、仇恨（5）死亡之人，你说，1 000份面包和啤酒，1 000头牛和鹅（6）献给世袭王子，王公，□□□□，羚羊诺姆伟大首领，□□□□，属于内亨，内亨之主，先知之首脑，胜利者阿蒙尼之卡。

【注释】

〔1〕该诺姆长名字的全称是阿蒙尼姆赫特（Ymn-m-eat，意思是"阿蒙神在前"）。在这些铭文中常常使用另一个名字，阿蒙尼（Ymny，意思是"属于阿蒙神"）。

第一次远征

当(7)我主向南航行去平定他四个野蛮人中的敌人之时，我跟随着他，身份是一位王公之子、御玺佩带者和(8)羚羊诺姆军队之总指挥，一位代表其老父之人[1]，受到王宫及内宫中陛下之宠信。我向南航行。我越过库什，(9)向南航行，我前进到边界，我带回了所有礼物；我祈祷能到达天庭。然后(10)陛下推翻库什邪恶敌人之后安全返回。我跟随他返回，准备听命[2]。(11)我战士中未有损失。

【注释】

〔1〕这说明，他已经继承其父诺姆长的职位。尽管其父之名未在此处出现，但一定是哈努姆霍太普一世（Unmw-etp），贝尼哈桑第一大家族。
〔2〕这句直译为："准备面对。"埃及法老给官员们命令的时候都是"面向陛

下",所以,这里的意思是"准备听命"。

第二次远征

我向南航行,去为陛下,上下埃及之王,赫佩尔卡瑞[1]□□□□愿他长寿□□□□带回金矿石。(12)我和世袭王子、王公、国王亲生之长子阿蒙尼[2]一同向南航行。我向南航行,带着精选的400人的(13)军队,没有受到损失,安全返回。我带回了我的金子;我在宫廷里得到祈祷[3];(14)国王之子为我赞美神灵。

【注释】

〔1〕 赫佩尔卡瑞(Upr-Ka-Ro),即塞索斯特瑞斯一世。
〔2〕 这是个加冕王子,即后来的阿蒙尼姆赫特二世。他的名字,像该诺姆的诺姆长一样,常以阿蒙尼的形式出现。
〔3〕 这里的铭文已经到了北面的左门柱。

第三次远征

然后,我同世袭王子、王公、城市之主、维西尔塞索斯特瑞斯一起向南航行去获取矿石,来到科普托斯城。我向南航行,带着600(15)名羚羊诺姆最为勇敢的人。执行完受命之一切事务后,我安全返回,我的战士毛发未损。

阿蒙尼执政

我和蔼可亲,充满爱心,是一位其城热爱的统治者。现在,我在羚羊诺姆(16)统治了多年。王官所有税收都经过我手。羚羊诺姆之牧者皇封财产的监管组给我3 000头上辕公牛[1]。我(17)每个借出牛群年在官中都因此而得到赞扬。我带来了它们所有的收入[2]给王宫;他每个部门中都没有欠账。整个羚羊诺姆都在□□□□为我(18)劳作[3]。

【注释】

〔1〕 这句话的意思是阿蒙尼姆赫特从皇家牛群中接受了3 000头牛,养在皇家

牛群中。他将牛养得非常好,每年因此得到赞许。图特霍泰普国王财产中的牛群也与他自己城市里的牛群清晰地分开。
〔2〕 他收到的借出牛群所得到的收入。
〔3〕 从其劳作的收获中上缴一部分赋税。

阿蒙尼的公正与善行

没有一位市民之女受过我的虐待,没有一位寡妇受到我的压迫,没有一位农民受到我粗暴对待,没有一位牧人受到我的驱赶,(19)没有一位农奴劳工的监管因未交税被我带走,在我的共同体中没有一个可怜的人,在我管理的时候没有一个人忍受饥饿。当饥年来临之时,(20)我开垦羚羊诺姆的所有土地,直到南北边境,维持其人民的生计,供给其食物,其上没有一人饥饿。我慷慨给予寡妇就像她有丈夫一样;在我给予的所有人中,(21)我没有偏向大人物而损害小人物。然后,尼罗河水泛滥,人们拥有了谷物,但我没有收集土地的欠账[1]。

【注释】
〔1〕 意思是歉收之年在收取了少量的赋税之后没有再收余额税。

4　赫普斋菲契约

【题解】

此篇契约刻在赫普斋菲阿斯坞特凿岩陵墓大厅的东墙上。民事法律文书与刑事法律文献不同,在早期埃及的历史进程中非常稀少。民事法律文献不仅提供了研究该历史阶段的法律制度,而且对当时政治和社会状况的研究也具有极大的帮助。此篇铭文没有为我们提供斯坞特贵族家族政治历史,也没有提供赫普斋菲这个诺姆首领与我们知道的斯坞特第十和第十一王朝前辈的任何联系。他是第十二王朝在该地区扶持的一位新的家族成员。

该文献所载十个契约的制定,唯一目的就是确保赫普斋菲死后,斯坞特的祭司能为他提供所需的仪式与供奉。同类契约通常都是与阿比多斯祭司订立的。同时代的贵族孟图霍太普和塞赫特匹布瑞在其阿比多斯陵墓石碑上说:"我制定该契约为的是报偿阿比多斯的先知。"国王也制定同样的契约。

该契约的形式非常清晰,但语言有些复杂。

这些契约让我们看到了此时社会政治结构的两种情况:第一,该王子的财产以两个不同头衔拥有,即被称作"父系财产",可以随意赠送给别人的财产;作为国王任命的"王公"给予的财产,被称作"王公财产",也可以按照法律遗赠给后人。这两种财产之间的区别始终非常清晰,无论什么时候赫普斋菲赠送任何他的"王公财产"中的东西,他都说该头衔可以保留,只要他的继承人愿意承认就行,他还通过此类事务中掺杂的情感促使继承人承认这一头衔。第二,契约中出现四个社会等级:"王公"或诺姆长、官员、"市民"(nds,直接翻译意为"小人")和"农民"(直接翻译意为"附属于田地之人")。社会地位降幂排列,一个比一个低。这四个社会等级之间的相互关系还不完全清楚。"市民"像王公一样,要从"他的田地"的收获中供给神庙,"他的田地"或者是他拥有的,或者是他租用的。农民也叫"市民的农民",因此可能是市民的仆人或奴隶。他要为市民耕种田地,为市民将田地上的收成送到神庙去。"官员"可能在成为"官员"之前曾经属于"市民"阶层。

铭文的上边有一个头衔:"世袭王子、王公赫普斋菲命令",这是铭文的开篇部分。译自《古埃及记录》(芝加哥,1906)。

【译文】

(269)世袭王子、王公、高级先知赫普斋菲,他对其丧葬祭司[1]说:"看,所有这些事情,我都通过这些祭司订立的契约而使之稳妥。因为,看,一个人的丧葬祭司应该维护其财产,维持其供奉。

【注释】

〔1〕 "丧葬祭司"(em-ka),直译为"其卡之仆人"。

(270)"看,我已经告诉了你;(关于)这些事情,我已经把它们作为他们给我的东西之补偿给了祭司,当心对待,以免出现缺少。(关于)我在列表中给他们的每一个字,都让你的儿子、(271)将作为我丧葬祭司的你的继承人听到。看,我已经送于你田地、人、牛群、繁茂的庭园,还有斯坞特王公做的每一件事,以便你能以满意之心为我奉献。你站在我所有的财产之上,我将它们都置(272)于你的手中。看,它们就写在你的面前[1]。这些东西将属于成为我的丧葬祭司的你所宠爱的儿子,当着你其他儿子的面,我将遗留给他食物;不允许他在其孩子中分割它们,按照我命你的这些话执行。"

【注释】

〔1〕 指丧葬祭司持有的最初的文件。

第一份契约

头衔

(273)王公、高级先知、胜利的赫普斋菲与外普瓦乌特神庙世俗祭司、斯坞特之主订立的契约:

赫普斋菲所接受之物

给予他:在斯坞特之主、外普瓦乌特神来到该神庙的头一个增加的五天中,每一位祭司一块白面包献给他在(274)瑞克瑞若特之神阿努比斯神庙中的雕像。

他的支付

他为之给予他们当斯坞特之主、外普瓦乌特神(275)走进神庙的时候献上的一份公牛,包括应付给该王公的一份。

支付来源

噢,他对他们说:"你们看,我已经从该神庙给予你们应给予我的这一份,以使该份(276)你们给我的白面包可以赠送。"噢,在他给予他们该份额之前,他们已经给予他那份可继承的公牛,为其雕像,在其丧葬祭司的掌管之中。

结果

噢,他们为此而满足。

第二份契约

头衔

(277)王公、高级祭司、胜利的赫普斋菲与斯坞特之主、外普瓦乌特神庙世俗祭司订立的契约:

赫普斋菲所接受之物

给予他:

他们当中的每一位都在第一季的第一月第一天,(278)新年的头一天,当给礼物于神庙之神之时,当神庙中的火生起来的时候,给予其丧葬祭司白面包,因为丧葬祭司掌管着他的雕像。

他们将跟随其丧葬祭司行进,为他的荣耀,一直走到神庙之北角,就像当他们(279)点燃神火的日子祭拜他们自己荣耀之人[1]一样。

【注释】

〔1〕 指其死去的先人。

他所支付

他已为此从财产中的每一块田地和王公财产的第一次收获中给予他们1赫克特[1]谷物;就像每一个斯坞特市民从其第一次收获中

做的那样。现在,看,他开始(280)让其每一位农民从其田地的第一次收获中给予谷物于该神庙。

【注释】

〔1〕古埃及的谷物计量单位,约等于4.54升。

未来诺姆长的指令

噢,他说:"看,你们知道,任何官员或任何市民从其第一次收获中给予神庙的东西都不令他愉快,量都(281)不足。因此,将来的王公不会给未来的祭司减量,这会由另一个王公的契约来保证。谷物将属于世俗祭司本人;(282)给予我白面包的祭司没人会将其再分给别的同伴;因为是他们亲自给予的这份白面包。"

结果

噢,他们为此而满意。

第三份契约

头衔

(283)王公、高级祭司、胜利的赫普斋菲与神庙正式成员们订立之契约:

赫普斋菲接受之物

在第一季的第一个月第十八日的节日上给予他面包和啤酒。应该给予东西的清单:

(284)名册记录

高级先知	4罐啤酒	400块粗面包	10块白面包
主持	2罐啤酒	200块粗面包	5块白面包
秘物主管	2罐啤酒	200块粗面包	5块白面包
服装管理	2罐啤酒	200块粗面包	5块白面包

储藏屋监管	2 罐啤酒	200 块粗面包	5 块白面包
宽厅守护	2 罐啤酒	200 块粗面包	5 块白面包
卡室监管	2 罐啤酒	200 块粗面包	5 块白面包
神庙书吏	2 罐啤酒	200 块粗面包	5 块白面包
圣坛书吏	2 罐啤酒	200 块粗面包	5 块白面包
仪式祭司	2 罐啤酒	200 块粗面包	5 块白面包

他的支付

他已经为此从其父系财产中而不是从其王公财产中给予他们22个神庙日：

(285)4 日给予高级祭司，2 日给予他们当中的每一个人。

"神庙日"的说明

噢，他对他们说："看，一个神庙日是一年的(286)1/360。因此，当你分配进入该神庙的每一件东西的时候，包括每天的面包、啤酒和肉，面包、啤酒，一切进入该神庙的分成(287)1/360 的东西就是在这些神庙日我给予你们每人的份额[1]。(288) 看，这是我父系财产中我的财产，但不是王公财产中的财产[2]；因为我是一位像你们每个人一样的祭司。看，(289)这些日子将属于该神庙每位未来的官员，因为他们带给我这些面包和啤酒，他们给了我。"

【注释】

〔1〕 原文 er wo，意为每人一份。
〔2〕 "父系财产"和"王公财产"的划分让我们知道了当时一个人财产的来源和法律上认定的权利义务。

结果

噢，他们为此而满意。

三　中王国铭文

第四份契约

头衔

（290）王公、高级祭司、胜利的赫普斋菲与斯坞特之主、外普瓦乌特神庙世俗祭司订立的契约：

赫普斋菲接受之物

给予他：

他们当中每一个人在第一季的第一个月的第十八日□□□（291）瓦格节[1]这一天为该神庙中其雕像献上一块白面包。

当火为他点燃之时，他们要跟随着丧葬祭司向前走，为了他的荣耀，就像他们在点燃神庙之火的日子里光耀他们自己祖先所做的那样。现在，（292）这些白面包要置于我的丧葬祭司掌管之下。

【注释】

〔1〕瓦格节为古埃及的一个宗教节日。

他所支付

他为此给予他们：

每头牛1哈尔燃料，每只山羊1乌哈特[1]燃料，都是当每头牛和每只山羊献给该神庙的时候他们带给该王公储藏屋的，(293)作为他们给予王公储藏室东西的补偿。噢，我免除了他们的燃料供奉而不是从他们那里收取。

【注释】

〔1〕哈尔(uor)和乌哈特(weat)都是批量单位，究竟是多少我们尚不知道。

给予他们22罐啤酒、2 200块粗面包，都是第一季第一个月的第十八日给予他的，(294)作为神庙成员每个人给予白面包的补偿，这是他们从神庙中应得的和作为其荣耀的补偿应得的东西。

进一步的规定

噢,他对他们说:"如果(295)将来有王公向你们交涉这份燃料[1],看,这份神庙成员带给我、我又给予你们的面包和啤酒将不会减少。看,我已通过契约使之得到保证。"

【注释】

〔1〕这份燃料由王公转让是不合法的,因为它们属于王公财产而不是父系财产。如果急需这些燃料,世俗祭司仍然拥有王公通过与外普瓦乌特神庙成员的契约保证的面包和啤酒。

结果

噢,他们对此都非常满意。

第五份契约

头衔

(296)王公、高级先知、胜利的赫普斋菲与神庙的衣物管理人订立的契约:

赫普斋菲接受的东西

三个为神点火的灯芯。

他的支付

期间他(王公)为此而给予他(管理者):

三个神庙日。现在(297)这三个神庙日成为每一位未来衣物管理者的应得物品,因为这三个灯芯给予了他(王公)。

灯芯的分配

噢,他对他说:"有一个灯芯要由衣物管理者分配给我的丧葬祭司,当新年之夜[1]第五个增添日里他走向前去的时候,用它为神点燃神火。他要在做完其于神庙中用灯芯做的事情之后,把灯芯(298)给我的丧葬祭司。

"他要在新年之日的早晨,当给其神献礼之时,当神庙的世俗祭司给我以白面包的时候——他们每一位祭司在新年这一天都要给我另一个灯芯。这是为(299)我的荣耀我的祭司应给予我的东西。

"他要在第一季第一月的第十八日,瓦格圣宴[2]的日子里,给予另一个灯芯,同时还有他们每一位祭司给我的白面包。该灯芯将是我的丧葬祭司和世俗祭司为我的荣耀应得的东西。"

【注释】

〔1〕 实际上是新年前一夜。
〔2〕 瓦格节庆典宴会。

神庙日的确定

噢,他对他说:

(300)"看,一个神庙日是一年的 $1/360$。因此,当你分配进入神庙的物品,包括面包、啤酒和每日所需物品的时候,构成 $1/360$ 的面包、啤酒和进入神庙的每件物品就是这些我给予(301)你们的神庙日的单位。看,这是我的财产,属于我父系的财产,而不是王公的财产。

协议的未来有效性

"现在,这三个神庙日将属于每一位未来的衣物管理人,因为这三个你为该三个神庙日给予我而我已经给予你的灯芯是他应得之物。"

结果

噢,他为此非常满意。

第六份契约

头衔

(302)王公、高级先知、胜利的赫普斋菲与外普瓦乌特神高级先知[1]订立的契约：

【注释】

〔1〕这个高级先知就是他自己。

赫普斋菲接受的东西

每次在神庙中杀一头公牛都要定期给予圣坛烤肉，放在祭品桌之上。

还在每个(303)游行的日子给每位未来高级先知一罐啤酒。

他的支付

他(王公)为此从其财产、其父系财产而不是从其王公的财产中，给予他(高级先知)2个神庙日。

肉的分配

噢，王公赫普斋菲说："当(304)这块烤肉和这罐啤酒为每日的游行送来的时候，它们要献给我的丧葬祭司掌管的我的雕像。"

结果

噢，他为此在神庙人员面前感到满意。

第七份契约

头衔

(305)王公、高级先知、胜利的赫普斋菲与阿努比斯神的伟大祭司订立的契约：

三 中王国铭文 93

赫普斋菲接受的东西

应给他三个灯芯,用它来在阿努比斯的神庙中点燃神火:

一个用在五个增加日的第五天,新年之夜。

另一个用在新年之日。

另外一个(306)用在第一季的第一个月的第十七天,瓦格圣宴之夜。

他的支付

他为此给予他:□□□□[1]的1 000单位的土地,从其父亲的土地上支出,作为他给予我的丧葬祭司点燃神火这三个灯芯的补偿。

【注释】

〔1〕此处破损,可能是 sma-rsy,"南方",赫普斋菲土地上的某个地方。

结果

噢,他对此非常满意。

第八份契约

头衔

(307)王公、高级先知、胜利的赫普斋菲与阿努比斯神庙世俗祭司订立的契约:

赫普斋菲接受的东西

给予他:

第一季的第一个月,第十七天,瓦格圣宴之夜,每人给予他的雕像一份白面包。

在点燃神火之日,他们要跟随我的丧葬祭司前进,为(308)他(王公)的荣耀点燃圣火,直到他们到达其陵墓最底下的台阶,就像他们为其祖先的荣耀做的那样。

当他每天从(309)神庙的供奉中前来的时候[1],属于每月的祭司要为他陵墓阶梯下方的雕像送上□□□□份面包和一罐啤酒。

【注释】
〔1〕这表明,阿努比斯神庙离赫普斋菲的陵墓很近,墓地的官员从阿努比斯"大祭司"那里得到的灯芯被带给丧葬祭司。而外普瓦乌特神庙则在城里。

他的支付

他为此给予他们:来自王公财产的每一块田地第一次收获中的谷物,就像每一位斯坞特市民从其第一次收获中给予的那样。现在,看,他开始让其每一位农民从其(310)阿努比斯神庙田地的第一次收获中提供。

给未来诺姆长的指令

噢,王公赫普斋菲说:"看,你们知道,说到将其第一次收获给予神庙的每一位官员及每一位市民,不可以有不足的情况。因此,未来的王公不可减少另一位王公之契约保证的未来祭司之所得。"

个人支付和报酬

(311)这些谷物将属于世俗祭司所有,每一位祭司将给予我白面包。他不可将其再分给别人,因为他们每人都亲自给予了这份白面包。

结果

噢,他们因此非常满意。

第九份契约

头衔

(312)王公、高级先知、胜利的赫普斋菲与大墓地总管和山上的人[1]订立的契约：

【注释】

〔1〕 原文 tyw-dw,这些人一定与大墓地有关系。

赫普斋菲接受的东西

给予他：

他们在五个增加日的第五天,新年之夜,到阿努比斯之屋去接受两个阿努比斯大祭司给予王公赫普斋菲的灯芯。

他们前去颂扬他,直到他们到达(313)他的陵墓。

在他们颂扬他之后,就像他们颂扬其自己的祖先一样,他们将该灯芯给予其丧葬祭司。

他的支付

他为此给予他们：

他父系财产而不是他王公财产中的□□□[1]的2 200份土地：

(314)注册名	份额
大墓地总管	400
高原首领	200
八位山人	1 600

此外给予他们该高原每一座神庙中杀死的每一头公牛腿上的蹄子。

【注释】

〔1〕 应为农耕高地。

赫普斋菲的进一步所得

他们要给予他：[1]

大墓地总管,2罐啤酒;100块粗面包;10块白面包。

高原首领,1罐啤酒;50块粗面包;5块白面包。

(315)八个山人,8罐啤酒;400块粗面包;40块白面包。

在第一季的第一个月,第一天,即新年,当他们颂扬他的时候,给予由其丧葬祭司负责的他的雕像。

【注释】

〔1〕给王公支付物第二款的增加是违反一般原则的。

契约的未来效力

噢,他对他们说:"看,我给你们的这些土地将属于(316)每一位大墓地总管,属于每一位高原首领和每一位来到这里的山人,因为他们带给了我这些面包和啤酒。"

进一步规定

(317)"在□□□□[1],(318)每一个季节开始时在该神庙里举行庆贺的宴会上,你们都要站在我花园雕像之身后,跟着它□□□□。"

【注释】

〔1〕大约缺失五六个字。

结果

噢,他们为此非常满意。

第十份契约

头衔

(319)王公、高级先知、胜利的赫普斋菲与高原首领订立的契约:

赫普斋菲接受的东西

在第一季的第一个月,第十七天,瓦格圣宴之夜,要给他1罐啤酒,(320)1大块面包,500块粗面包,10块白面包,献给其丧葬祭司掌管的他的雕像。

他的支付

(321)他为之给予他:

□□□□[1]他父系财产而不是王公财产中的1 000单位土地。

【注释】

〔1〕 农耕高地。

契约的未来效力

噢,他对高原首领说:(323)"看,这些土地要归属未来的高原首领,因为他带给我这些(324)面包和啤酒。"

结果

他为此而非常满意。

5 塞索斯特瑞斯三世统治时期对努比亚的占领

【题解】

塞索斯特瑞斯三世完成了对努比亚的占领,这个过程从100年以前其父辈就已经开始了,占领的地区大约是第一和第二瀑布中间。塞索斯特瑞斯三世至少对该地区占领过四次,可能还不只四次。他通过在瀑布地区开凿运河及在战略要地修建要塞,使该地区永远成为埃及国王的领地,一直持续到埃及帝国崩溃,此间从未丢失过。只是在希克索斯人统治的第二中间期期间有短暂时间的失控。像库麦赫和塞姆内赫这些要塞及其他材料都见证了此次占领的持久。

塞索斯特瑞斯三世占领努比亚的建筑遗址中有以下铭文材料:

A. 运河铭文；

B. 埃勒凡泰尼铭文；

C. 第一塞姆内赫石碑；

D. 第二塞姆内赫石碑；

E. 伊赫尔诺弗瑞特铭文；

F. 西萨太特铭文。

译自《古埃及记录》(芝加哥,1906)。

A. 运河铭文

【题解】

  塞索斯特瑞斯三世为了在第一瀑布处与努比亚建立不阻隔的水陆联系,清理出一条可以行驶战船的水道,后来该水道也用于通商。虽然该疏通计划从第六王朝就已经有了,但直到乌尼第一次做此尝试之后500年该计划才最后完成。塞索斯特瑞斯三世的这个成就记录在下面两个刻在塞赫尔岛上岩石之上的铭文中。首先,第一篇铭文记录了该运河的"修建",没有表明时间,但他修复该运河的时间是其统治的第八年,所以,修建的时间一定在此之前。古埃及语中"修复"的直接意思是"使其更新",但在后来很多时候,该表达方式也用来表示"第一次",所以,也有可能他统治的第八年就是修建该运河的时间。

  在他统治的第八年,准备修复这条运河,清理运河的目的是为这一年的远征疏通水路。该铭文记录在第二篇铭文中。

【译文】

第一篇铭文

  上边是一幅图画,表现的是国王塞索斯特瑞斯三世站在阿努凯特神[1]面前,底下是他在萨太特神面前。图画下面是铭文:

他修建了它，作为其为努比亚女神阿努凯特献上的纪念建筑——为她修建了一条运河，其名是："亥库瑞（塞索斯特瑞斯三世）之路的完美"，愿他长寿。

【注释】

〔1〕阿努凯特神（Onkt）为阿斯旺地区尊崇的女神，通常以一位手执纸草权杖、头戴王冠的形象出现。

第二篇铭文

一幅图画的上端是国王塞索斯特瑞斯三世站立的画面，戴着上下埃及王冠，拿着两个权杖（wȝs 权杖和 ḥrp 权杖）。女神"埃勒凡泰尼女神萨太特"站在他的面前，给予他生命；在他身后是"大司库□□□□主管"。下边是铭文：

上下埃及之王哈考瑞[1]——愿他长寿——陛下统治的第八年。当陛下向上游前进去征服邪恶的库什之时，陛下命令修复[2]运河，此条运河的名字是："永生的赫库瑞之路的完美"。

这条运河长 150 肘尺，宽 20 肘尺，深 15 肘尺。[3]

【注释】

〔1〕哈考瑞（Uo-kaw-Ro），即塞索斯特瑞斯三世。
〔2〕可能是第一次修建。
〔3〕这条运河新王国还在使用，图特摩斯一世和三世都清理过这条运河。

B. 埃勒凡泰尼铭文

【题解】

此篇铭文刻写在一块小石碑上，石碑现收藏于大英博物馆。在塞索斯特瑞斯三世第八年向南方进军的时候，他除了关注修复运河工作外，还花费很多精力修建埃勒凡泰尼要塞。该工作由负责此项工作的官员阿蒙尼记录下来，下边是铭文：

【译文】

上下埃及之王哈考瑞,埃勒凡泰尼女神塞太特深深钟爱之人,愿他长寿,第九年[1],第三季的第三个月。陛下命令南方富豪阿蒙尼在埃勒凡泰尼要塞修建一个入口,为南方加冕财产修建□□□□□□□埃勒凡泰尼地区的人们;当我主——愿他长寿、富有、健康!——来打击邪恶的库什。

【注释】

〔1〕 这是工程完工的时间,一年前国王路过这里命令修建。

C. 第一塞姆内赫石碑

【题解】

该铭文刻写在尼罗河西岸塞姆内赫的一块红色花岗岩石碑上,现藏于柏林。塞索斯特瑞斯三世在其统治的第八年将其南方的边界推进到第二瀑布以上,大约在哈尔发以南近60公里的地方,建立起他的界标——标志其王国南部边界的石碑。其祖父塞索斯特瑞斯一世就曾占领过这里,塞索斯特瑞斯三世现在打算维持该占领的边界。

【译文】

(1)上下埃及之王陛下哈考瑞——愿他永生、(2)长寿——第八年确定的南部[1]边界;为的是防止黑人越过,除了到伊肯[2](5)来进行贸易或有特殊使命的人,无论是水路(3)还是陆路,乘船或(4)黑人的畜群。各种好东西将会伴随他们,但却绝不允许(6)一艘黑人的船只越过亥赫[3],顺流而下。

【注释】

〔1〕 在这块石碑的顶端是一个"西"字,这表明,石碑属于河的西岸。应该还有一块石碑在东岸,但至今没有找到。
〔2〕 无法确定伊肯(Yqn)在什么地方。
〔3〕 亥赫(Ee)是现在的塞姆内赫,尼罗河的西岸,大约哈尔发旱谷之上60公

里处。

D. 第二塞姆内赫石碑

【题解】

　　这是一块红色的花岗岩石碑，立在尼罗河西岸塞姆内赫处塞索斯特瑞斯三世的要塞中。关于此块石碑还有一段非常有趣的经历。1844年莱普修斯(Lepsius)发现该石碑，当时石碑已断成两截。莱普修斯的工人在包装完这块石碑之后，将上半部给忘记了，和"第一塞姆内赫石碑"一起留在了塞姆内赫。这样就只有"第二塞姆内赫石碑"的下半部运抵柏林。大约40年之后，该石碑遗忘的上半部才在河岸边被人发现，仍在莱普修斯包装的盒子里。石碑先被运往开罗，直到1899年才最终运到柏林博物馆，50年之后与石碑的下半部团聚。

　　第八年战争之后，第十二年再一次惩罚努比亚人。关于这次战争，阿苏安石头上的铭文只有很少的记录，记录刻在塞索斯特瑞斯三世的名字旁边，我们读到的只有："陛下前往打击库什"。

　　在其第十六年，库什的麻烦又起，他不得不前往平息。此次远征在两处记载下来：一处在第二塞姆内赫石碑上，另一处在乌容阿尔提岛上发现的复制铭文上。复制铭文包含了铭文的第一行，在国王名字的后面："第十六年第二季第三个月刻写的石碑，当时正在建造要塞'击退穴居人'"。"击退穴居人"是乌容阿尔提要塞的名字。

　　因此，正是在此次战争中修建了乌容阿尔提要塞。为了举行庆贺宴会修建了塞姆内赫要塞的神庙，称该要塞为"击退穴居人"无疑是为了纪念此次胜利。这样的宴会在埃及帝国时代、即新王国时代还在举行，宴会上供品的规定和该神庙的另一些宴会都由图特摩斯三世重新制定。

【译文】

引言

(1)长寿,上下埃及之王(2)塞索斯特瑞斯三世,永远长寿、稳定、满足。

边境的建立

(3)第二季的第十六年,陛下将南边的边境拓展到亥赫。(4)我建立的边境已经超过了我的父亲,我已经(5)扩大了留给我的疆界。我是一个说到做到的国王;我思考过的(6)就是我手上做的;想拥有的,就强力(7)□□□□;不让[1]一件事在其心中睡觉□□□□□□(8)□□□□□□[打击打击者],静静地,或(9)根据其性质给以回应;因为,如果一个人在攻击后保持沉默,就会增强(10)敌人的信心。渴望是勇气,胆怯是后退;进犯其边境的人(11)真是胆小鬼;因为黑人听从嘴的□□□□;(12)驱逐他是对他的回答;当一个人想要对抗他的时候,他就转身逃跑;当一个人安静地返回,他就开始渴望。(13)但他们不是一个强大的民族,他们心中可怜又颓伤。(14)陛下看到了他们,这都是事实。

【注释】

〔1〕 原文 tm ssjr,直译为"不使一件沉默"。

努比亚的劫掠

我掠走他们的妇女,我带走(15)他们的臣民,前进到他们的水井,杀戮他们的牛;我收割他们的庄稼,(16)放火焚烧。我发誓,就像我父亲因我而不朽,我讲的都是真话,没有一句谎言,(17)出自我之口。

未来边界守护

现在,我的每个儿子都要维护该陛下确立之边境,(18)他是我的儿子,他为陛下而生,一个像其父亲的儿子,一个其父亲的战士,(19)维护其父亲的边境。现在,如果他要荒疏其责任,(20)不为边境而战,他就不是我的儿子,不是我生的儿子。

边界的国王雕像

现在,看,陛下在该边界上让人雕塑了一尊陛下之雕像[1],为的是你们可以因此而繁荣,为的是你们要为之[2]而战。

【注释】

〔1〕 该雕像没有保存下来。
〔2〕 指该边境。

E. 伊赫尔诺弗瑞特铭文

【题解】

此篇铭文刻写在立于阿比多斯伊赫尔诺弗瑞特的纪念碑上,现存于柏林。碑文破损严重,很多地方无法恢复。

此篇铭文非常重要,因为铭文中记载了塞索斯特瑞斯三世的努比亚战争。该篇铭文没有日期,但我们可以从另一个材料中知道其时间。伊赫尔诺弗瑞特由他的一个官员西萨太特陪同前往阿比多斯,两人都为此事件立了石碑,西萨太特在石碑中说,"当□□□□□塞索斯特瑞斯三世于第十九年前去镇压邪恶的库什之时"。因此,从库什获取的金子可能是第十六年战争中得到的。关于第十九年的这次战争我们没有见到其他记载。

伊赫尔诺弗瑞特叙述了他是怎么执行国王使命的,并陈述了他在奥西里斯圣宴和神剧庆典上完成的职责,重演了神话中的故事。

【译文】

引言

(1)长寿,上下埃及之王,哈考瑞[1],愿他永生。

【注释】

〔1〕 塞索斯特瑞斯三世。

国王的信件

(2)国王命令世袭王子、王公、☐☐☐☐、玉玺佩带者、内侍、双金室之主、双银室之主、大司库、可敬的伊赫尔诺弗瑞特：

阿比多斯使命

(3)"陛下命令你到上游的阿比多斯[1]去为西方第一人、我父奥西里斯修建纪念建筑,用金子装饰他的神秘处所,(4)他[2]给陛下在上努比亚带来胜利。噢,你要在(5)☐☐☐☐进行奉献,以让我父奥西里斯满意,因为陛下派遣了你,我对你(6)按陛下意愿做任何事情都很放心;因为你是在陛下的教导下长大的;你接受过陛下的训练,(7)接受宫中的单独教育。当你还是一个26岁年轻人的时候,陛下指派你☐☐☐☐。陛下这样做,(8)因为我看到你是一位出色的人,能说能做,口才优秀。陛下派[3]你(9)去做此事,因为陛下意识到没人做此事能拥有你这么好的素质。你赶快去,按照陛下命令你的去做。"

【注释】

〔1〕 从这句话可以看出,皇室住地在阿比多斯的下游。
〔2〕 可能指奥西里斯。
〔3〕 这个动词原文中只留下一个表示"走"的限定符号,根据上下文,原字应该是"派遣"之义。

使命的执行

(10)我根据陛下命令去做,华美我主奥西里斯、西方第一人、居住提尼斯的强大的阿比多斯之主的儿子,命令的一切。

神庙建筑和用具

(11)我为奥西里斯神、西方第一人,像"他所钟爱的儿子"一样行动,我华美伟大的☐☐☐☐永远。我为他建造了(12)一个可抬走的神龛[1],"西方第一人"的金、银、蓝宝石、香木和美茹木的"美丽担具"。我装饰了(13)其九神体系之神,我让他们的神龛焕然一新。

【注释】

〔1〕 原文为 Qnyw。

祭司责任

在每一季节开始的圣宴上,我让世俗祭司知道如何尽他们的责任,我让他们知道(14)每日的约定。我主管圣船上的工作,我装饰其神庙[1]。(15)我用蓝宝石和孔雀石、金银及各种宝石配合(16)神之肢体的装饰,修饰阿比多斯之神的身体。我以我作为神秘事物主管之职务及作为祭司的责任,用王权标志为神穿衣服。(17)我用纯净的手为神装饰,是一位手指纯净的祭司。

【注释】

〔1〕 原文破损,可能为 nscyy 或 snyt。其定符和"神庙"(nvmt)的定符相同,故译为"神庙"。

奥西里斯节日戏剧

我庆贺外普瓦乌特"前进"[1]节日,他为其父而奋斗。(18)我击退敌人远离圣船,我打败奥西里斯神的敌人。我在他前进的时候跟随神庆贺这"伟大的前进"。(19)我在□□□□上航行托特圣船。我为阿比多斯之主的被称作"真理闪耀"的圣船提供神室。(20)当他向前走到□□□□佩凯尔[2]的时候,去为他佩带上权杖;我引领该神到他佩凯尔前面的陵墓[3]中去;我(21)在"大冲突日"支持汶诺菲尔[4];我在奈地特的土地上杀戮一切敌人。我送他(22)到船上去,船的名字叫做:"伟大",显示其华美;我使西方高原之心高兴;(23)当圣船来到阿比多斯,他们看到圣船的美丽,他们将阿比多斯之神、西方第一人奥西里斯带到其宫殿,我伴随着神进入其房间,(24)听从他的□□□□的时候,当他恢复其王座的时候,我使西方高原快乐。我解开□□□□中间的绳结,□□□□其侍者,在其臣子中间。

【注释】

〔1〕 "前进"指神像游行。
〔2〕 佩凯尔（pqr）在阿比多斯奥西里斯神区域。
〔3〕 这是斋尔（Zer）的陵墓，在第十二王朝被误以为是奥西里斯神的陵墓。
〔4〕 汶诺菲尔（Wnn-nfrw）是奥西里斯的一个称呼，意思是"永久完美"或"永远不朽"。

F. 西萨太特铭文

【题解】

这是一个丧葬游行"前进"到大墓地的指令。在为西萨太特父亲阿蒙尼祈祷之后，接下来是一长串的名单，包括他的近亲以其母亲斯塔蒙尼。然后西萨太特铭文叙述他来到阿比多斯，立起了这块石碑以确保其家庭受到另一世界奥西里斯神的垂青。下面是铭文：

【译文】

  双室主人[1]西萨太特，他说："当第十九年，上下埃及之王哈考瑞——愿他永生——前来镇压邪恶的库什之时，我随大司库伊赫尔诺弗瑞特来到阿比多斯雕凿一尊阿比多斯之神奥西里斯神像。"

【注释】

〔1〕 他在其丧葬石碑上的头衔是："主司库部双室之主"。

约19年后，可能在西萨太特死后，其纪念石碑也立在了阿比多斯。上面的铭文这样开始：

  第一年，上下埃及之王陛下内玛特瑞[1]，愿他永生。大司库部双室之主西萨太特为使其名字在伟大的神灵梯道上永生而立此石碑。

【注释】

〔1〕 内玛特瑞（N-maot-Ro），即阿蒙尼姆赫特三世。

6　中王国埃及人与亚洲接触短铭文

【题解】

埃及中王国与亚洲有很多接触,尽管这些接触在铭文记录中并不显得突出。在西奈矿区有过异常激烈的冲突。其上带有第十二王朝国王或皇家成员名字的物品,在腓尼基沿岸和叙利亚北部卡特纳的比布鲁斯、贝鲁特和乌加里特都有发现。这些物品是埃及国王给亚洲友好但却是独立的王公的皇家礼物。这些礼物很大程度上表现了埃及在该地区一定程度的霸权。大量发现于亚洲、其上带有埃及官员人名的纪念性建筑中,有两例很能说明这种情形。

在巴勒斯坦的麦吉多发现有卡伊和西特亥佩尔卡之子图特霍太普的雕像基座。他是一位赫尔摩坡里托特神的高级祭司,还是兔子诺姆的诺姆长,赫尔摩坡里就属于该诺姆。他的生平事迹在其陵墓里发现,其生卒年大约在公元前1900到前1850年之间。译自《古代近东文献》(普林斯顿,1955)。

【译文】

金字塔城之市长、维西尔、首席判官辛外色瑞特昂赫,□□□□□在满朝官员面前给予他"荣誉之金"[1]。

【注释】

〔1〕"荣誉之金"的奖励一般授予在埃及境外的效力者。此类重要官员的雕像就在巴勒斯坦和叙利亚出现,说明埃及与亚洲之间有着非常亲密的关系。可能他们将这些境外效力的人看做是外交人员,或者看做是有很强商业和文化利益地区的埃及行政长官侨民。

比布鲁斯总管[1],伊普晒姆伊布,复生之生命,胜利之总管伊布晒姆之子。

【注释】

〔1〕埃及与腓尼基沿岸的比布鲁斯之间联系非常紧密。到中王国末期,有亚洲人名字的比布鲁斯王子使用埃及象形文字铭文自夸是 eaty-o(总管),这是埃及的头衔。在埃及,该头衔是法老授予的。虽然我们不能断定在腓尼基是否同样适用,但埃及在该地区的文化主导地位是显而易见的。这里和下面将提到的两位比布鲁斯王子就在此列。

比布鲁斯总管,尹藤,复生之生命,胜利之总管雷尹之子。
我将我兄弟□□□给我的四个亚洲人送给他。[1]

【注释】

〔1〕关于埃及的亚洲人我们的证据非常稀少。一份可能为阿蒙尼姆赫特(Imn-m-eat)三世(公元前19世纪末)时代的遗嘱表明亚洲奴隶或农奴存在于埃及。

皇家文献书吏内弗尔霍太普[1]。

【注释】

〔1〕亚洲人似乎在埃及的节日庆典中以舞者身份出现。一个该时期来到埃及的亚洲人最为著名的记录是中埃及一幅贵族陵墓中的壁画,描绘的是装束轻佻的贝多因人的到来。他们是来交易埃及人喜爱的锑,黑色眼影化妆品的。内弗尔霍太普和以下提到的赫提就是两位来访者。

猎者总监赫提。

夷国伊布沙之统治者。[1]

【注释】

〔1〕意为亚洲人的族长。

到达,带来锑,37个亚洲人带给他。

第六年,荷鲁斯:两土地之主;上下埃及之王:哈亥佩尔瑞陛下统治[1]。亚洲人清单,总管哈努姆霍太普之子,亚洲述特人[2]。列表总共:37 人。[3]

【注释】

〔1〕 哈亥佩尔瑞(Uo-upr-Ro)即辛维瑟尔特二世,这一年大约是公元前1890年。
〔2〕 此亚洲名字与位置都无法确定。
〔3〕 该场景作为一个正式记录非常重要,埃及书吏手中拿着一个标签,即上面的铭文。

7 霍尔维尔瑞铭文

【题解】

霍尔维尔瑞是第十二王朝阿蒙尼姆赫特三世统治时期的大臣。该篇铭文在西奈的塞拉比特—艾尔哈迪姆发现。西奈半岛南部矿场为埃及提供铜和绿松石。铜是促使埃及文化进步的一种非常重要的物质,而绿松石在埃及因为其漂亮而受到珍视。西奈矿场从前王朝时代直到第二十王朝都有埃及人前往开采。保证矿石供应的需求使埃及的外部竞争激烈,埃及帝国在此基础上形成。译自《古代近东文献》(普林斯顿,1955)。

【译文】

该神陛下[1]派遣神之玺携带者、内政总监和长矛之总管霍尔维尔瑞到此矿区。于第二季第三个月到达该块土地,虽然天气根本未到来此矿区的季节[2]。该神之玺携带者对此季来该矿区的官员说:

【注释】

〔1〕 指国王。
〔2〕 大约公元前1830年,这个月份应该是6月初,在西奈这正是个酷热无比的季节。

你们的脸不要因为天气而萎靡。你们注意,哈托尔神[1]会将天气变好的。我自己已经看到了;我自己已经经历过类似的情形。我从埃及来的时候,我的脸也很萎靡。在我的经验中,当这块土地炽热起来的时候,很难找到(合适的)衣裳,高地上是夏天,山已经烫出了水疱的外表。当我领人去设营那天破晓的时辰,我不断向工匠们讲话:"在此矿区多幸运啊!"但他们说:"绿松石总是在山上,(可)在此季节不得不去寻找(合适的)衣裳。我们过去听说过,矿石在该季节容易开采,但是,实际上,在此困难的夏季缺乏的是衣裳!"

【注释】
〔1〕哈托尔是西奈矿区的保护神。

我带(人)到该矿区的全部时间,国王的荣誉都给予了我。我到达这片土地,我在吉兆下开始工作。我全部队伍都完好无损地返回;军队中没有出现过损失。我的脸在工作之前景中没有萎靡。我成功地把握了最好的兆头。我在第三季的第一个月停止,带走该土地上好石头。我胜过到来的任何人或要求做的任何事情。没有"噢,要是有一件好衣裳有多好!"(的抱怨),(而)眼睛里却充满欢乐。情况比正常的季节要好。给上天女神献上祭品;祈祷,让哈托尔满意。如果你做了,你就会获益。你会因此而胜出;幸运将陪伴你。我使我的远征极为成功。对于我的工作(无需)大声宣扬:我所完成的远征都是成功的□□□□□□。

8 被称作扎阿的胡塞贝克铭文

【题解】
此石碑于阿比多斯发现,现存于英国曼彻斯特博物馆,编号为3306。中王国的国王没有留下其亚洲活动的直接记录,因此,我们更加珍视间接的文献,下面铭文中提到的辛外瑟尔特三世(约公元前1880－前1840年)的一次对亚洲的征战便是其中一例。译自《古代近东文献》(普林斯顿,1955)。

【译文】

　　世袭王子与总管,脚下扎实、步伐坚定者,行进在其恩宠者的道路上、其好名声得到两土地之主称赞的人,其爱使其地位提高的人,该城地区之主管扎阿说:

　　我为自己建造了该衣冠冢[1],赐福于它,真地点设在生命之主、掌控阿比多斯之主神的梯路上,位于"献祭之主"地区和"生命女神"地区,以使我可以闻到那里传来的香味,可以得到神之气息。

【注释】

〔1〕古埃及人通常葬在其家居住的地区,但富有的人可以在阿比多斯奥西里斯神殿中拥有一个衣冠冢。

　　城池地区主管,[胡塞贝克]。他说:我在上下埃及之王、胜利者努博卡乌瑞陛下[1]第二十七年出生。当上下埃及之王、胜利者哈卡乌瑞陛下[2]戴着上下埃及之王的王冠出现在现世荷鲁斯王座之上之时,陛下让我作为一名战士和七位内侍一起跟在陛下身后和身旁[3]。因此,我在他面前表现得敏锐,陛下让我做统治者随从,给了我六个人。陛下向南进军,去镇压努比亚游牧部落。我在我的城池前面,在肯凯弗,打倒一个努比亚人。[4]然后,我同六个内侍一起跟着(国王)向北航行。然后,他让我做随从总管,给我一百人作为奖赏。

【注释】

〔1〕努博卡乌瑞(Nwb-kaw-Ro),即阿蒙尼姆赫特二世(约公元前1930 – 前1895年),因此,在辛外瑟尔特三世(约公元前1880 – 前1840年)统治时期,胡塞贝克的年龄范围应该不小于15岁、不大于50岁,在此年龄段之间。在阿蒙尼姆赫特三世(约公元前1830年)的第九年,可能已经年过七旬的胡塞贝克领导了一次第二瀑布边境的巡逻。在那里,他留下了一个记录塞姆内赫(Semneh)处尼罗河水高度的铭文。

〔2〕辛外瑟尔特三世。

〔3〕 显然,他领导着国王的个人护卫。
〔4〕 意为:他家乡的队伍见证了他的功绩。

  陛下向北进军去镇压亚洲人。陛下到达一个叫塞克麦姆[1]的国家。陛下选择了向正确的方向——生命、富有、健康之宫——前进。然后,塞克麦姆和邪恶的瑞彻努一起陷落。[2]

【注释】
〔1〕 塞克麦姆(Skmm)可能是Shechem。
〔2〕 瑞彻努一般指叙利亚和巴勒斯坦地区。这句话表明塞克麦姆是反抗埃及之亚洲"起义者"的中心。

  当我充当后卫之时,我与军队的卫士一起出击,与亚洲人作战。我歼灭了一个亚洲人。然后,我让军队中的两名战士取下他的武器,没有离开战斗,因为我的脸是面向前方的,我没有转身朝向该亚洲人。[1]

【注释】
〔1〕 显然,埃及军队在得胜返回埃及的时候仍面临战斗。

  辛外瑟尔特期盼着我,我讲的都是真话!然后,他给了我一只金子做成的投棍、一个剑鞘和一把短剑,都用金子做成,一同送我的还有很多附属品。

四　第二中间期铭文

第二中间期在古埃及历史研究中是一个问题很多的时期。许多问题都有待进一步研究确定。第二中间期从什么时候开始，国王年代顺序如何排列，第十四王朝是否存在，希克索斯人是侵入还是渗透进埃及，与亚洲的关系等一系列问题都需要借助原始铭文材料来一个个解决。

第二中间期不仅是埃及历史上一个混乱的时期、第一次忍受外国人统治的时期，也是一个没给历史学者留下多少文字材料的时期。布雷斯特德出版他《古埃及记录》的时候，大多文字材料不是尚不为人所知就是还未公布。后来发现的材料主要是特尔—埃得—大巴以及其他地方发现物品上的铭文。该时期来源不同的象形文字铭文由德国的 W. 赫尔克收集整理翻译出版，名字是《第二中间期与新王国第十八王朝历史传记铭文》（威斯巴登，1975），此外还有 F. T. 麦奥西的《第二中间期铭文读本》，里面也收入了一些象形文字铭文。

1 科普托斯政令

【题解】

这篇铭文刻在塞索斯特瑞斯一世在科普托斯的一个入口处,考古学家皮特里发现并将其公布。

除了其内容之外,该法令本身就非常重要,因为该铭文毫无疑问表明尹泰弗在第十二王朝之后还活着。铭文刻在塞索斯特瑞斯一世的通道中,是其执政的晚期。

该文件本身是将一个科普托斯贵族官员降级、剥夺其职位所属的一切收入的法令,不仅对于他本人,其子孙也永远失去了该职位。另外任命一个人接替该职位。受此惩罚的人罪过不甚明确,被称作"一件罪恶的事情",可能是通敌或造成像中王国衰亡这样的反叛。被解职的叛逆者泰提若是成功,他将会成为第十三和第十四王朝短命国王中的一位,其名字也会在都灵纸草中长长的王名中出现。铭文中提到其他统治者对他表现的宽容和好意,但很难断定未来的国王们会是谁,但至少我们可以断定国家处于分裂状态,由一系列小国王各占一方、同时掌权,包括政令中提到的尹泰弗也是同时代的国王。从第十二王朝衰落到第十八王朝崛起的整个历史时期纪念性建筑都非常少,主要原因是希克索斯人的入侵造成连年战争,希克索斯人最终统治了埃及。地方王公的阴谋反叛持续到阿赫摩斯执政时期,他至少镇压过三次这样的叛乱,第三次叛乱者的名字是特提—恩,几乎和该政令中提到的反叛者的名字相同。译自《古埃及记录》(芝加哥,1906)。

【译文】

(1)上下埃及之王,努伯赫坡汝拉,拉神之子,尹泰弗,像拉神一样生命永恒,陛下统治的第三年,第二季的第三个月,第二十五天。

政令题目

  王室政令颁予：

  王室印玺佩带者，科普托斯贵族，(2)缙内姆赫特；

  国王之子，科普托斯军事首脑，齐怂；

  王室印玺佩带者，缙神[1]之祭司，神庙书吏，内弗尔霍太普外尔；

  科普托斯全体军队，

  以及神庙的全体世俗祭司。

【注释】

〔1〕 男性生殖神及尼罗河东部荒漠中矿区保护神。

罪犯的发现

  注意，(3)此为带给你的政令，让你知道：陛下——愿他长寿、富有、健康——送来阿蒙神神圣司库书吏西阿蒙和□□□□阿蒙外色尔瑞，(4)来检查缙神神庙；(让你知道：)我父缙神神庙的世俗祭司对陛下——愿他长寿、富有、健康——说:"一件罪恶之事就要在(5)神庙中发生。敌人已经被泰提，皿霍太普之子，该诅咒的名字！[激起。]"

罪犯的惩罚

  免除[1]我父缙神神庙之职务；将(6)[其]驱逐出神庙，从儿子到孙子，从继承人到继承人[2]；□□□□在世界上；剥夺他的面包、他的[食物]和他大块的肉[3]。其名字将不再于该神庙中流传，(7)根据像对待他这样的人之所为，他对其神之敌人充满敌意。[4]其记录[5]将被扔出缙神神庙，扔出库房，从每本记录中删除。

【注释】

〔1〕 意为免除职务所得之税收。
〔2〕 惩罚延续到其继承人身上。
〔3〕 其职务收入。

〔4〕 这句话令人费解,但原文如此。
〔5〕 神庙中记录收入的条款。

没有国王或君主对他表示仁慈

任何将对他仁慈的国王(8)或统治者[1]都将无法接受白色王冠,将无法戴上红色王冠,他将无法坐上永生之荷鲁斯王座,两位保护女神将不再对他亲切,(9)不再宠爱他。任何请求国王——愿他长寿、富有、健康——对他仁慈的军事长官或官员,其仆人、其财物、其田地将收归(10)我父科普托斯之主、缗神之神圣财产。

【注释】

〔1〕 这里所指国王显然不包含未来的国王及其后代,仅指当下国王。

罪犯的职务给予缗内姆赫特

与其有联系之人,或其父亲家族之人,或其母亲家族之人,将无一人可以从事该职务,(11)该职务将给予王室印玺之佩带者、王室财产监督者缗内姆赫特。该职务之面包、其[食物]和大块的肉将分给他[1],立字据为证,让其掌管我父科普托斯之主、(12)缗神之神庙,儿子传给儿子,后世传给后世。

【注释】

〔1〕 指缗内姆赫特。

2 阿蒙尼色内卜铭文

【题解】

这两块石碑在阿比多斯中王国神庙中发现,现存于法国卢浮宫。阿蒙尼色内卜于国王拉—内泽尔统治时期受命于维西尔去净化阿比多斯神庙,因其工作出色而被任命为该神庙工程总监。他将此荣誉刻写在下面的铭文中,其中还提到塞索斯特瑞斯一世阿比多斯神庙中的建筑。

【译文】

第一块石碑

以通常的丧葬祈祷开始:"为阿比多斯祭司家族首领阿蒙尼色内卜——胜利者,女主内贝特伊特弗所生,阿姆卡乌之子——之卡。"接下来是其主要内容。

维西尔受命

(3)他说:"维西尔之书吏色内卜,维西尔之子,受命(4)维西尔前来叫我。之后,我随他去,我见居城之总管、维西尔(5)昂琥在其厅里。然后,该官员受我以命,说:'看,(6)此乃命令,你去净化该阿比多斯神庙。将因此给予你工匠,还有(7)供奉储藏区的世俗祭司。'

执行使命

"于是,我净化神庙的(8)下室与上室[1],还有其墙、墙背面及墙内。画上涂以三色,(9)有□□□□和□□□□[2],恢复到(10)上下埃及之王胜利者赫普尔卡瑞(塞索斯特瑞斯一世)最初建造的样子。

【注释】
〔1〕 上下室是神庙的两层,上层为神庙的顶棚,其上画着天幕。
〔2〕 破损处可能是两种"泥浆"。

阿蒙尼色内卜的奖赏

"然后来了油树保护者[1](11)恢复其神庙中的位置,期间主宝藏监管萨尹赫瑞特随行。之后(13)他为此对我大加感谢,超过一切,说:'他为其神所做的(14)多么吉祥!'然后,他给我10得本重一'堆'[2],辅之以(15)枣和半头牛。

【注释】
〔1〕 油树保护者(uw-baq)应为该神的仪式形象。
〔2〕 一堆什么没有说。

"然后下游□□□□(16)官员到来,来看这些工程;(17)然后,异常高兴,超越任何事情。"

第二块石碑

石碑上刻有国王的名字,阿蒙尼色内卜就是为这位国王执行上面铭文所说的任务的,碑上记录了国王对他颁布的命令。上边是头衔:

仁王,两土地之主,献祭之主,上下埃及之王,尼玛阿特拉—尼哈,愿他永生;拉神之亲子,拉—内泽尔,永远长寿、稳定与满足。

(1)命令给予阿比多斯祭司家族主管,阿蒙尼色内卜,胜利者,说:"看,(2)你做的这些工作(我们)已看见;国王赞赏你,他的卡赞赏你。(3)在你神之庙中安度你之晚年。"然后,命令(4)给我一只牛的后部的一半,命令给我,说:"执行(5)监管该神庙中发生的每一件事情。"我按照命令执行;(6)我让每一位神在其神庙中[闪亮],恢复,(7)他们的圣坛更之以雪松、大[祭品桌]置于神前。(8)我按我心愿去做,取悦我神;国王赞扬我。

五　新王国铭文

　　新王国是埃及的帝国时代。随着希克索斯人被赶出埃及，埃及人思想意识发生了巨大的改变。过去对世界平稳永恒的追求被外族统治所打破，于是意识到国外势力范围的重要性，开始了对外扩张。国力的强大使埃及国内的建筑越来越多，越来越辉煌。留下来的文字材料也空前地繁荣起来。但这并不意味着该历史阶段的研究变得相对容易，正好相反，对于历史学者来说，该时期需要整理、翻译、解说更多的东西，并将这些材料纳入一个顺理成章的逻辑体系，因此也会出现更多的问题。

　　该时期最大问题是年代学问题。首先，新王国尽管留下了几个王表，包括"都灵王表"、"阿比多斯王表"、"撒卡拉王表"和"卡纳克王表"，但都只是国王名字的清单，没有提供太多的年代信息。这些年表还存在这样的问题，即一个王朝所列统治者统治年限相加往往无法得出正确的该王朝统治总时间，因为这些王表有些虽然记录完整，但记载本身就留下了时间空白期，比如"都灵王表"就是如此，有的本身就不完整。加上埃及国王有共治的传统，而王表中并不注明共治的时间。所以，当我们将这些国王统治时间逐一相加所得出的总的时间就大大超出该王朝实际统治的时间长度。其次，关于新王国年代的其他材料，我们常遇到自相矛盾之处，让我们无法确定其准确的时间。另外有些材料的统治纪年不确定，这也给我们造成了很大困难。这些问题的解决一般采用与国外日期互相参照以及以天文现象记述的时间推定来进行矫正。比如第十八王朝末阿赫那吞时期就有很多与亚洲国家的通信保存了下来，我们称之为"阿玛那通信"。

　　新王国最为重要的铭文材料有"传记铭文"。古埃及的传记铭文诞生于碑文,特别是墓志铭,其内容与死者相关,或为了纪念,或为了向神表明此生行为的正确。这种与死者相关的文体直接服务于让死者不朽这样一个目的,因此,其最初的用意是让死者的"巴"能够辨认出自己的躯体,以便回到自己的身体之中。这就使古埃及的传记带有明显的固定模式的特点,特别是新王国的此类铭文更是多有夸大自己战功和品行的成分。但是,无论其如何夸饰自己的战功或品行,文中所给出的基本事实还是为后人留下了重新构建埃及历史的非常重要的原始文献。新王国此类文献比较重要的有"阿巴那之子阿赫摩斯传记"、"阿赫摩斯—潘—内赫贝特传记"、"赫努姆霍太普传记"、"伊嫩尼传记"和"图瑞传记铭文"。

除了"传记铭文","石碑铭文"仍是我们了解埃及新王国历史真实的一个重要材料源泉。"传记铭文"是死者的铭文,"石碑铭文"主要是法老功绩的记载。"卡纳克石碑"、"哈尔米尼石碑"、"卡瑞斯石碑"、"托姆波斯石碑"、"使官尹泰弗石碑"、"第一瀑布石碑"、"克诺索石碑"、"献祭石碑"、"哈尔发旱谷石碑"以及"400年石碑"都是新王国重要的铭文文献。

当然,最多的、也是最有价值的还是神庙和陵墓以及采石场墙壁上刻写的铭文。这些铭文不仅记载了法老对外征战的战功,还书写下当时发生在埃及境内的许多重大事件。此类铭文有些伴有浮雕,为我们分析当时的历史真实提供了较为详尽的资料。"采石场铭文"、"建筑铭文"、"第一瀑布铭文"、"哈特舍普苏特加冕铭文"、"森姆特铭文"等许多铭文构成了新王国历史框架中的主要内容。

还有一些材料虽然文字不长,但对于一些历史空白点的修补却很有作用。这些材料包括一些岩石上的涂鸦以及护身符上的文字。

我们阅读这些材料的时候应该注意,埃及铭文文献中对于颂扬埃及法老战功的文字常出现夸大其实的吹嘘。此外,有些时候由于政治宣传的需要,某些铭文会将前人的文字据为己有,更有甚者,还有将铭文的主人公插入其本未出现的浮雕和文字中的现象。

1 卡摩斯铭文

【题解】

将希克索斯人从埃及驱除出去并不是一代人能够完成的事情,埃及人需要在一系列的征战中积蓄力量。卡摩斯是埃及第十七王朝最后一位统治者,是塞肯南瑞—陶二世(约公元前 1560 年)的继任者、第十八王朝第一位统治者阿赫摩斯一世(公元前 1550 – 前 1525 年)的前任。他统治情况的材料主要为两块卡纳克石碑,记述的都是其抗击希克索斯人的战斗。此外还有卡那封字板,内容显然是后来学生抄录的石碑内容。这三份文献的内容都是以描述塞肯南瑞—陶二世和希克索斯国王奥色拉—呵俳匹(公元前 1585 – 前 1542 年)之间战争开始的,然后叙述卡摩斯在其父亲死后继续与希克索斯人的斗争。卡摩斯死后被埋葬在得拉—阿布—艾尔—那加的一个金字塔风格的陵墓里,那里是第十七王朝皇室早期丧葬地,在此后拉美西斯九世(公元前 1126 – 前 1108 年)统治时期对该墓地进行检查时,其陵墓显然还没有被盗墓者光顾过,保持了 400 多年完好。他的棺椁于 1857 年在得拉—阿布—艾尔—那加发现,但非常遗憾的是,其木乃伊在打开的时候解体了。

这里翻译的铭文是卡那封第一块字板。该字板在底比斯西部发现,是一个学童书写练习的字板。字板上记述的内容几乎与内容所述事件的时间是同一时代。该字板抄录的是卡摩斯石碑上的内容,这一点已经得到证实。在卡纳克发现的一块石碑残片,其上铭文所记述的正是卡那封字板上的内容,除了有些学童抄录过程中的书写错误外,二者文字几乎一模一样。该石板上的内容由卡那封勋爵和 H. 卡特公布,题为:"底比斯的五年勘测"(伦敦,1912 年), A. H. 加德纳也在 JEA 第三卷上(1916 年)公布了该字板的内容。译自 D. 雷德福"希克索斯时期文献",《东方文物》第 62 期。

【译文】

荷鲁斯第三年:出现在其王座上;两女神:重建纪念性建筑;金荷鲁斯:让两土地满意;上下埃及之王□□□□;[瓦桎]—亥坡尔—瑞;拉神,两土地王座之主,像拉神一样永恒。[1]

【注释】

〔1〕 古埃及国王的王衔有五个:荷鲁斯名、两女神名、金荷鲁斯名、加冕名和加冕之前的名字。

底比斯强大国王卡摩斯,被赐予永恒之生命,慈善的国王。[拉]神亲自[让其成为]国王并赋予其力量。

陛下在其王宫中对其随从中的贵族内侍说:"让我看看我的力量能做什么!一位王子在阿瓦瑞斯[1],另一个在库什,而我坐在这里与一个亚洲人及一个黑人[2]为伴!每个人都拥有其一小片埃及,同我分割这块土地。我不能经过他的管辖去孟菲斯,埃及之水,(但是,)注意,他[3]占有了赫尔摩坡里。受亚洲人赋税的掠夺,没人可以安定。我要与他斗争,我要撕开他的肚皮!我的愿望是拯救埃及,痛击亚洲人!"

【注释】

〔1〕 第二中间期期间希克索斯人统治埃及的首都,位于三角洲的东部。考古遗址是特尔艾尔—达巴,该遗址有两平方公里大小,位置在部分由一个大湖围绕的土丘之中。阿瓦瑞斯城从1966年开始发掘,挖掘结果表明该遗址包含了从第一中间期到第二中间期(公元前2181 – 前1550年)的许多层遗存。第二中间期期间,希克索斯人的首都阿瓦瑞斯是埃及一个亚洲人的殖民地,曼弗瑞得·比塔克(Manfred Bietak)的挖掘成果表明,这些亚洲殖民分散在一个长方形的地带,其城池的布局很大程度上受到中王国城池布局的影响。房屋和墓地都分散在居住区,有时候靠得很近。20世纪早期遗址的挖掘主要集中在希克索斯时代一个大的王公建筑的地下建筑上,位于该遗址西部边缘的艾淄拜特—赫尔米(Ezbet Helmi)。1991年,许多米诺斯文化壁画残片在覆盖着靠近王宫的古代花园废墟中发现,其中有许多来自描绘青铜时代中期克诺索斯王宫中"跳牛人"的绘画。特尔艾尔—达巴出现的米诺斯壁画表明,阿瓦瑞斯居民当中可能有爱琴海地区的人口。

〔2〕"黑人"原文 Nesy,一般译为"努比亚人"。这里译为"黑人"采用的是 H. 容克(H. Junker)文章"历史上黑人的首次出现"(JEA,第七卷,1921 年)中的观点。

〔3〕"他"指希克索斯统治者,控制着南到中埃及孟菲斯南 25 英里的赫尔摩坡里的埃及土地。

随从他的老臣说:"看,直到库萨[1]都是亚洲人的水,他们都伸出舌头,要在一起说话了,(然而)我们却在我们埃及一方安闲自在。埃勒凡泰尼很有力量,(这片土地)的中部一直到库萨也都站在我们一边。他们最好的土地要耕耘,我们的牛在三角洲上放牧[2]。小麦送给了我们的猪。我们的牛已经被夺走□□□□他控制亚洲人的土地;我们控制了埃及。如果有人要来[反对我们],那么我们就抗击他!"

【注释】

〔1〕库萨(Qis)在孟菲斯南大约 150 英里处。

〔2〕"放牧"一词在石碑上是在刻在这个地方,在字板上却放在了文中别的地方,原因可能是因为字板抄写的是石碑,抄错在所难免。上埃及通常都到三角洲去放牧畜群,第二中间期短暂和平时期仍然保持了该习惯。小麦在埃及主要用作饲料,主要在三角洲种植。

然而,他们会深深伤害陛下的心:"至于说到您的计划,□□□□□与我分割这片土地的人就不会尊敬我。[我会尊敬]这些从他那里□□□□□□的亚洲人吗?我[要]向北航行,到达下埃及。[如果我与]亚洲人战斗,胜利将会到来。[1]如果他想满足于□□□□流泪,整个埃及□□□□底比斯的统治者,卡摩斯,埃及的保护者!"[2]

【注释】

〔1〕石碑和字板上的文字此处都遭破损,使我们理解起来有些模糊不清。

〔2〕从此段结束,法老的主战大臣占了上风。

我向北前进,因为我(足够)强壮,在阿蒙神的号令下打击亚洲人，(这是)正义的忠告。我英勇的军队在我前面像一阵火焰。玛肇伊的军队在我的船舱上部，搜寻亚洲人，将他们的阵地向后推去。[1]东边和西边都有他们中最好的部分，军队到处搜寻粮草。我派出一支强大的玛肇伊军队，而在我白天出巡□□□□将□□□特梯、俳匹之子包围在内弗儒西中[2]。我不会让他逃跑，我同时阻止了反抗埃及的亚洲人。他把内弗儒西当作亚洲人的巢穴[3]。我在我船上过夜，我的心充满快乐。

【注释】

〔1〕 来自埃及南部的玛肇伊雇佣兵爬上船的高处侦察敌情。
〔2〕 内弗儒西在赫尔摩坡里偏北一点的地方。关于"特梯、俳匹之子"我们所知甚少，从其埃及名字来看，他可能是希克索斯国王在当地的一个封臣。
〔3〕 这句话出现在石碑上，意思可能是：他(特梯)将内弗儒西当作亚洲人势力的一个巢穴。

当天刚破晓，我像一只猎鹰一样扑向他。当早饭时间到来之时，我开始攻击他。我突破其城墙，我杀死他的人，我将其妻子驱赶到河边[1]。我的士兵就像狮子一样，带着他们的战利品，有农奴、牛、肉和蜂蜜，分割他们的财产，他们的心充满欢乐。内弗儒西地区陷落了；我们还没做够，直到其心脏被包围。

【注释】

〔1〕 臣服的象征，也是战利品。

2 上埃及艾尔—卡伯阿赫摩斯陵墓铭文

【题解】

阿赫摩斯(此篇铭文的主人和他同名)是第十七王朝统治者塞肯南瑞—陶二世之子，第十八王朝第一位统治者。在与其哥哥、也是他的前任卡摩斯一起将希克索斯人驱除出三角洲之后，重新统一了埃及，成为统一的埃及第十八王朝的建立者。近年在阿比多斯发现的浮雕描绘了阿赫摩斯驱逐希克索斯人的战斗,这是其统治期间的一项重大事件。

该篇铭文描述的就是这一时期的事件。一般称此篇铭文为"阿赫摩斯、阿巴那之子铭文",刻写在上埃及艾尔—卡伯其陵墓的墙壁上。此阿赫摩斯是一艘尼罗河战船上的船长,他曾参加阿赫摩斯一世和图特摩斯一世国王抗击希克索斯人的战斗。

此篇铭文由 C. R. 莱普修斯抄录,收在《埃及与埃塞俄比亚古建筑》(柏林,1849–1859)第三卷中,也列在了 K. 泽特的《第十八王朝文献》(莱比锡,1914)中。译自《古埃及记录》(芝加哥,1906)。

【译文】

(1)全体船员的指挥者阿赫摩斯,阿巴那之子,胜利者,(2)他说:"我对你们所有的人说,我要你们知道我得到了怎样的恩宠。我曾得到过七次[1]金子的奖赏,为全国(3)注目,还有男女奴隶。我得到了很多的土地。"一个勇敢男人的名声来自他做过的事情,永远不会(4)从这片土地上消失。

【注释】

〔1〕 阿赫摩斯在其陵墓的另一处记录了一个接受奖赏的清单,共有男人九个,女人十个。记录土地总数处破损。这和该铭文所述不一致,所获记录中提到的是男人九个,女人七个,为国王赏赐。还有男人八个,女人七个,是战争俘虏。

青年时代

他这样说:"我在艾尔—卡伯[1]城长大,我父乃上下埃及之王的一名军人:他叫塞肯南瑞[2],胜利者,名字是伯博,(5)儒奥乃特之子。我在两土地之主内伯徘赫梯瑞、胜利者[3]统治之时成为其船'奉献'上的一名战士,(6)当时我还是一个孩子,尚未娶妻,还睡在编织的吊床里[4]。但在我建立了家庭之后,我来到了(7)'北方'这条船上,因为我很勇敢。我就在陛下出入的时候陪伴在(8)其战车上[5]。

【注释】

〔1〕 上埃及遗址,位于卢克索南80公里的尼罗河东岸。
〔2〕 第十七王朝的一个法老叫塞肯南瑞。
〔3〕 指阿赫摩斯。
〔4〕 这句的翻译也可能是"我还睡在护裆保护中"。
〔5〕 这是埃及人第一次使用马拉战车。希克索斯人将这种战车引进埃及。

阿瓦瑞斯之围

当阿瓦瑞斯城被包围的时候[1],我在陛下面前徒步作战非常勇敢。因此,我被委派(9)去名为'出现在孟菲斯的人'的船上。

【注释】

〔1〕 原文为"当一人在阿瓦瑞斯城坐下来的时候"。这是一句简短的陈述,埃及人开始对希克索斯人三角洲东部的首都发起进攻。值得注意的是,在后面的文字中出现一条船的名字是"出现在孟菲斯的人",这表明孟菲斯已经被埃及人重新夺回了。

阿瓦瑞斯第二场战斗

在阿瓦瑞斯的帕—斋得库[1]有一场水战。然后,我面对面战斗,(10)我带回了一只手[2]。这被报告给国王的传令官,'勇敢的金子'奖给了我。

【注释】

〔1〕 Jdkw,可能意为"运河"。
〔2〕 埃及军队战争中的习惯,为了证明自己在战斗中杀死了敌人而将敌人的一只手砍下带回。

阿瓦瑞斯第三次战斗

然后,该地又发生一场战斗;我再次面对面战斗(11);我带回一只手。我再一次得到'勇敢的金子'。

阿瓦瑞斯断续之围,第一次反叛

在埃及该城市南部[1]发生一场战斗;(12)然后,我带走一个敌人作为活着的俘虏;我下到河里;注意,他作为俘虏在该(13)城的路上带回,(尽管)我带着他越过河流。当皇家传令官得到该报告,我得到双倍金子的奖赏。

【注释】

〔1〕 在阿瓦瑞斯城的南面,好像埃及人暂时退去。

阿瓦瑞斯陷落

然后(14)夺取了阿瓦瑞斯,我从那里带回了战利品:一个男人,三个妇女,总共四人。陛下将他们作为奴隶送给了我。[1]

【注释】

〔1〕 在"阿赫摩斯的战利品男女奴隶列表"中,19个名字中大多为埃及人。然而,也出现了帕—阿阿姆(Pa-'Aam,"亚洲的")和女人的名字塔姆驰(Ta-mutj)以及伊什塔—乌姆米(Ishta-ummi,"伊什塔是我的母亲")这样的名字。

沙汝痕之围

(15)沙汝痕被围困六年。[1]接着,陛下夺取了它。然后,我从那里带回战利品:两个女人和一只手。(16)勇敢的金子送给了我,我的俘虏给我作奴隶。

【注释】

〔1〕 直译为:"我们扎营沙汝痕六年"。沙汝痕在迦南最西南角,位于西缅(Simeon)部落地区,很可能是现代的特尔艾尔—法拉赫(Tell el-Farah)。好像它是希克索斯人离开埃及的第一个据点。

远征努比亚

现在,在陛下杀死该亚洲游牧者之后,(17)他向南航行到痕特—痕—内弗尔,去消灭努比亚穴居人;陛下在他们中间大量杀戮。(18)然后,我从那里带回战利品:两个活的男人和三只手。我得到双倍的金子奖赏,还有两个女奴隶奖给了我。(19)陛下向北前进,他的心里充满勇敢和胜利的喜悦,因为他征服了南方人和北方人。

第二次反叛

(20)南方一个敌人到来;他的厄运,他的破坏逼近;上埃及之神攫住了他,陛下在廷特—塔—阿姆[1]发现了他。陛下将他(21)作为活着的俘虏带走,其所有子民都成了战利品。我从敌人船上带走两位弓箭手俘虏;然后,(22)我得到了五个人外加几块土地使我的城池增加到5斯塔特[2]。全体船员得到同样的奖励。

【注释】
〔1〕 廷特—塔—阿姆(Tynt-ta-omu)这个地名之意为"她属水源之地",可能在第一瀑布地区。
〔2〕 土地单位,1斯塔特相当于7/10英亩。

第三次反叛

然后,来了匍匐的敌人。(23)其名字是特提—恩,他纠集起邪恶的人[1]。陛下杀死了他,他的队伍[2]也被消灭了。我获赠(24)三个人及我城池中5斯塔特土地。

【注释】
〔1〕 直译为"邪恶之心"。
〔2〕 文中队伍一词用的居然是阴性,但由女人组成其军队似不可能。

阿蒙霍太普一世统治时期生平

然后,我载着国王斋瑟尔卡瑞,胜利者,向南面库什航行,去扩展(25)埃及的疆界。陛下在其进军中间打击努比亚穴居者。□□□□他们被缚住带走,没有人漏掉,□□□□逃跑者被消灭(26)就像他们从未存在过一样。现在,我于我们队伍之前,勇敢地战斗[1]。陛下看到了我的勇敢。我带走两只手,(27)将它们献给陛下。他的子民和他的牲畜遭到追赶。然后,我带走一个活俘,把他献给陛下。我用两天的时间将陛下(28)从'上井之地'带回到埃及,获得金子奖赏。然后,除了我献(29)给陛下者外,我还带回来两个女奴隶作为战利品。于是我被任命为'统治者的战士'。

【注释】

〔1〕 直译为"我战斗超越真实"。

远征努比亚

然后,我载着国王阿—凯佩尔—卡—拉(图特摩斯一世),胜利者,向南航行到痕特—痕—内弗尔(30)去镇压山地上的叛乱。驱除来自荒漠的入侵者[1]。我在他面前,在恶水中,在将(31)船拖过瀑布的过程中都很勇敢。因此,我被任命为船员的指令官。陛下 □□□□。[2]

【注释】

〔1〕 这里"来自荒漠的入侵者"指居住在峡谷两边荒漠中的蛮人对尼罗河峡谷的侵扰。
〔2〕 铭文在一句话的中间结束,转向墙壁的拐角处,内容好像也转向记述此次努比亚远征的另一事件。

(32)对此,陛下像一只豹子一样愤怒。陛下射箭,他第一箭穿透了该敌之脖颈。然后□□□□□(33)□□□□□在神蛇[1]面前无能为力,在他们中间杀戮;他们亲人被带走,成了俘虏。(34)陛下向北航行,所有外国的土地都被他控制,而那可怜的努比亚穴居人在陛下'鹰'船船头上向北而来。他们(35)在卡纳克登陆。

【注释】

〔1〕 神蛇(Uraeus)是埃及法老头上佩带的装饰,象征着王权,埃及人相信它有神圣力量打败所有国王的敌人。

远征亚洲

这之后,(图特摩斯)继续前进到瑞柴努[1]以在整个夷国土地上洗刷其心[2]。

【注释】

〔1〕 瑞柴努（Rcnw）一般泛指叙利亚和巴勒斯坦。

〔2〕 意为报复。

　　陛下前进到那赫闰[1]，(36)陛下发现敌人集结的部队。然后，陛下——祝他长寿、富有、健康——对敌人的部队进行了凶猛的杀戮。(37)陛下胜利地带回了无数的活俘。现在，我在我们的军队[2]前面，陛下看到了我的勇敢。(38)我带回了一驾战车，拉车的马和车上的敌人作为活俘，这些都献给了陛下。我得到双倍金子的奖赏。

【注释】

〔1〕 一般来说，古埃及人说的那赫闰（Na-ha-ry-na）是指米坦尼，埃及人在西亚的一个劲敌。这里指的是两河流域的幼发拉底湾地区。

〔2〕 只是在第十八王朝第一个世纪中的爱国热情中，埃及人才说"我们的军队"而不是陛下的军队。

老年

　　(39)我变得越来越老了，我已经进入了老年。像以前一样受到[我主]宠幸和爱。□□□□□[1]我[休息]在我自己在伯西建造的陵墓中。"

【注释】

〔1〕 大约三分之一行缺失。

3　阿尔蒙特石碑

【题解】

　　阿尔蒙特位于上埃及卢克索以南9公里的尼罗河西岸。该石碑是一块红色花岗岩石碑，已经残破并在后来的建筑中再次被使用过。该石碑在上埃及的阿尔蒙特发现，故一般称之为阿尔蒙特石碑。碑文在R.蒙得和 O. H. 麦耶斯的《阿尔蒙特神庙：一个初步考察》(伦敦,1940) 当中公布。译自《古代近东文献》(普林斯顿,1955)。

【译文】

　　活着的荷鲁斯：强壮的神牛,出现在底比斯；两女神：像天上的拉神一样永葆王权；上下埃及之王,两土地之主,献祭之主：曼赫坡瑞拉；拉神之子,出自拉神；图特摩斯—亥卡—玛阿特,蒙杵[1]神所钟爱者,底比斯之主,居住在赫尔蒙杵[2],愿他永生。

【注释】
〔1〕　古埃及战神。
〔2〕　赫尔蒙杵就是现在的阿尔蒙特。

　　第二十二年,第二季的第二个月,第十日。[1]此乃非常让人记忆深刻的英雄举止,从第一代就已开始的神所表现的勇敢和胜利功绩之概括；神之主、赫尔蒙杵之主为他做的事情：赞美他的胜利,为了使他除陛下一直做的英雄行为之外的勇敢举止被未来数百万年传诵。如果(它们)都以其名义一起讲述的话,就会因为数量太大而无法书写下来□□□□□。

【注释】
〔1〕　在他统治的头二十二年,图特摩斯三世并无作为,因为此时王权实际掌握在哈特舍普苏特女王手中。之后,他取得了权力,立即表现出其军事行动的愿望。这里说的日子是他向外扩张离开埃及边境的两个半月之前。

　　陛下毫不停顿地前进到扎希[1],去杀掉那里背信弃义之人,并奖赏忠于他的人；每个[国家]都根据其时代见证[他们的]名字。当其进攻勇猛而获胜之时,陛下返回,这样他就让埃及好像总是有拉神作为其国王一样。[第二十二年,第二季节的第四个月,□□□日]从孟菲斯进军,去屠戮邪恶的瑞柴努[2]国家,这是胜利的第一站。在它[发生反叛,聚集在玛吉多]之后,是陛下打开其道路,为其军队开辟每一条道路。陛下来到那条变得很窄的路上[3],这是他全部军队的第一次,而每个国家都聚集了起来,在路口准备着。□□□□敌人感到恐惧,掉头往其城池逃去,在□□□□中的王子也一起□□□□□,哀求[活命],他们背上背着货物。陛下满心高兴地返回,整个土地臣服□□□□[亚洲]人,同时到来,载着[他们的]贡品□□□□□。

【注释】

〔1〕 腓尼基中部,此处指叙利亚和巴勒斯坦。
〔2〕 叙利亚。
〔3〕 腓尼基中部,这里指叙利亚和巴勒斯坦。

4 哈特舍普苏特出生

【题解】

该铭文是1894年纳韦利埃及勘探基金挖掘德尔埃尔—巴赫瑞神庙时,在神庙中间北半部柱廊上发现的,跟南半部蓬特浮雕相匹配。后来该铭文在纳韦利以《德尔埃尔—巴赫瑞》名字发表。译自《古埃及记录》(芝加哥,1906)。

【译文】

众神之会

壁画

阿蒙神坐在右侧的王座上,在左边两排的12位神祇前面。

铭文

该铭文是阿蒙神和其他神祇之间的对话,可能有21行,包含有其他神祇说的话(三行在左)和阿蒙神说的话(其余所有的文字),其中阿蒙神

明确地预言哈特舍普苏特的出生,许诺给她伟大的权力。我们可以读到:

  我欲为她平和地统一起两土地。□□□□我会给她所有的土地、所有的国家。我的心灵是她的,我的奖赏是她的,我的王冠是她的,这样,她就可以统治两土地,她就可以带领所有的生命□□□□□。[1]

【注释】

〔1〕 此下两行破损,无法恢复。

阿蒙神和哈努姆[1]的会见

阿蒙神这时招来创造人类的哈努姆神的援助。

壁画

阿蒙神站立在左侧,位于右侧的哈努姆的前面。

铭文

阿蒙神的指示

  卡纳克之主阿蒙神的话语:"去,用我身之四肢创造她,连同她的卡;去,比所有神都更好地构造她;为我塑造我这个女儿,我为其父。我给予她所有的生命和满足,所有的安定,来自我内心的所有欢乐,所有的祭品和所有的面包,就像拉神一样永恒。"

【注释】

〔1〕 哈努姆(Unmw)神为古埃及生育之神、水神和创造婴儿的陶轮之神。

哈努姆的回答

  "我会创造[你的]这个女儿[玛阿特卡瑞][1];为了她的长寿、富有、健康,为了祭品□□□□为了美丽的女神之爱。她的形象将比神更尊贵,以其上下埃及之王的无比高贵。"

【注释】

〔1〕 哈特舍普苏特。

哈努姆塑造这个孩子

壁画

　　哈努姆在一个陶工的陶轮之前坐着,他正在其上塑造两个男性孩子,第一是哈特舍普苏特,而第二个是她的卡。蛙头女神赫克特(Heket),即哈托尔,跪在右侧,把生命之符推延到两个孩子。

铭文

　　哈努姆复述着他从阿蒙神那里接受的指示,现在把阿蒙神的指示灌注给第一个人。

　　陶工,赫尔—威尔[1]之主哈努姆说:"我已经用阿蒙神、卡纳克之主的四肢创造了你。我走近你[2],使你比所有的神都好。我已经赋予你所有生命与满足,所有的安定,我内心之所有欢乐;我已赋予你所有的健康,所有的土地;我已经赋予你所有的国家,全部的人民;我已赋予你所有的祭品,所有的食物;我已经让你像拉神一样永久地在荷鲁斯的王座之上出现;□□□□□□□[3]我已根据深爱你的父亲之命,让你现于所有生灵之卡前,你就像南北方的上下埃及之王一样闪亮。"

【注释】

〔1〕　赫尔—威尔(Er-wr)意为"伟大的荷鲁斯"。
〔2〕　此片铭文中的代词"你"和"你的"均为阴性,指哈特舍普苏特。
〔3〕　此处缺失两行。

托特神与阿赫摩斯王后的会面

壁画

　　阿赫摩斯王后[1]站在右边向托特神行礼,她站在左边伸开手臂。遗憾的是,上面的文字只留下了头衔和与之相关的赞美词语,因此,该会面的谜底是什么我们并不清楚。

【注释】

〔1〕　哈特舍普苏特的母亲。

阿赫摩斯王后被带去分娩

壁画

哈努姆神和赫克特神在王后身边牵着她的手。在她们之前是一排三位分成三排的九位神。全部由阿蒙神引领。

铭文

这里还是只刻写了头衔和称号；但是，赫克特的铭文却包含一些壁画的信息；我们能辨认出："你在此之后立刻怀孕，你[□]一个孩子□□□与他[1]一起[到]宫廷去，到□□□□。"但是她大部分的话都被拉美西斯二世重新刻写铲除或覆盖掉了。在阿蒙神之前，有一篇包含有对该壁画的描述的13行的长铭文，但已不复存在。

【注释】

〔1〕 哈努姆或阿蒙神。

出生

壁画

王后在上排的中间，抱着孩子坐在王座上；在其面前是四位女神，扮演着助产员的角色，伸出手臂来接孩子。在她身后是五位女神，最前面的女神给予她生命的符号，她们都坐在凳子上。中间的一排在王后下边，我们可以看到两个万年魔妖；魔妖的两侧是东西方魔妖。下一排画的是：左边，南北魔妖；右边，贝斯神[1]和塔外瑞特[2]，中间是一片空白，应该是一篇铭文，可现在都已不见了。在最右侧坐着生育女神美斯赫尼特，指导着这些助产员。

铭文

上排右侧的神和美斯赫尼特都像哈努姆复述阿蒙神指示一样说相同的话。这里就不再重复了。

【注释】

〔1〕 贝斯(Bs)乃欢乐之神及战神，保护家庭、生育、婴儿。以矮人形象出现。

〔2〕 塔外瑞特(Ta-wrt)掌管生育之神，以女人与河马之型混合而成的形象出

现,其名之意为"伟大者"。

将孩子献给阿蒙神

孩子这时由哈托尔神献给她的父亲阿蒙神。

壁画

右侧王位上的哈托尔神将孩子送给站在左侧的阿蒙神。

铭文

哈托尔神的话几乎看不见了,但我们仍然可以辨认出:

她在陛下面前伸出手臂。

阿蒙神的话

[阿蒙神]说□□□□□□他深爱的国王玛阿特卡瑞(哈特舍普苏特),愿她长寿;在她出生后,来看他的女儿,他的心中充满了幸福。

[阿蒙神对]他的女儿[哈特舍普苏特]说:"来自于我荣耀之躯体;国王,控制两土地,永远在荷鲁斯的王座上。"

阿蒙神与哈托尔神会面

壁画

阿蒙神在左边坐在王座上,在哈托尔面前抱着孩子,哈托尔坐在右侧的王座上。在哈托尔神后面是女神色瑞克,她在下一幅壁画中招呼孩子过来喂奶。

铭文

很遗憾,铭文损坏严重,只有很少的同类铭文常出现的承诺的字句尚可辨认。

孩子的养育

壁画

阿赫摩斯王后坐在上排凳子的左边,一个女神托着的凳子上。在她前面是两个牛头哈托尔神正给孩子喂奶。在凳子下面是两个哈托尔母牛神在给孩子和她的卡喂奶。在右侧是她的卡,一共 12 个,都已经喂过奶,正被交给尼罗河神和另外一个叫赫库的神,他们将这些卡呈献给三位在王座上的神。

铭文

  铭文已经被删除掉了,但我们仍可以读出下面的文字:

    为陛下(阴性)与其所有的卡喂奶。

阿蒙神与托特神第二次会见

壁画

  阿蒙神和托特面对面站立,孩子与其卡托在他俩之间。

铭文

  铭文内容只是传统的许诺;会面的目的可能是安排孩子的前程。

最后的壁画

壁画

  在壁画左边,哈努姆神和阿努比斯神在向前走,阿努比斯在神身前滚动一个大圆盘。在他们之前上排是两位女神将孩子与其卡献给一位跪着的女神(可能是尼罗河神),在下排另外一位不知名的神面前出现的也是两位女神将孩子与其卡献上的画面。在画面的右侧站着塞弗赫特神[1],做着记录,陪伴身边的是侍神。

铭文

  这里的铭文也是传统的许诺;因此,这幅壁画表现的目的是什么也不好解释。此时孩子开始了其自己的生涯。

【注释】

 〔1〕 书写女神。

埃内卜尼雕像[1]

  尊贵的女神,两土地之主的宠爱者,玛阿特卡瑞,愿她长寿,像拉神一样永恒,与其兄弟、祭祀之主曼赫坡瑞拉[2],像拉神一样赋予永恒的生命。

【注释】
〔1〕 雕像现在藏于大英博物馆,埃内卜尼后来可能成了库什总督,但不能确定。
〔2〕 图特摩斯三世。

"国王给予之祭品"——因为他的完美,为了唯一完美者之卡,其神所宠爱者,其主人所钟爱者;其主人上下埃及巡游[1]之跟随者,国王之子,弓手之首,皇家武装首领,埃内卜尼,伟大的九神面前之成功者。

【注释】
〔1〕 图特摩斯三世的一次远征。

瓮上铭文

哈特舍普苏特献给其母亲阿赫摩斯的一个小罐,上边有文字:
神之妻,伟大的国王妻子[1],哈特舍普苏特;她为其母亲、伟大的国王妻子、奥西里斯神面前的成功者阿赫摩斯制作。

【注释】
〔1〕 此时的哈特舍普苏特还用"国王妻子"这样的头衔,还没有自称国王。

王后哈特舍普苏特加冕

该壁画和铭文接着出生壁画和铭文,描绘孩子由神认定王位;然后,长大由神为之加冕;最后由其父图特摩斯一世在宫廷为之加冕。此后跟着的是一些神主持的结束仪式。

净化[1]

壁画

孩子站在右边的阿蒙神与左边的弘苏神之间,他们在她头顶上为之洗礼。

铭文

> 两神说出下面的话
>
> 你和你的卡都已纯净，[为]你伟大尊贵的上下埃及之王，愿其长寿。

【注释】

〔1〕中台，北面，南墙末尾处，上排，在出生系列壁画第一幅之上。

阿蒙神将孩子给所有神看

壁画

阿蒙神坐在左边的王座上，在其膝头爱抚着孩子；在其前面站着六位神：上边三个代表的是"全部南方之神"，下边三位代表的是"全部北方之神"。

铭文

□□□□□□□□□（这里的铭文也被铲除掉了）

阿蒙神的话

> [上天]之神阿蒙—拉神对众神说："你们看，我永生之女儿[哈特舍普苏特]〔1〕，你们要爱她，你们要对她满意。"
>
> 他将她展示给南北全部神祇，他们来看着她，在她面前鞠躬。

【注释】

〔1〕此处她的名字被铲除掉了，拉美西斯二世在此空白处填加了阿蒙神的名字。

神说的话

> (1) 全体神祇对阿蒙—拉神说："您的女儿[哈特舍普苏特]〔1〕——愿她长寿——我们对她一生一世都满意。(2) 她现在是您的女儿，像您，是您生育的、培育的。您给予她您的灵魂，您的□□□□，您的[慷慨]，王权的神奇力量。(3) 当她还在母体中孕育

的时候,大地是她的,邦国是她的,天空笼罩和大海环绕的一切(皆属于她)。您现在已经对她做了(4)这一切,因为您知道两个永恒。您满意地给予她荷鲁斯之生命,塞特之年华。吾辈给予她☐☐☐☐☐☐。"

【注释】

〔1〕 拉美西斯二世又在哈特舍普苏特名字处加上了阿蒙神名。

北方之旅

到这里,她的童年时代从纯粹虚构进入可能包含一些真实经历的叙述。在其父亲执政时期她就曾随父亲到北方去过,这里,她将此次旅行的目的做了合乎自己用途的改变,把此次旅行描绘成埃及全体神祇承认她登上王位,描绘成她来到了赫利奥波利斯由阿图姆神为她加冕。根据她大庆(第十五年)日子推算,她作为加冕王子可能有15年的时间。提及她长相与神相像和美丽及从小到大的成长之外,此次旅行很少被提到。但这里说,当她来到北方的时候,所有神祇都来到她身边。伴随着这样描述的是神对她未来伟大王国的许诺。此次去赫利奥波利斯的北方旅行贯穿着壁画,壁画中描绘的是她在阿图姆神面前加冕。

这样的事情也出现在阿蒙霍太普三世加冕的铭文中。这无疑是个古老传统,因为阿图姆神是太阳神,总是和王权联系在一起。像上面关于她出生的铭文和壁画中展现的,阿图姆神在赫利奥波利斯的后继者拉神成为了所有埃及国王之父。根据这个古老传统,阿蒙霍太普三世也拜访了阿图姆神,并在其继任前由阿图姆神为之加冕。

王后的成长与美丽

(1)陛下本人看到了该事[1]的全部,她告诉人民,他们听到后因为敬畏而匍匐在地。(2)陛下成长超过一切;看她比什么都美好;陛下☐☐☐☐☐就像神,她的外貌像神,她(3)像神一样做事,她的光彩像神;陛下(阴性)是位少女,是其盛时的布托[2],美丽,光彩照人。(4)她让其神之形象繁耀,他的宠爱塑造了她。

【注释】

〔1〕 此处说的"该事"指什么还不清楚,可能指她被带给众神,在这里她将此事讲给公众。

〔2〕 指布托的保护神。

游历

陛下(阴性)跟随其父、上下埃及之王阿—凯佩尔—卡—拉[1]——愿他长寿——游历(5)到北方国家。其母哈托尔,底比斯保护神布托、得普[2]之主、阿蒙神、底比斯之主(6)阿图姆、赫利奥波利斯[3]之主蒙杵[4]、底比斯之主哈努姆[5]、瀑布之主、底比斯所有神祇到来,所有南北之神走向(7)她。他们为她来回穿梭,非常愉快,(他们)到来,带来了生命和令人满意的东西,他们在她身后保护着她,他们每天一个一个地(8)在她身后走过。

【注释】

〔1〕 图特摩斯一世。

〔2〕 位于三角洲西北部。

〔3〕 下埃及遗址,位于三角洲与尼罗河谷交汇处,是古埃及最为重要的宗教崇拜中心。

〔4〕 古埃及战神,底比斯诺姆主神,后被阿蒙神取代。

〔5〕 埃及许多神庙中的羊头神,在埃勒凡泰尼与伊斯纳尤受尊崇。

神的许诺

他们说:"欢迎,阿蒙—拉神之女,你看到了你在大地上的工作,你要给予(9)它秩序,你要恢复那些毁坏了的建筑[1],你要在该房中建造你的建筑,你要为他的供品桌提供食品,他生了你,你要走遍大地,你要拥抱(10)许多国家。你要脚踏柴赫努[2],你要用你的权杖摧毁穴居人;你要砍下其士兵的头颅,你要抓住(11)柴赫努带剑的首领,他们躲过了你父亲的打击。你的礼物是金字塔、你勇敢地俘获的俘虏,你的奖赏是(12)数千人修建两土地上的神庙!你在底比斯,国王阿蒙—拉神、底比斯之主的台阶上给予供品。(13)众神[给予]你时光,他们[给予]你生命和让人满意的东西,他们赞扬你,因为其心理解其(14)打造之卵[3]。他们设置你的疆界远到天边,远到夜的第十二时之极限;两土地将充满了孩童□□□□,你无数的孩子(15)就像你谷子的数量,你在人民的心中□□□□□;这是其母之牛的女儿,□□□□□深爱的。"

【注释】
〔1〕 此处提到的"恢复"显然是她恢复贝尼哈桑记载的神庙,这表明加冕浮雕日期要比神庙修复晚。
〔2〕 利比亚。
〔3〕 指哈特舍普苏特。

阿图姆为之加冕

左边的王后由哈托尔引领来到站在右侧的阿图姆神面前。他们前面站着托特神,铭文有损坏,留下的如下:

托特的话

将他的王冠放在她的头上;放□□□□□□□头衔□□□□□□□□在神的面前□□□□□□□□。

接受王冠和名字

阿图姆神面前的加冕跟着一个阿蒙神面前的同样仪式。

壁画

王后站立着,阿蒙神拥抱着她,左边画面加冕;从右侧走向南北埃及女神,纳赫贝特(秃鹫女神,上埃及保护神)和布托(下埃及保护神)。一个戴着上埃及王冠,另一个戴着下埃及王冠,其后为神仆。

铭文

赋予你拉神头上的红色王冠;你要戴上双冠,你要以它的名义接管两土地。

赋予你头上强大的白色王冠;你要以它的王权,它的名义接管两土地。

名字的接受

这里有一幅壁画，表现的是王后接受神授予的新王室名字。此幅壁画已经完全损坏，只残存下了塞弗赫特神（书写女神）和托特神的身影留在了壁画的右侧，伴着下面的文字：

> 书写该名，金荷鲁斯：神圣之王权。书写该名，上下埃及之王，玛阿特卡瑞。

在阿蒙神面前宣布为国王

壁画

在左边，王后穿着国王的服装，戴着上下埃及双冠，站在阿蒙神面前，加冕。王后身后是神仆，后面照例是塞弗赫特神和托特神在记录。

铭文

伴随铭文不是被毁坏，就是只残留下传统字句。完成神前的加冕可以从托特神残破的字句中看到：

> 你已将双冠戴在你的头上。

朝臣前加冕

现在我们来到女王的正式加冕画面，加冕是在图特摩斯一世指令下在朝臣前进行的，他从王位上退下来，将王位给予哈特舍普苏特。从她登基之前的头衔"伟大的王后"我们可以推测，她没有像此处记述的立即继承其父王位。因此，动摇了我们对该铭文记述事实真实性的信任。这里记载的加冕日期是新年第一日，埃及人称之为托特日，这本身就是个巧合。

> 他（图特摩斯一世）意识到新年这天加冕作为平安和度过无数大庆之年之始的吉祥。

这里，图特摩斯一世好像选择的是新年这一天为女儿加冕，因为这一天吉祥。但如果我们读一读她方尖碑上的铭文就会发现，她开始其统治的时间是第十二月的第六到第三十日之间的一个日子。代尔巴赫瑞神庙的该加冕记述,是从中王国阿蒙尼姆赫特三世在阿尔茜诺的加冕记述中逐字抄录来的,因此,并不可信。因此,很明显,哈特舍普苏特此加冕铭文和她出生铭文一样都是为了政治需要杜撰出来的。

壁画

左边是图特摩斯一世加冕,他女儿站在他前面;在右侧站着三排朝臣。

铭文

图特摩斯一世召唤他的女儿加冕

(1)她[1]父亲陛下、她之伟大创造者荷鲁斯神[2]看到她!她的心充满了快乐,(为)她伟大的王冠;(2)她真实地述说她的原由,[提升]其王室之尊严与其卡之所为。官员列(3)在[□□□□]宫殿中她的面前。陛下对她说:"来,美丽的女儿,我将(你)置于我之前面;(4)你会在宫殿中看到了你的官员,你的卡完成的突出功绩,即你要取得的皇室的尊严,你(5)奇迹的荣耀和你巨大的力量。你在两土地上强大无比;你将抓住反叛者;(6)你将出现在宫殿中,你的前额将装饰以双冠,放置于我亲生之荷鲁斯后裔的头上,(7)布托神钟爱的白冠之女儿。主持神之王位的神给予你双冠。"

【注释】

〔1〕哈特舍普苏特。

〔2〕指图特摩斯一世。

图特摩斯一世宫廷官员

(8)陛下使他有国王——大臣、(9)宫廷官员和濑希特[1]之主——之尊贵,以便他们献上敬意,在□□□□□的宫中将荷鲁斯神之女(10)陛下带到他的面前。当这些人在宫廷中匍匐在地之时,(11)在[宫廷]的右侧朝觐厅中设有国王自己的王位。

【注释】

〔1〕濑希特(Rut),古埃及庶民。

图特摩斯一世对宫廷讲话

陛下在他们面前说:"我的这个女儿,赫内迈特—阿蒙,哈特舍普苏特,愿她长寿,我任命[她]□□□□□;她乃我(13)王座之继承者[1],她无疑为坐我神奇宝座上之人。(14)她将给宫廷中每个地方的濑希特下达命令;她是将要领导你们的人;(15)你们将宣布她的话,你们将在她的指令下统一起来。对她表示敬意的人将长生,用恶语(16)亵渎她的人将死亡。一致颂扬陛下(女王)名字的人(17)将直接进入皇家厅室,就像颂扬荷鲁斯神名字一样。[2]因为(18)你是神,哦,一位神的女儿,甚至神都为她而战;他们遵照她父亲、神之主的命令,每天在她的身后给予她保护。"

【注释】

〔1〕 注意这里用的是"继承者"而不是"共治者"。
〔2〕 女王的名字在宫廷里就像其父亲的名字一样有力量。

朝臣与人民承认新女王

(19)国王的大臣、贵族和濑希特的首领倾听尊贵的上下埃及之王的女儿玛阿特卡瑞[1](哈特舍普苏特)——愿她长寿——(20)晋升的命令。当(21)皇家命令传到他们当中之时,他们在他脚下亲吻土地;他们为上下埃及之王阿—凯佩尔—卡—拉(图特摩斯一世)——愿他长寿——赞美所有神祇。他们前进,他们的口里(22)欢呼着,他们[向]他们公布他的公告。所有宫廷居住的(23)濑希特都能听见;他们来了,他们的口里欢呼着,他们宣布(该决定)胜过任何事情,那里居住者中(24)的居住者以他的名字宣布着;战士中的战士□□□□,他们(25)为了他们心中双倍的喜悦而跳跃着,他们舞蹈着。他们[宣布],他们宣布陛下(阴性名词)的名字为国王;当陛下(阴性名词)还是少年之时,当伟大的神祇(26)将他们的心转向他女儿玛阿特卡瑞(哈特舍普苏特)——愿她长寿,当他们意识到这是神女的父亲,(27)这样,他们在她伟大心灵中就比什么都更加优秀。而任何在他的心中热爱她、每天对她表示敬意的人,(28)他将闪耀,他将无比昌盛;但任何说陛下名字坏话的人,(29)每天在她的身后保护她的神将立刻判定他的死刑。她父亲陛下公开说了这些,所有人都一致认定(30)他女儿为国王。当陛下(哈特舍普苏特)还是少年之时,陛下(图特摩斯一世)的心就非常倾向于[她]。

【注释】
〔1〕 此名为哈特舍普苏特的登基名,意为"拉神之卡的秩序"。

女王名字的宣布

(31)陛下(图特摩斯一世)命令召来仪式祭司[宣布]她属于其皇冠尊严的伟大名字,以出现在(32)两女神喜爱的(每一)工作和每一个封印中,巡视北墙,[1]为两女神钟爱者之神穿衣。(33)他意识到新年这天加冕作为平安和度过(34)无数大庆之年之始的吉祥。他们宣布她的王名,因为(35)神根据其以前创造他们时所用形式让她的名字在他们心中:

【注释】
〔1〕 一种仪式,仪式的具体内容我们尚不清楚。

(36)她伟大的名字,荷鲁斯:[沃瑟瑞特卡乌][1],永恒;
(37)她伟大的名字,两女神钟爱者:"年年更新",善良女神,贡品之主;
(38)她伟大的名字,金荷鲁斯:"神圣王冠";
(39)她伟大的上下埃及之王的名字:"玛阿特卡瑞,永生。"[2]
这就是她真正的名字,神所先行给予。

【注释】
〔1〕 沃瑟瑞特卡乌(wsrt-kaw),意为"双重力量"。
〔2〕 完整的王衔应该是五个,这里缺少最后一个。她最后一个王衔是哈特舍普苏特,意为贵族中之首席。

第二次净化

公开加冕之后,神的仪式继续。

第一幅壁画

女王由赫塞梯神引领而去。

铭文

两女神宠爱的上下埃及之王,安宁年代第一年新年第一季第一(日),巡视北墙,塞德节□□□□□。[1]

(由)"大室"之"其母之栋梁"[2]带领进入"大室"(进行)"大室"之净化。[3]

【注释】

[1] 壁画中女王之上的文字。
[2] 一个祭司头衔。
[3] 壁画中神之上的文字。

壁画

赫塞梯神站在右侧,在站立于左侧的女王之上拿着一只生命符号形状之碗。

铭文

在女王之上,只有她的名字和称号,神之上的铭文如下:

我已用此全部让生命满意的、全部健康的、像拉神一样永远庆贺其节日的水为你净化。

结束仪式

女王由荷鲁斯引走,接着是一系列仪式,内容破损严重无法复原,但其中一项是"巡视北墙"。加冕完成,荷鲁斯说:"你已经作为国王建立起你的威严,出现在荷鲁斯王座之上。"

5 加冕令

【题解】

　　该铭文刻写在阿蒙神神庙中神殿南面房间南墙的外侧,最早由伯鲁格施于1863年发表。铭文有49行,都纵向书写,但由于上面的灰泥已经脱落,所以铭文的上边都已缺失。此篇铭文有非常重要的历史价值。图特摩斯三世在大约其统治的第十五到第二十二年期间,为卡纳克神庙这个庞大建筑增建了很多内容。在一项工程完工的时候,他对其大臣和听众讲话,告诉他们,他的王位是阿蒙神赋予的,所以他要建造神庙,献祭品感谢阿蒙神。他讲话以叙述其青年时代和他如何成为国王开始,回忆中他将自己比做年轻时候的荷鲁斯神。该铭文之所以重要,是因为它记述了图特摩斯三世这个新王国最伟大的君王是怎么从一个卡纳克地位低微的阿蒙神祭司登上王位的。当时执政的是他的姨母哈特舍普苏特,显然是经过了一番筹划,才使他从哈特舍普苏特那里夺得统治权力。译自《古埃及记录》(芝加哥,1906)。

【译文】

图特摩斯三世的出生和青年期

　　(1)□□□□我的□□□□是他;我是他[1]的儿子,他令我登上他的王座,而此时我仍于其巢穴之中[2];他真心愿作我父(2)□□□□绝无谎言;从陛下还是个年轻人时起,当时我是其神庙中一位青年,事先曾预言我将成为国王(3)□□□□陛下。我有"其母之栋梁"[3]的能力,就像海米斯[4]年轻的荷鲁斯一样。我立于北面多柱厅中(4)□□□□□。

【注释】

　〔1〕 奥西里斯神。

〔2〕孕育中的荷鲁斯雏鹰。
〔3〕荷鲁斯神的一个头衔,后来成为祭司头衔。
〔4〕原文 Ummis,三角洲一个地名。

飨宴

□□□□他地平线之光辉[1]。他用其完美创造了欢乐的天和地;他接受这伟大的奇迹;其光芒在人们眼中就像"赫尔阿赫梯[2]的到来"。人民给予他(5)[赞美]□□□□□其神庙的[圣坛]。陛下为他在火上放置熏香,为他奉献上一份丰富的供品,包括牛、小牛、山羊,(6)□□□□□。

【注释】

〔1〕古埃及铭文中常出现这样诗一般语言称呼神庙的字句。
〔2〕荷鲁斯神的一个名字,其意为"地平线上的荷鲁斯"。

探寻与发现

□□□□[神]在其两边循着多柱厅巡游一周,在每个地方寻找陛下的时候,前面的人心中不理解他的举动。他一认出我,瞧!他停了下来□□□□(7)[我于人行道上扑倒在地],我匍匐在他的面前。他带我到陛下面前;我站立在"国王之位置"[1]。他惊讶地看着我(8)□□□□千真万确。然后,他们在人们面前揭开了神心中的秘密,他们知道其□□□□□;这里没有人知道这些秘密,这里没有人(9)[在他身旁]揭示秘密。

【注释】

〔1〕"国王的位置"是当国王在法定的国家仪式中所站立的位置。

升天

[他为我打开]天堂之门;他打开了拉神地平线之入口。我像一只神鹰飞向天堂,在天堂看到他的形象;[1]我崇拜陛下(10)□□□□。

【注释】

〔1〕这表明国王已经逝世。

天堂加冕礼

拉神亲自选定我,他头上的王冠神蛇王冠戴在我头上威严高贵□□□□□他以其所有荣耀对我满意;像荷鲁斯,当他在我父阿蒙神的房屋计算他身体之时,我对神的建议感到满意。我[显示了]神的尊严,由于(12)□□□□□□我之王冠。

确立头衔

他自己的头衔为我确立。

首名

他在名架[1]之上确定了我的荷鲁斯名;他使我像一头强壮的公牛一样有力。他使我在底比斯(13)中间闪亮,以[我的这个名字,荷鲁斯:强大的公牛,在底比斯闪亮]。

【注释】

〔1〕 这是古埃及王名书写的习惯,一般上面都有神鹰荷鲁斯的形象,下面是支架或旗帜,起源于早期建筑门脸的样式,上面的名字是国王五个王名中的荷鲁斯名。

次名

[他使我的王权持久,像天堂上的拉神,][1]以[我的这个名字],两女神宠爱之名字:"王权永久,像天堂上的拉神"。

【注释】

〔1〕 此处铭文已经破损,这里的文字是根据类似铭文恢复的。

第三个名字

他将我塑造得像金荷鲁斯,他给予我其威力、力量,我戴着这些王冠华光闪亮,以我的名字,(14)[金荷鲁斯:"威力强大,王冠闪亮"]。

第四个名字

□□□□[以我的名字],上下埃及之王,两土地之主:"曼赫坡瑞拉"[1]。

【注释】

〔1〕曼赫坡瑞拉(Mnupr-ro),意为"拉神形象永久"。

第五个名字

我乃其子,出自他,根据赫斯瑞特之上者[1]塑造;他美化我所有形象,我的名字,拉神之子:"图特摩斯,美丽的形象",永远不朽。

【注释】

〔1〕即托特神。

其权力的确认

(15)□□□□我的□□□□;他使得所有[国家]的王子都[前来],因陛下之名望而俯首称臣;我使九弓[1]心中恐惧;所有土地都在我之脚下。他通过我的力量予我以胜利,以便(16)拓展[埃及的界线]□□□□因为□□□□这么多□□□他。他对我非常欢喜,超过对任何自从天地分开以来地上出现的国王。

【注释】

〔1〕古埃及用来指埃及敌人的术语,大概因为埃及的敌人在战争中使用弓箭,古埃及人在仪式上要折断弓箭作为武装征服敌人的象征,因而形成该术语。这个术语所指敌人各不相同,但一般都包括亚洲人和努比亚人。九弓通常由几排弓来表示,但其实际数目也不限于九个,常用来装饰脚凳和王位基座之类的王室家具,这样,法老就可以象征性地将敌人踩在脚下。在建筑物上,九弓常作为一些被绑缚俘虏出现,甚至还出现在图坦哈门所穿鞋子的内底上。在帝王谷墓地封章上,九个被绑缚的俘虏被一只豺狗征服,这样描绘的用意显然是用来保护坟墓免遭外国人或其他邪恶力量侵害。

他选择的意图

我乃其子,受陛下之宠爱,他双倍地想[让]我将这块土地置于他之所在。我欲完成(17)□□□□他建立起来的、在卡纳克建造一座永恒的建筑。我欲用增益比其他神更大的光辉来答谢他的善意。对做了这么好事情的报答是做比他做的事情更好的事情来回报他。我已建造他的房屋,一座永恒的建筑。(18)□□□□我[父]让我成为神,我欲扩展他给予我之王座;我欲用食物供应他地上的神坛;我欲用大量屠宰为他繁荣其神庙中神圣屠宰区域,包括无数的大牛和小牛。(19)□□□□把那些重新支付的物品传给□□□□为此应付之物品。我为他的谷仓供应无数大麦和斯佩尔特小麦。我为他增加神圣的祭品,我为他增加,(20)□□□□□对于我父阿蒙神之该庙宇,在所有(此月)第六日[1]之宴会上满足他的愿望。我知其永恒;底比斯乃永恒。卡纳克之主阿蒙神,南方赫利奥波利斯的拉神,他愉悦的眼睛注视着这片土地(21)□□□□□。

【注释】

〔1〕 此处墙上铭文已破损。

该建筑的建立

我建造我的建筑,我于卡纳克之主、一切存在之物的创造者的阶梯处记录下我之指令。每件事物将都保持永久,即永在那里□□□□□(22)□□□□□奠酒仪式,以及他的神之事物,主神对他的物品非常满意。该建筑乃此神庙中为我于他房屋中所做事情留下纪念之一项工程,我将永远在(人们)口中流传[1]。

【注释】

〔1〕 意为我的名字将永远在人们口中流传。

宫廷回复

官员们,他们说:(23)"□□□□□已经对我辈说了此[话];我辈已经在宫廷——愿其长寿、富有、健康——听到了。愿你的鼻孔恢复令人满意的生命;愿陛下永远在伟大的王座上。神谕[1]就像创世之初拉神所言一样。是托特神记录下这些话,(24)□□□□欢喜。他的王权赋予你;你在荷鲁斯王座上加冕,记录下来的是你上下埃及之王之年报。他为你和平地统一两土地,一切国家都臣服。"

【注释】
〔1〕 指命令图特摩斯三世的神谕。

一座新庙宇

(25)□□□□新的,同时还有一个"神之住所",一座用白色砂岩建造的建筑。国王亲自以其自己的双手拉展绳索延伸绳线,置于地面之上,在该建筑上进行严格的建造,依照(26)□□□□的指令□□□□使他们双手之作永恒。

最高的神圣

看啊,陛下为他建立一个威严的至高神圣[1]:阿蒙神喜爱之处所,(名为):红山[2]砂石的"他的—伟大的—座位—就像是天堂的—地平线"[3],其内部由银金合金修建(27)□□□□。

【注释】
〔1〕 愿意是"神圣中的神圣"。
〔2〕 靠近开罗。
〔3〕 神殿名字。

三个庙门

我[修建]第一座庙门,(命名为:)"曼赫坡瑞拉—在—阿蒙神之—丰饶中—辉煌";第二座庙门,(命名为:)"曼赫坡瑞拉—永远—在阿蒙神之—宠爱之中";[第三座庙门,(命名为:)"曼赫坡瑞拉]—是—阿蒙神—心中之—伟大者",以真正的金银合金制成,通过这些门,玛阿特[1]为他而进入(28)□□□□为建筑举行庆典。他喜欢他的赞美,他做了他想要的事情,他用永恒满意的生活及心中的快乐消融了陛下。

【注释】

〔1〕 真理、秩序之神。

第六塔门

陛下在(29)至高神圣□□□前面建起一座威严的内部塔门[1]，我为之修建一扇大门，用新雪松建造，用金子锻造，用黑铜装裱，用黄铜□□□□。其上的伟大名字是合金的，双倍[上好的]黄金与黑铜(30)□□□□□□□□因此是双倍上好黄金制造的，就像天上的天际线。它比任何事物都更加美丽。

陛下为他又建造三扇大门(31)□□□□□□。

【注释】

〔1〕 该塔门指图特摩斯三世塔门，在其父图特摩斯一世双塔门后面。

神殿与雕像

□□□□北方的□□□□；石头和新雪松门闪耀；[陛下的雕像][1]就在那里，我父之雕像[2]，[埃及]国王(32)之雕像[就在我的面前]。

【注释】

〔1〕 墙上并无"雕像"一词，但其意应该如此。
〔2〕 这些雕像为其祖先雕像，卡纳克神庙一间后室中有列表提到这些雕像，现存于巴黎。

修复[1]

□□□□[为]我父卡纳克之阿蒙—拉神，通过重新为其修建一座建筑，□□□□在□□□□祖先之上，通过为其美化(33)为他[陛下]建造的庙宇□□□□□。看吧，陛下发现它由砖(制造)，损坏严重，是祖先的建筑。在该建筑"放绳"盛宴上，陛下亲自用其双手进行(34)□□□□陛下为其取的美丽名字是："曼赫坡瑞拉—(图特摩斯三世)—人民—崇拜的—是—阿蒙神—力量之—伟大"。其大门由皇家领地雪松制造：用[黄铜]结构；[其上的伟大名字]为金银合金。(35)□□□□□。

【注释】

〔1〕该建筑尚无法确认,但一定是一个相当大的建筑物,因为为此举行了一个地基规划的特殊仪式。它可能是哈特舍普苏特的庙宇,该铭文就在这个庙宇的南墙上。因为该建筑是这个列表的最后一个建筑,其结束语无疑应该是宫廷听众倾听国王演说。

建筑的结尾

他[做]的超过了有史以来任何一位国王。没有人在每一项工艺的任何方面的知识超过陛下,严格的□□□□(36)[1] □□□□[当]有一个"展现"[2]□□□□[的时候]□□□□非常伟大的建筑,根据陛下对其期望完成的非常完美的工程,因为他是那么敬爱其父[底比斯之主]阿蒙神。

【注释】

〔1〕从这里开始,以下文字上半部皆缺失。
〔2〕"展现"指抬着神像游行。人们在此时可以看见神的面容。

6 卡纳克事记

【题解】

图特摩斯三世军事战役"事记"刻在卡纳克神庙的墙上,目的是答谢阿蒙—拉神给予的胜利。铭文内容首先载入 C. R. 莱普修斯的《埃及与埃塞俄比亚古建筑》(柏林,1849－1859)第三卷和 K. 泽特的《第十八王朝文献》第四卷中。译自《古代近东文献》(普林斯顿,1955)。

【译文】

荷鲁斯:强大的神牛,出现在底比斯;□□□□(图特摩斯三世)。

陛下命令，[其父阿蒙神给予他的胜利]应该书写在一座陛下为[其父阿蒙神所建神庙中的纪念建筑上，以记载下](5)每一次战斗，以及[陛下]从中带回其父拉神给予他的战利品和每个[夷国]的贡税。

第二十二年，第二季节的第四个月，第二十五日[1]。[陛下为扩展]埃及疆界进行的第一场胜利战役，[以其勇敢、强大和正义]，[越过了]希勒[2][要塞]。现在，这是个许多年的[长久]时间□□□□(10)，[他们统治这片土地，他们]到处抢掠，每个人都要在[他们居住在阿瓦瑞斯的王子]面前进贡。但该要塞恰巧在后来时代[3]在沙汝痕[4]城里，而从伊乌萨到土地的外围都发生了反对陛下的反叛。[5]

【注释】

〔1〕 有学者把该日期推算为公元前1468年4月16日。此绝对推算日期根据的是一个埃及历法记述，即"新月"。

〔2〕 也叫查汝，埃及的边防站，靠近现代的坎塔拉赫。

〔3〕 在其他人的时代。

〔4〕 迦南的西南边。

〔5〕 对这段话的理解，因为残破而有分歧。泽特的解释是：(a)希克索斯人在阿瓦瑞斯统治埃及；(b)他们被阿赫摩斯一世驱除到了巴勒斯坦的沙汝痕；(c)现在，一个世纪之后，亚洲人又反叛图特摩斯三世，这时的敌人仍然是宿敌希克索斯人。但B. 古恩和A. H. 加德纳却不同意泽特的解释，他们认为这次反叛与希克索斯人无关，亚洲人的反叛将埃及的要塞从北方的城市(可能是麦吉多)向南推回到巴勒斯坦最南端的沙汝痕。

第二十三年，第三季的第一个月，第四日，国王加冕节日□□□□到达了"统治者控制的"城市，[叙利亚名字是]加沙。[1]

【注释】

〔1〕 这又是一个有不同解释意见的段落。布尔查特的解释是：埃及人于公元前1468年4月25日到达了加沙，9天或10天里走了240公里路程。而这一天恰好是图特摩斯三世加冕周年纪念日。

五　新王国铭文　157

　　第二十三年,(15)第三季的第一月,第五日□□□□从此地出发,充满勇气,[带着胜利,]带着力量和正义,为打翻邪恶的敌人,[1]拓展埃及的疆界,按照其父阿蒙—拉神之命令,[勇敢]而胜利地获取。

【注释】
〔1〕 这些敌人根据名字和头衔还无法确定他们是谁。可能卡迭什王子是这些反抗埃及联军的首领。

　　第二十三年,第三季的第一个月,第十六日[1]□□□□前进到耶赫姆城。[陛下]召开了一次其胜利之师会议,讲了下面的话:"那邪恶的卡迭什敌人(20)已经来到,进入了麦吉多。他此刻就在[那里]。他已经将[曾经]忠于埃及的[每一]夷国聚集在其身旁,包括遥远的那赫闰和[米坦尼]人、胡汝人、眍德人,他们的马,他们的军队和[他们的人民],因为他说□□□□根据报告□□□□'我要(25)于麦吉多[处]等待[与陛下[2]战斗]',你们能告诉我[你们有何想法]?"[3]

【注释】
〔1〕 布尔查特认为是公元前1468年5月7日。在离开埃及人控制的城市加沙之后,埃及军队前进的速度大大地降了下来,因为进入了反叛地区。可能11或12天走了近130公里。耶赫姆可能在卡梅尔山脉南侧的耶玛。
〔2〕 显然,这句话是埃及人的转述,因为敌人不可能称埃及国王为陛下。
〔3〕 从这个联军的性质和图特摩斯之后的战役来看,很可能卡迭什是奥伦特斯河上的城市。巴尔卡尔石碑称该联军首领为王子,也就是说,他们是城邦国家。那赫闰和米坦尼在幼发拉底河湾。胡汝(或哈汝)通指叙利亚巴勒斯坦,眍德在叙利亚和西里西亚沿岸。

　　他们在陛下面前说:"在变得如此狭窄的路上行走会怎么样?据[报告],敌人就在那里,等在外面,而他们越来越多。马不得不走在马的后面,军队(30)和人也一样吗?我们的先锋正在战斗而[后面的部队]却还在阿汝那这里等待,不能参加战斗吗?[1]现在,这里还有两条路。一条路□□□□注意,在我们的[东面],它从塔阿那赫过来。另一条路□□□□看,通向(35)斋弗梯的北面,我们可以出现的麦吉多的北面。[2]让我们胜利之神前进在一条令其心满意足的道路上,但别让我们走那条困难的道路!"

【注释】

〔1〕 尼尔森对战斗地形进行了重建,重建的结果可以让我们清楚地看到埃及人当时面临的情况。如果他们沿着麦吉多南面狭窄的道路直进的话,他们就不得不单行前进,这样就很容易被敌人阻挡住。阿汝那可能是现在关口上的特尔—阿拉,在北面的几英里处。

〔2〕 两条更安全一点的山路供埃及人选择,一条从麦吉多东南4到5英里处的塔阿那赫出来,另一条在麦吉多的西北面。

然后,传来了邪恶敌人的消息,继续讨论他们此前讨论的问题。廷上的陛下——愿他长寿、富有、健康!——说□□□□"我[发誓],(40)因为拉神爱我,因为我父阿蒙神宠幸于我,因为我的[鼻孔]因生命和满足恢复了活力,我要在这条阿汝那道路上前进!让你们中愿意的人走你们说的这些路吧,让你们中愿意的人来跟着我!'看',他们会说,这些(45)拉神痛恨的敌人'让陛下走上了另一条路,因为他害怕我们?'[1]□□□□□他们会这样说。"

【注释】

〔1〕 尽管是在推测敌人说话,但还是用"陛下"这样的称呼,这是埃及人的习惯。

他们在陛下面前说:"愿您的父亲阿蒙神、卡纳克两土地王座之主[随您的意愿]行动吧!注意,我们将随陛下到[陛下]要去的任何地方,因为仆人要跟随[他的]主人。"

[于是,陛下](50)对全体军队[发出命令]:"[你们]要在变得越来越窄的道路上[紧紧跟上你们胜利之主的步伐]。看,[陛下已经发]誓,说:'我不会让[我的胜利之师]在[此地]走在我的前

面！'"现在，陛下已经将其记在心上，他自己要走在其军队的前面。[每一个人]都(55)知晓他前进的命令，马跟着马，而[陛下]走在其队伍的前头。

第二十三年，第三季的第一个月，第十九日，[1]□□□□陛下——愿他长寿、富有、健康——在阿汝那城的帐篷里醒来。我要向北进军，带着我父阿蒙—拉神，两土地王座之主，[他会]在我面前[打开道路]，[2]而哈尔—阿赫梯神[3]建立了我胜利之师之信心，(60)我父阿蒙神给予我的军队以力量□□□□□。

【注释】
〔1〕到达耶赫姆之后第三天。
〔2〕阿蒙神旗帜引路。
〔3〕哈尔—阿赫梯神为复合神，意为"地平线上的荷鲁斯"。

然后，[陛下][在]其[军队][前面]向前进发[1]，部队列成多队。[他没有遇到]一个[敌人。他们的]南翼[2]在塔阿那赫，[而他们的]北翼在[祁纳谷[3]的南侧。然后(65)陛下集结队伍，说："□□□□！他们完了！[4]而那邪恶的敌人□□□□[愿]你[赞美](70)[他；愿你赞美]陛下[的力量]，因为他的军队比[任何国王的]军队都更加伟大。[它实际上]在阿汝那[保护了]陛下之后续军队！"

【注释】
〔1〕从麦吉多平原路口出发。
〔2〕他们为什么要远离隘口而不是在隘口打击埃及军队，现在还没有一个清楚的解说。
〔3〕祁纳现在是麦吉多南面的一条小溪。
〔4〕这是图特摩斯聚集其身后的军队时喊的话，因为敌人没有守在隘口，所以他高兴地高喊："他们完了！"

现在，当陛下的胜利之师后续部队还在阿汝那[城]的时候，先锋部队已经进入了祁纳峡谷，他们占据了该峡谷的入口。

然后，他们对陛下——愿他长寿、富有、健康！——(75)说："看啊,陛下已经带领他的胜利之师前进了,他们已经占据了峡谷。让我们胜利之主这次听从我们吧,让我主为我们保佑其军队和人民的后续部队吧。当后续部队前进到开阔地的时候,那么,我们就与该敌人展开战斗,然后,我们就不会担心我们的(80)后续部队了。"

陛下停了下来,[坐]在那里保护其胜利之师的后续部队。现在,[首领]刚刚在该路上完成行军,阴影就转了方向[1]。陛下到达了麦吉多南面祁纳溪流的岸边,用了该日七小时的时间[2]。

【注释】

〔1〕 这是中午时刻,阴影应该在这个时候转变方向。埃及军队的先头部队在后续部队到达前七个小时到达麦吉多平原,图特摩斯可以走进自己的帐篷。

〔2〕 究竟是否后续部队在阴影转变方向之后七个小时到达,我们还不清楚。

然后,为陛下在这里安营扎寨,对全军下达了一个命令,[说]:"准备好!准备好你们的武器,因为有人[1]要在早晨与那邪恶的敌人展开战斗,因为国王□□□□□!"

【注释】

〔1〕 指国王。

休息在愿他长寿、富有和健康[1]的驻地中。为军官提供所需品。给随从分发定量物品。布置军队岗哨。对他们说:"要坚定,要坚定!要警觉,要警觉!"在愿他长寿、富有和健康的帐篷中醒来。他们来告诉陛下:"岸边清朗,[2]南北要塞也一样!"

【注释】

〔1〕 "愿他长寿、富有和健康"指国王。
〔2〕 "岸边清朗"意思是岸边没有敌情。

第二十三年,第三季的第一个月,第二十一日,正值新月宴会的日子[1]。黎明时分国王出来。现在,一个命令下达给整个军队,躲

五　新王国铭文　161

开□□□□(85)陛下在一驾金子战车上前进,车上配备有战斗装备,像荷鲁斯,巨大的力量,像蒙杵神一样行动的主神,底比斯人,其父阿蒙神造就其膂力。陛下军队之南翼在祁纳[溪流]南面山冈上,北翼在麦吉多西北,陛下在他们中间,阿蒙神在战斗中保护着他本人,[塞特神]的力量[充满]他每一个士兵。

【注释】
〔1〕布尔查特认为这一天是公元前1468年的5月12日。他的根据是铭文中出现的"正值新月"。

于是,陛下在其军队的前头战胜他们。然后,他们看到陛下战胜他们,他们面带恐惧掉头逃往麦吉多。他们丢弃他们的马和金银战车,这样有些人就可以拽着他们的衣服把他们拉进城中。现在,人们在他们面前关闭了该城,(但)他们[放下]衣服将他们拽进这座城池。现在,如果陛下的军队不是放弃夺取敌人财产想法的话,他们这一次应该[夺取了]麦吉多,而卡迭什邪恶的敌人和该城邪恶的敌人正急匆匆地将他们拽进其城池,因为惧怕陛下进入[他们的城市],他们的军队很软弱,[因为]他的蛇王冠[1]制伏了他们。

【注释】
〔1〕埃及国王王冠正面正中有一神蛇,为王权的一个标志。埃及人认为神蛇可以消灭法老的敌人,保护王权。

然后,他们的马和金银战车都很容易被俘获。他们成队地仰面朝天伸展身体躺在地上,像网线上的鱼一样,陛下的胜利之师清点其战利品。现在,俘获了邪恶敌人的帐篷,是[用银子]做成的,□□□□□。

然后,整个军队欣喜欢乐,赞美阿蒙神,[因为][这一天]他给予其子以[胜利]。他们赞颂陛下,赞颂他的胜利。然后,他们献上他们获取的战利品:手[1]、活捉的俘虏、马和金银战车,以及涂漆的工艺品。(90)□□□□□。

【注释】

〔1〕砍下杀死的敌人的手作为战斗功绩的象征。

[然后,陛下命令]他的军队:"你们[成功地]战斗了,我的胜利之[师]!看,[所有夷国]在这一天都在拉神[命令之下]被放[在了该城之中],因为每一个[北方]国家的每一位王子都被关进了这里,夺取了麦吉多就等于夺取了上千座城市!你们坚决地占领吧,坚决地!□□□□。"

[命令下达给]军队的[指挥官],准备其师,通知其部队的每一个[人]。他们测量这座城池,它有护城河环绕,用他们可爱的树木新鲜的木材围住,陛下亲自来到该城市东面的要塞里,[充满]警觉□□□□用环墙[围住],由其环墙□□□□。其名字被称作"曼赫坡瑞拉亚洲人的围困者"。在陛下之宫廷指派了岗哨,他们被告知:"坚守,坚守!警惕,[警惕]!"□□□□陛下□□□□除了出来敲其要塞之门,他们中[没一个人][获准]从该墙后面[走]出去。[1]

【注释】

〔1〕被围困的亚洲人只在埃及人叫他们出来的时候才能出来,或者除非他们在其要塞门口出来投降。这次围困持续了七个月。此次围困的进一步材料出现在卡纳克神庙普塔赫神庙的一个石碑上。其上有这样的记述:"我从我父阿蒙神给予我的许多胜利中的第一次胜利的瑞柴努返回,他给予我扎希的全部国家,聚集在一起,关在一座城市里。我的威力穿透他们的心;当我来到他们面前之时他们望风披靡。他们中间没人能够逃跑。我将他们围在一个城市里。我为该城建造了围墙,斩断他们与外界生命的联系。"

现在,陛下对该城池做的一切,对邪恶的敌人和他邪恶的军队做的一切,都在一天里、一次远征和一次派遣的[军队]军事指挥官中完成。[1]□□□□他们今天被书写在阿蒙圣庙的一卷皮革上。

【注释】

〔1〕"在这一天以它的名字,以这次行程的名字,以[军队]指挥官的名字。"在

底比斯图特摩斯三世军中的"军队书吏"查内尼陵墓自传中我们看到:"我乃一记录其每次取得对敌国胜利之人,实况实录。"

现在,该国王子到来,为陛下的荣耀匍匐着吻着土地,为他们的鼻孔乞求呼吸,因为他的军队如此伟大,因为阿蒙神的威力是如此[胜过(95)每一个]夷国[1]□□□□□陛下威力带走[所有]王子,背着银子、金子、天青石和绿宝石,带着谷物、葡萄酒和大小牛群供品送给陛下的军队,同时一队人带着供品向南前进。[2] 然后,陛下为[每一座城市]指定新的王子□□□□□。

【注释】
〔1〕 指降伏的国家。
〔2〕 向埃及前进,即返回埃及。

[陛下的军队从]麦吉多[城带回的战利品清单]:340个活捉的俘虏和83只手;2 041匹马,191匹马驹,6匹牡马和□□□□小马;1辆属于该敌的镀金战车,一些黄金,1辆属于[麦吉多]王子的镀金战车,□□□□,892辆属于其邪恶军队的战车□□□总共:924辆;1件这个敌人上好的青铜铠甲,1件麦吉多王子上好的青铜铠甲,200件其邪恶军队的[皮]铠甲;502只弓;7根这个敌人的包银的麦汝木柱子。

现在,陛下的军队夺走[牛]□□□:387□□□,1 929头母牛,2 000只山羊和20 500只绵羊。

国王之后从这个敌人的家庭物品中带走的物品列表,他[曾到过]耶诺阿姆、努格斯和赫任克汝[1],还有臣服于他的城市之财产□□□:□□□□38个属于他们的[麦尔亚务][2],84个这个敌人的孩子和与他在一起的王子,5个属于他们的麦尔亚务,1 796个男女奴隶及其孩子,103个被赦免的人,他们因为饥饿而离开该敌——总共:2 503——不算贵重的石头和金子的碗、各种容器,(100)□□□□□,1只大阿库努罐、大壶,[x+]17把刀□□□总共1 784

得本[3];正在制作过程中被发现的圆盘形金子,以及大量圆盘形银子□□□□□□966得本和1克得特[4];1尊□□□□样式的银雕像,头是金子的;3根人头棍子;6把该敌用铁、黑檀木和角豆木镶以金子做成的轿椅,6只他们的脚凳;6把象牙乔木大桌;1张这个敌人的乔木床,装饰着金子和各种宝石,状似珂克[5]完全由金子制成;1尊这个敌人的头像,乌木镶金,头为天青石□□□□;青铜容器和该敌许多布匹。

【注释】

〔1〕 在卡纳克神庙的其他地方记录了图特摩斯三世的陈述,说他献给阿蒙神"上瑞柴努三座城市"——努格斯为其中一座的名字,耶诺阿姆为另一座城市的名字,赫任克汝为第三个城市的名字。
〔2〕 麦尔亚努是亚洲人中的战士。
〔3〕 得本,古埃及重量单位。
〔4〕 克得特,古埃及重量单位,相当于十分之一得本。
〔5〕 一种木制品,我们尚无法确定该木制品的模样。

现在,田野已成为可耕之地,分给宫廷——愿其长寿、富有、健康!——□□□□□之巡官,□□□□以收获他们的庄稼。陛下从麦吉多土地上带走收获清单:207 300 [+ x]袋小麦,外加陛下军队收割的作为其粮草的粮食□□□□□□。

7 阿蒙霍太普二世的亚洲战役

【题解】

阿蒙霍太普二世(约公元前1447 - 前1421年在位)自豪于他的体力与勇猛,因此他的记载以突出个人成就而显著区别于其父、前任法老图特摩斯三世。

A. 孟菲斯石碑与卡纳克石碑

关于阿蒙霍太普二世第一次和第二次亚洲战役,我们有两份部分的原始资料。近年发现于孟菲斯的铭文相对较为详尽,约公元前875年时它曾被第二十二王朝的一位王子重新用作其墓室的天花板,A. M. 巴达维发表该铭文。"阿蒙诺菲斯二世新历史石碑"相对破损的一件是现在立于卡纳克第八塔门南侧的一块石碑,布莱斯泰德将其译出,并在注释中列出当时可见的参考书目。两碑在阿玛那改革时均曾被劈开,后于第十九王朝修复,但卡纳克的石碑修复得不好。1946年时曾对两碑进行过比对整理,孟菲斯石碑被安放在开罗博物馆展出,编号6301。下面译文中标出的是孟菲斯碑文的行号。译自《古代近东文献》(普林斯顿,1955)。

B. 阿玛达石碑与埃勒凡泰尼石碑

另一种对阿蒙霍太普二世功业的叙述,重点描写他自亚洲回到埃及后所举行的凯旋仪式。此记录也发现于两处遗址,均发表于 Ch. 昆茨《阿蒙诺菲斯二世两石碑》(开罗,1925)。H. 高蒂尔曾发表努比亚的阿玛达神庙的石碑碑文〔《阿玛达神庙》(开罗,1913–1926)〕。埃勒凡泰尼石碑现分别存放于开罗(编号34019)和维也纳。布莱斯泰德有译文。下面译文中标出的是阿玛达碑文的行号。译自《古代近东文献》(普林斯顿,1955)。

【译文】

A. 孟菲斯石碑与卡纳克石碑

第七年,第三季之第一月,第二十五日[1]。荷鲁斯:强有力的公牛,其角尖利;两女神:充满恐怖,现身于底比斯;金荷鲁斯:降服万邦,权倾四方;上下埃及之王,两地之主:阿—凯普如—拉[2];拉之子,两王冠之主人,强壮臂膀之主:阿蒙霍太普——统治赫里奥坡里之神,万岁;现世之神,与拉神相仿,王座上的阿蒙之子,阿蒙把其造得强健而有力,不同以往。陛下践踏了那赫润,其弓已将其摧垮,(那赫润)被毁灭,(陛下)像全副武装的蒙杆神般,赢得胜利与权力。看到他们,他的心安静,(因)他已割下攻击者的头颅。

【注释】
〔1〕 此日期当在约前1440年的5月下旬。译者认为无法统一这几篇碑文中的日期。孟菲斯石碑记载的第一次战役发生在阿蒙霍太普二世的第七年，第二次在其第九年。而下面选译的记述第一次战役凯旋后庆典的阿玛达石碑却标明其日期为其第三年！此外，已知阿蒙霍太普二世曾与其父图特摩斯三世共治，其年限在1年至15年之间。对此矛盾可解释为共治开始后的第七年即为其单独统治的第三年。
〔2〕 意为"伟大的拉神形象"。

陛下继续其第一次胜利出征，开疆扩土，前进至瑞柴努。其疆土夺自不忠者之产业；他的面庞像巴斯特女神[1]般恐怖，如盛怒时的塞特神般骇人。陛下抵达沙马什—埃东[2]。他如面目狰狞之雄狮般瞬间将其劈开，于是他践踏异国[3]。陛下在战车中，其名为："阿蒙，英勇的□□□□"[4]。他的战利品清单：生俘亚洲人：35；牛：22。[5]

【注释】
〔1〕 嗜杀戮的猫女神。
〔2〕 恢复得极差的卡纳克碑异作："沙马什—埃东城"。此城又见于图特摩斯三世地名表，从前后关系来看似乎位于巴勒斯坦地区。
〔3〕 卡尔纳克碑异作："陛下为在彼处之战功喜悦，（因）他本人亦有掳获。此时他如凶猛的狮子般重［击瑞柴努］之夷国□□□□。"
〔4〕 E. 德利奥顿(E. Drioton)与B. 戈尔德谢洛夫(B. Grdseloff)研究了这段明显破损的文字以及法老的马和战车的名字，他们意见不同。我们的译文按照戈尔德谢洛夫的解说译出。
〔5〕 卡尔纳克碑异作："陛下本人于此日房获清单：生俘26（可能应为18）名亚洲人；19头牛。"

陛下如腊沙普神[1]般跨过(5)危险的奥伦特斯河[2]水。这时他转身注视后方，看到一股武装的亚洲人潜行而至，[3]意欲袭击王军。[4]陛下如神鹰般腾空跃起，向他们猛扑过去。其军心大乱，纷纷攻击同伴，直至敌酋[5]。无人在陛下左右，唯凭其勇猛的臂膀。陛下射杀他们[6]。既已取胜，他由彼处返回，如英勇的蒙杆神般满心喜悦[7]。陛下本日掳获清单：两王公及六名玛尔亚努[8]，及其战车、马队、所有武器。

【注释】

〔1〕 亚洲神腊沙普（Rashap）。卡尔纳克碑异作："□□□危险的，如底比斯的蒙杵神之力量。"

〔2〕 卡纳克碑异作："第三季的第一月，第二十六日。陛下于此日正越过叶尔塞特浅滩，（这时）[他]使其越过□□□□。"此日期为孟菲斯碑开头提到日期的次日。碑文中把 Yerset 误写作 Yernet（"奥伦特斯河"）可能是第十九王朝时修复错误的结果。

〔3〕 卡纳克碑异作："陛下转身瞭望大地尽头。这时陛下看到一股亚洲人乘战车袭来。"

〔4〕 此处卡纳克碑对法老作了生动的描写，故较可取："此时陛下全副武装。陛下变得恐怖，可与塞特神那隐藏的力量相比拟。"

〔5〕 卡纳克碑异作："他们见到陛下孤身□□□□在他们中，他们感到恐惧。此时陛下以战斧击倒敌酋。"卡纳克碑文接下来的是一段第十九王朝修复时混入的文字。

〔6〕 卡纳克碑异作："此时他杀此亚洲人与其车之侧，并俘其余部、战车，及全部武器。"

〔7〕 卡纳克碑异作："既已取胜，陛下返回，满心喜忧，如其父，给予其大地的阿蒙神一般。"

〔8〕 "玛尔亚努"〔maryanu，与吠陀语的 márya（男性，贵族）有联系〕系用作这一时期亚洲武士的称呼。卡纳克碑异作："陛下本日虏获清单：□□□，两匹马，一辆战车，一副盔甲，两张弓，一个装满箭的箭筒，□□□一把镶嵌斧。"

陛下南行至尼伊[1]。其王公及男女民众皆顺从陛下，（因）他们的脸感到眩惑[2]。陛下抵达伊卡特[3]。尽围叛众，戮之若未在世者；倒悬（叛众）。陛下羁轭其阖国，于是满心欢喜，自彼处返回。

【注释】

〔1〕 卡纳克碑异作："第三季的第二月，第十日。前进□□□□向埃及[南行]。陛下乘车行至尼伊，攻之。"此日期为渡过奥伦特斯河后两周。尼伊在靠近幼发拉底河河曲的某处。卡纳克碑文试图强调 m untit 一词的"南行"的意义，因若欲往埃及则应向南行进。

〔2〕 卡尔纳克碑异作："此时该城的男女亚洲人在城墙上赞颂陛下和□□□完美的神。"

〔3〕 卡尔纳克碑异作:"此时陛下获悉伊卡特城中的一些亚洲人正阴谋推翻陛下在该城的□□□□驻军,以颠覆□□□□忠于陛下的□□□□。于是全部反叛者被围于该城□□□□。他立即[杀掉]他们,平定[该]城,□□□□全国。"伊卡特城在两种碑文中的写法一致,但不知其具体地点。稍作改动,可读作 Ikarit,即乌加里特(Ugarit)。

在谢什瑞姆东侧、切瑞科近郊、陛下的帐篷中休息[1]。劫掠门捷特村落。陛下抵达希切腊[2]。其王公尽携子女、财物,和平出城至陛下处。(10)温祁[3]臣服于陛下。陛下抵达加低斯。其王公和平出城至陛下处。令他们宣誓效忠,其子女(亦)如是。于是陛下于此城南侧,当其面,射二铜靶。[4]远征至森林中的瑞比,从那里带回瞪羚、马塞特、野兔及野驴[5]无数。

【注释】

〔1〕 卡纳克碑异作:"第三季的第二月,第二十日,□□□□。在□□□□所建的宿营地中□□□□。"
〔2〕 门捷特与希切腊皆不可考。
〔3〕 指幼发拉底河至海之间的地区。因此接下来提到的卡迭什(Kadesh)即奥伦特斯河上的加低斯。
〔4〕 强调法老的运动技能,以给当地人留下深刻印象。
〔5〕 此处之"野"写作 wm,带有表示动作的定符,似与"无知"一词有关,但可能与后来的 ꜥꜣ-šmꜣ"漫游的(野)驴"一词有关。名为马塞特(mꜣst)的动物不可考。

陛下无人相伴、独自乘车行至卡沙布[1]。不久自彼处返回,在其战车两侧带回 16 名活俘玛尔亚努,马额上悬着 20 只手,前面赶着 60 头牛。该城已臣服于陛下。

【注释】

〔1〕 埃及语为 Uvb,楔形文为 Khashabu,巴达维(Badawi)认为此即为黑门山(Mt. Hermon)西侧的哈斯比亚(Hasbeya)。

陛下正在沙仑的平原中南行[1],遇到那赫润王公的信使,他喉前携有一封粘土信件[2]。陛下把他当作俘虏带在车旁。陛下独自

(15) 带着那个生俘的马尔亚[3]在车中,沿路[4]前行至埃及。

【注释】
〔1〕 碑文此处破损,但可见 pa om...w saw-ri-na。
〔2〕 原文为 votw in,但无疑应改为 vot sin,"粘土的信件"。"在他喉前"意为"挂在他的脖子上",可能是装在小袋中。
〔3〕 该词一般以复数或集合名词形式 maryanu 出现,这里以单数形式 marya 出现,似为仅见。当然这里的书写可能并不完整。
〔4〕 m sibiny,含义不明。其定符似两株植物。译文中暂猜测是希伯来语中的 shebîl("路、径"或为"两径"),非指道路,而是指战车穿过原野时双轮留下的两条痕迹。其定符可能借自亚述语 shubultu("谷类植物的穗")的词根。

陛下抵达孟菲斯,强有力的公牛,满心喜悦。战利品清单[1]:玛尔亚努:550;他们的妻子:240;迦南人:640;诸王公之子:232;诸王公之女:323;诸外邦王公之宠妾[2]:270 名女子,以及她们肩(上带的)银及金制的娱乐用具;合计:2 214[3];马:820;战车:730,及其全部武装。此时神之妻、王之妻、王之(女)目睹了陛下的胜利[4]。

【注释】
〔1〕 卡纳克碑文中给出了日期:"(第三)季,第二十七日,"接下来的文本破损,无法确定,似与孟菲斯的普塔赫神庙有关:"陛下从'面容美丽□□□□之房'出来。"然后,"[陛下]携掳自瑞柴特之国的战利品,行[至]孟菲斯。战利品清单:活的玛尔亚努:550;他[们的妻]子:240;□□□的罚金:6 800 得本;铜:500 000 得本;□□□合计:2 头;马:210;战车:300。"
〔2〕 或译"(女)歌手",特别是文中提到了她们的娱乐用具。但 270 名女艺人的人数似乎过高,因此译者认为这些只是后宫妇女,她们也可拥有娱乐用具。
〔3〕 原文如此,2 214,但合计应为 2 255。
〔4〕 可能是蒂阿(Ti-oa)王后或哈特舍普苏特二世(Hat-vpswt)王后。卡纳克碑文异作:"全国目睹陛下之胜利"。

第九年,第一季的第三月,第二十五日[1]。陛下第二次胜利出征,前进至瑞柴努,攻打阿普希科城[2]。它降服于法老——愿其长寿、富有、健康——伟大的胜利。陛下全副武装,乘车前进,攻打耶赫姆城。于是陛下占领美培森的村落及科特琛的村落,此二城均在梭哥[3]的西侧。此时,该统治者如神鹰般激昂,其马高飞似空中之星。陛下入城,(20)尽生俘该城王公、妇孺、侍从、货物,他面前的牛、马、小牲畜,不可限量。

【注释】

〔1〕此日期当在约公元前1440年的11月上半月。埃及人并不常在此季节出征亚洲。

〔2〕在几个同名为阿普希科(Apheq)的地方中,巴勒斯坦腊斯—埃尔—阿因(Ras el-Ain)地方的阿普希科看来最符合此次行军路线所示。

〔3〕这三个地名中,只能确认梭哥(Socho)一地。卡纳克碑文异作:"陛下□□□□科特琛部落□□□□此时,王公□□□□畏于陛下(而放弃)该城。他的王公(或'官员')、他的女人、他的子女以及他的所有侍从均被俘虏。陛下本人掳获清单:□□□□,他的马。"

于是陛下休憩。令人敬畏之神阿蒙、两地御座之主,于梦中来到陛下面前,给予其子阿—凯普如—拉以勇气。其父阿蒙—拉,其本人有魔力之护佑,守卫着统治者。

拂晓时,陛下乘车前行,攻打伊特任城及密哥多勒因城[1]。陛下——愿其长寿、富有、健康!——如主宰底比斯的蒙杵神般取胜,就像塞赫麦特取得胜利一样。他掳获两地王公:34;mrwi[2]:57;生俘亚洲人:231;手:372;马:54;战车:54;另获全部武器、瑞柴努之所有强健之人[3]、他们的孩子、妻子,及所有财产。陛下看过这极为丰盛的掠获后,他们便被降为俘虏,又挖了两条壕沟将其全部围住。看,他们充满恐惧。(25)陛下持战斧于右手,独自一人,无人在其左右,大军距他极远,远到听不到法老的吼声——他这样看守俘虏直至天明[4]。次日破晓之后,陛下身披蒙杵神之装备,于黎明时分乘车前行。陛下"加冕节"之日[5]:阿纳哈腊特被劫掠。陛下于此日独自掳获清单:生俘玛尔亚努:17;诸王公子女:6;生俘亚洲人:68;手:123;马队:7;银和金的战车:7;另有其全部武器;公牛:443;母牛:370;全部(种类的)牲畜,不可限量。然后军队献上极丰盛的掳获,不可限量。

【注释】

〔1〕 两地不详。译文省略了词尾的-t,否则可读为密哥多勒因特。
〔2〕 此处有误。很难校正为"玛尔亚努"(maryanu)。可改读作:"他们的奴仆"。
〔3〕 直译为"所有臂膀强壮(的人)",意即:所有成年人。
〔4〕 这一幕全然是法老炫耀其勇气的表演。这种故作惊人的描述意在制造出其个人威信的传奇。
〔5〕 当为第一季的第四月。

陛下抵达胡阿克提[1]。哥巴舒门[2]王公,其名为卡卡[3],其妻、子女及所有侍从均被带来。另一王公被任命接替其位。

【注释】

〔1〕 或为"阿克提附近地区"。二者皆不详。
〔2〕 此处原文为 Qb'asmn。他处作 Kb'asmn,M. 布尔查特(M. Burchardt),《古埃及文字中迦南文字与专有名称》(莱比锡,1909)将其读作 Geba-shemoneh("八之丘")。
〔3〕 巴达维认为此名原似应读作"旮尔古尔"(Gargur)。

陛下抵达孟菲斯城。其心对所有国家都满足,各邦都被踩在他鞋底之下。陛下掠获清单:瑞柴努王公:127[1];诸王公之兄弟:(30)179;阿皮如[2]人:3 600;生俘沙苏人:15 200;哈如人:36 300;生俘内格斯人:15 070;其属下:30 652;合计:89 600人[3];他们的财物同样,不可限数;属于他们的全部小牲畜;全部(种类的)牛,无限;银和金制的战车,60;木制上漆的(?)的战车,1 032;以及他们的全部武器,为13 050[4];(这是)借助于你的[5]有魔力的保护者、他所爱的令人敬畏的父亲、赐予他勇猛的阿蒙神之力量。

【注释】

〔1〕 或读为217,或144。
〔2〕 阿皮如(Oprw)出现在亚洲俘虏清单中颇不寻常。他们列在清单第三项,前面是诸王公及王公兄弟,后面是三个有地理含义的名词——沙苏(Vasw),即贝都因人,特指巴勒斯坦南部人;哈汝(Uarw),即何利人

（Uar）,巴勒斯坦—叙利亚地区的定居民族;内格斯（Ngs）,可能是Nukhashshe,叙利亚北部民族——并以一个表示归属的词结尾,此处译作:"其属下（?）",此词有一错刻的 xr 符号,但可能应读作:"其家族",abt 一词意为"家族,家庭"。阿皮如人的数目明显大于王公及王公兄弟;其数目又明显少于清单所列三个地方的民族及侍从（或称"家族"）。很明显埃及人把阿皮如人当作有别于其他民族的一个独立群体,并可以明确计算其人数。

〔3〕 以上数目合计应为101 128,非89 600。其中两数字读法或有疑问,但无论怎样读都不能得出碑文中给出的合计数。

〔4〕 此处用词特别,因为此处重刻,使其阅读非常不确定。

〔5〕 原文如此,但应读作"他的"。

现在,当那赫润王公、哈梯[1]王公、山哈尔[2]王公听闻我取得伟大胜利之时,都竞相纳贡;为了向陛下乞求和平,为了恳请赐予他们生命的气息,他们从心中对父亲的父亲说:"我们为您的宫殿,任您摆布。哦,拉之子:阿蒙霍太普——统治赫里奥坡里的神祇,众统治者之统治者,狂暴的狮子,□□□□□这片土地,永远!"[3]

【注释】

〔1〕 哈梯指赫梯帝国。

〔2〕 即巴比伦。

〔3〕 铭文结尾部分已因第十九王朝时的修复而严重混淆。当然,对远方独立的统治者们因畏惧而臣服的记述绝非史实,这只是一种文学手法,用来作为这一颇为夸张记载的高潮。

B. 阿玛达石碑与埃勒凡泰尼石碑

第三年,第三季的第三月,第十五日,[1]陛下□□□□□阿蒙霍太普——统治赫里奥坡里之神[2]□□□□□他是臂膀强大的国王:无论在其军中,众异邦统治者中,抑或瑞柴努众王公中,均无人能拉开他的弓,因他的力量远强过往世诸王。踏上战场他如猎豹般狂暴,无人能在他周围作战。□□□□□瞬间战胜诸异邦,无论人、马,（虽然）他们数以百万之众,（因）他们不知阿蒙—拉(5)忠心于他[4]。□□□□(15)

五 新王国铭文 173

【注释】

〔1〕 本日期应在公元前1440年的7月。
〔2〕 译文中省去了冗长的王名及其许多称号。
〔3〕 这里"众异邦统治者中"看来不同于叙利亚—巴勒斯坦的诸王公。"希克索斯"这一称呼便由此词而来。
〔4〕 原文"在他的水上",通常其意为:"臣服于他"。

□□□□□第一次胜利出征,既已败诸敌,并开拓埃及疆土,陛下自上瑞柴努凯旋,然后令修此碑,立于此庙主之位[1]之处,上刻两土地之主、拉之子的大名:阿蒙霍太普□□□□□统治赫里奥坡里之神,在其祖先、诸神之宅。

【注释】

〔1〕 神庙中国王之正式位置。

陛下心中喜悦,回归其父阿蒙处,此时他已以权杖击杀塔克希[1]地方七王公,倒悬其于陛下鹰船之船首,其船名为"阿—凯普如—拉,两土地之创立者"。之后六人被悬于底比斯城墙正面,手也挂在上面。另一人逆流而上被带往努比亚之地,悬于那帕塔[2]城上,以永远宣示陛下之胜利于万邦及黑人之地诸国。因他已征服南方人,并使北方人屈服,(20)拉所照耀的整个大地之尽头,(因此)他才能遵照其父拉神旨意,任意确定疆界,而不会遇到反抗。□□□□□。

【注释】

〔1〕 在大马士革地区。神庙中常有展现法老用权杖击杀被俘敌人的场景。本文表明这种描写有事实存在,更加以对敌人侮辱性的示众,这里示众场所是在王船船首及城墙之上。
〔2〕 靠近尼罗河第四瀑布。

8　底比斯的叙利亚战俘聚居地

【题解】

图特摩斯四世(约公元前1421－前1413年在位)在亚洲的活动所知不详。经图特摩斯三世与阿蒙霍太普二世的努力使他无需再来确立自己的军事威信。他延续前任的做法,把外国俘虏送进埃及神庙之地,证据是发现于底比斯西部其祭庙中的一块石碑上的简短铭文。该铭文由皮特里发表〔《底比斯六神庙》(伦敦,1896)〕,布莱斯泰德有译文。译自《古代近东文献》(普林斯顿,1955)。

【译文】

"门—凯普如—拉[1]之要塞"的叙利亚人[2]定居点。[这些叙利亚人由]陛下俘获于垓载[尔][3]城。

【注释】

〔1〕即图特摩斯四世。"门—凯普如—拉之要塞"可能是其祭庙建筑群的名字,包括神庙仓库、工场以及神庙农奴(奴隶)的住房。
〔2〕埃及语为"哈汝(Uarw)",即何利人(Uar)。
〔3〕原文 Qj-,可能完整形式为 Qjr,垓载尔;也可能是 Qjt,迦萨,但在埃及语中通常写作 Qjt。

9　底比斯墓中表现与亚洲贸易的场景

【题解】

埃及帝国将大量亚洲物产带入埃及。无论是强迫缴纳的赋税、用来交易的货物,还是王公馈赠的礼物,在埃及的正式记载中统称为"贡品"。底比斯墓中的场景常常表现亚洲人谦卑恭顺地奉上其物产,并乞求法老的宽恕。译自《古代近东文献》（普林斯顿，1955）。

【译文】

第一个例子来自图特摩斯三世（约公元前1490－前1436年在位）时期的维西尔瑞赫—米—拉之底比斯墓（编号100）。有两部分场景描绘亚洲人给维西尔带来他们的特产。由N.德·G.戴维斯最终发表于《底比斯瑞赫—米—拉墓》（大都会艺术博物馆出版物：埃及探险，纽约，1943）。戴维斯以彩色图版展示出这些场景的细节，见《底比斯瑞赫—米—拉墓壁画》（大都会艺术博物馆出版物：埃及探险，纽约，1935）。铭文又见K.泽特《第十八王朝文献》（莱比锡，1909）。

　　瑞柴努及亚洲尽头北方诸国的王公们和平到来，他们背上背着贡品，恳求给予他们生命的气息并希望臣服于陛下，因其已目睹陛下的伟大胜利，对他的恐惧已主宰他们的心。这时，是世袭王公、贵族、神所爱的父亲、两地之主信任之人、市长、维西尔瑞赫—米—拉接收诸外邦的贡品□□□□□。

　　献上南方诸国王公们的子女，同时献上北方诸国王公们的子女，他们作为陛下（上下埃及之王：门—凯普如—拉——愿他永生！）最好的战利品从各外邦带来，用来填充工场，成为其父、两地御座之主、阿蒙神圣礼之仆人，以报答赐他诸外邦于其掌握之中，其王公匍匐于其鞋下。□□□□。

　　门—凯佩尔—拉—塞内布是图特摩斯三世时期的阿蒙神高级祭司。其底比斯墓（编号86）中场景和铭文向我们暗示亚洲财富对于帝国主神阿蒙神庙具有重要意义。见N.德·G.戴维斯夫妇《门赫坡尔拉萨内卜、阿蒙摩斯及其他人之陵墓》（伦敦，1933）。铭文见K.泽特，前引书，929－930。彩色细节图版见N.M.戴维斯和A.H.加德纳《古代埃及绘画》（芝加哥，1936）。

场景中，一人标注为"克夫提乌[1]王公"，正匍匐在地，"哈梯王公"跪地做敬拜状，"突尼普[2]王公"献上其幼子，而"卡迭什王公"则献上一件精巧器皿。一列亚洲人声言臣服，其铭文已破损，但结尾的话尚可读出："对您的畏惧遍于各邦。您已横扫米坦尼各地；您使他们的城市荒废，他们的王公住在洞穴里。"此场景中标注的铭文写道：

> 各国王公赞颂两地之主，亲吻现世之神面前的地面；供品在他们背上，内有神之土地[3]的所有[物产]：银、金、天青石、玳瑁及各种贵重的稀有石材，恳请赐予他们生命之气息。

【注释】
〔1〕 指克里特岛与爱琴海世界，可能也包括爱琴海沿岸地区。
〔2〕 叙利亚北部一城邦。
〔3〕 指作为太阳升起之地的东方。这里指叙利亚—巴勒斯坦地区，但那里只是货源地，而非下面所列矿产的原产地。

两代人之后，图特摩斯四世时期，这种表述方式没有变化，例如埃及军官查内尼在底比斯墓（编号 74）中所示。泽特发表了该铭文。J. V. 夏勒发表了该墓的完整报告《查内尼陵墓》（巴黎，1894）。

> 献上瑞柴努的贡品和北方各国的物产：银、金、玳瑁及神之地的所有贵重石头，由各外邦王公呈献，他们来向现世之神请愿，并乞求供他们鼻孔呼吸的气息；并由王之真正书吏、他所钟爱者、陆军指挥官、新兵书吏查内尼呈献。

阿玛那改革彻底改变了帝国的方向，但表达方式大多没有改变，例如孟菲斯的赫瑞姆赫布墓。图坦哈门（约公元前 1361 – 前 1352 年在位）时的努比亚总督胡伊在其底比斯墓（编号 40）中沿用了早期场景和铭文。发表于 N. 德·G. 戴维斯与 A. H. 加德纳所著《胡伊之墓》（《底比斯墓葬系列》）（伦敦，1926）。

> 献贡于两土地之主，邪恶之地瑞柴努之物产，由派驻诸外邦的王家特使、王的埃塞俄比亚之子、南方各国总管、胜利者阿蒙霍太普[1]

献上。

【注释】

〔1〕"胡伊"是"阿蒙霍太普"这个名字的简写形式。

他们国中所有精选之最好(物产),盛在一件件容器中:银、金、天青石、玳瑁以及各种惊人贵重的石材。

自神之时代以来[1]从不知道埃及的上瑞柴努王公们在陛下面前祈求和平。他们说道:"[赐予]我们呼吸,它是您赐予的!然后我们会讲述您的胜利。您的四邻无人叛乱,(而)各地绥靖!"

【注释】

〔1〕指自创世之神的时代以来,也就是说很长时间。

10 埃及人与亚洲神

【题解】

在较早的历史中,埃及人就曾把异域的神同他们自己的神祇等同起来,如比布鲁斯女神便认同于埃及的哈托尔神;有好几个不同的亚洲神都被他们看做塞特神,例如,拉美西斯二世时(公元前13世纪)签订的埃及与赫梯的条约中就是如此。他们把自己的神带到其他国家,这种做法延续到了帝国时代。拉美西斯三世曾在亚洲修建了一座阿蒙神庙,而普塔赫神在亚洲实基伦亦享有一座圣殿。此外,当时各地还流行采用另外两种做法:按亚洲神庙中的方式崇拜亚洲神;或让亚洲神归化于埃及。

第一种方式至少早在图特摩斯三世时期(公元前15世纪)就已经开始。发现于巴勒斯坦贝桑地区的一方石碑上,就表现了埃及建筑师阿蒙艾姆奥佩特及其儿子崇拜当地神美卡尔。"贝特珊之神美卡尔"长着尖胡须,佩戴着有角和饰带的锥形头巾,其容貌和服饰被明白无误地刻画为亚洲样式。阿蒙艾姆奥佩特向该神致以最常见的埃及丧葬祈祷文。

贝桑地区还出土了一块拉美西斯三世(公元前12世纪)挖掘层的石碑,上面表现一名埃及人崇拜女神"阿娜特,天女,众神之女主"。

发现于加利利海东岸、靠近谢克—萨阿德地方的一块极残破的石碑上,刻画了拉美西斯二世向一位佩戴精致头饰的神祇奉献供品。该神的名字可读作阿敦—扎封,意为"北方之主",但此读法或许有疑问。

在腓尼基北部沿海地区的乌伽里特(腊斯—沙姆腊)发现一块大约同时期(公元前13世纪)的石碑。碑上"王家书吏、王宫总管美米"向"大神巴勒—扎封"——一个戴着有饰带的亚洲式锥形帽的形象——致丧葬祷文。

自第十八王朝末年起(公元前14世纪),亚洲神在埃及受到崇拜的证据大量出现。最常被提及的神祇是巴尔。作为天空、山峰和雷电之神(闪米特的巴尔—沙玛依木神),他是与埃及的塞特神相对应的神祇,其名字用在描述战斗中的法老的各种修辞中。译自《古代近东文献》(普林斯顿,1955)。

【译文】

  他作战时的呐喊如天空中的巴尔神(的呐喊)。

根据这种恐怖力量,铭文中把他与埃及的战神蒙杵神和塞特神等同起来。拉美西斯二世卡迭什之战诗篇的卢克索文本中,法老说道:"我像塞特(强力)之时",阿比多斯文本该处作"蒙杵",而一件草纸文本却作"巴尔"。该诗描写敌人口中说道:"吾辈之中并非凡人,(而是)拥有强大力量的塞特,抑或巴尔本人。"在巫术文中他被用来吓退邪恶势力:

  巴尔用其手中之雪松木重击你。[1]

【注释】

  〔1〕 莱登草纸345号。

但他也会扮演慈善的角色,如一位女乐师从孟菲斯写信,代表与她通信的人向不同的神诉求:

  □□□□致普塔赫之宅中之九神,致巴拉特,致卡迭什,致美尼,

（致）巴勒—扎封，致索普都，□□□□□。[1]

【注释】

[1] 萨利尔草纸（Papyrus Sallier）IV，反面，i 5–6；原文见 A. H. 加德纳《晚埃及语杂记》。孟菲斯之九神与索普都都是正统的埃及神祇，但这里后者作为东方之神而与亚洲诸神结合起来。巴拉特是对应巴尔的女性神祇。巴勒—扎封，意为"北方的（众）巴尔"，但可能并非真正的复数，而是用作尊称的复数词形，试比较《出埃及记》14:2 中记载的埃及毗连亚洲一面边境上的一处地名"巴勒—扎封"。卡迭什女神，下文中将予讨论。美尼的读法颇不确定，此种读法是为了尽量与《以赛亚书》65:11 中的"财富"之神的名字联系起来。在埃及语中读作"伊尼"（Ini）较为准确。

自第十八王朝晚期起，巴尔在埃及拥有了其自己的祭司，像接近帝国末期的巴勒—赫普谢夫——"巴尔（在）他的剑（上）"〔见 A. H. 加德纳，《威尔伯草纸》（牛津，1941）〕。拉美西斯三世一马队也曾有此名。这样的人名在埃及出现，与标准的埃及人名，如阿蒙赫尔赫普谢夫、蒙图赫尔赫普谢夫一致，这表明该神从亚洲徙来，已归化于埃及。

闪米特女神阿娜特和阿斯塔尔特（伊施塔尔）在埃及亦受欢迎。她们职属战争女神，特别与马和战车有关。早在图特摩斯四世时（公元前 15 世纪晚期），法老就曾被描述为"像阿斯塔尔特般在战车中强大有力"〔见 H. 卡特与 P. E. 纽伯利，《图特摩斯四世陵墓》（威斯敏斯特，1904）〕。晚至托勒密时期，仍有一位刻画于战车中的女神被称作"阿斯塔尔特，马匹与战车之女主人"，见 E. 纳韦利《荷鲁斯神话铭文》。关于第十九王朝时马背上持矛与盾的阿斯蒂（阿斯塔尔特）女神，见 C. R. 莱普修斯《埃及及埃塞俄比亚纪念碑》（柏林，1849–1859）中赞美国王战车的一首诗（公元前 13 世纪），诗中战车的一副零件就被比做阿娜特与阿斯塔尔特。有文字讲述拉美西斯三世（公元前 12 世纪）：

每次战斗中蒙杆与塞特都在他身边；阿娜特与阿斯塔尔特是他的盾牌。[1]

【注释】

[1] 关于第十九王朝时持矛与盾的阿斯塔尔特，见 W. M. F. 皮特里，《孟菲斯》

(伦敦,1909)。关于有类似装束的阿娜特,见大英博物馆191号石碑(展出编号646),载《大英博物馆埃及藏品导览》(伦敦,1909)。A. H. 加德纳的切斯特—比蒂草纸 VII 反面 I8 – 9(伦敦,1935)上有一段关于阿娜特的神话,其中有如下文字描述她的好战本性:"阿娜特,女神,胜利者,举止似男人的女人,衣着似男性而佩带似女性。"

第十八王朝时,阿斯塔尔特已成为埃及的医疗女神,其名为"叙利亚的阿斯塔尔"。阿娜特、阿斯塔尔特与卡迭什均有"天女"这个埃及的称号,一般来说其意义相当于希伯来语的"天空女王"。像巴尔一样,阿斯塔尔特在埃及也有自己的祭司〔见 C. R. 莱普修斯,《埃及及埃塞俄比亚纪念碑》;又见 E. 冯—伯格曼《著作选》和 H. 伯鲁格施,《埃及纪念建筑选集》(莱比锡,1862)〕,后者为月之先知,第五王朝法老萨胡瑞的先知,及"两地女主"阿斯塔尔特的先知。阿娜特和阿斯塔尔特的名字被放入一般形式的人名中,这表明她们已被埃及化。例如 H. 兰克所著《古埃及姓氏》(格吕克施塔特,1935)中给出的人名:阿娜特艾穆内库、阿斯塔尔特艾穆赫布。

我们已提及卡迭什女神(意为"神圣")和腊沙普神(或瑞谢普、瑞什普)。此二神与埃及的缗神一起出现在现藏于维也纳的一块石碑上,其中卡迭什女神站在一头狮子的背上。同样,大英博物馆的一块石碑上,凯奈特女神也站在一头狮子背上,两侧站着缗神和"腊沙普,大神,天空之主,九神的统治者"。都灵的一块石碑上,"卡迭什,天女,众神的女主,拉神之眼,举世无双"和"腊沙普,大神,天空之主,九神的统治者,永恒之主"被放在一起。阿伯丁的一块石碑上表现了对"腊沙普—舒勒曼"的崇拜。腊沙普像巴尔一样是战神与雷电之神。讲述拉美西斯三世的军队:

战车武士像(众)腊沙普一样强壮[1]。

【注释】

〔1〕 此处"(众)腊沙普"或确为复数,或为表尊称的复数词形。

最后,作为一位强有力的外来神,腊沙普还被用于巫术文中,如下面这条治疗某种病痛的处方：

  用上方之神和他的妻子奈凯尔的毒药、腊沙普和他的妻子伊特姆的毒药。[1]

【注释】

〔1〕 莱登纸草(I343)中一段,A. H.加德纳曾论及此处。"上方之神"可能指太阳神,奈凯尔(Neker)可能指巴比伦的宁旮尔神。此处出现了腊沙普之妻的名字,但所知不详,可能是指名为"埃东"(Edom)的女神。

11 赫瑞姆赫布将军墓铭文

【题解】

  历史上常出现重复的老套式铭文,尽管是重复以往的文字,但有时比记录时事更为重要。史家常无法确定其所面对的铭文是真实的记载还是固定的纪功模式。下面摘录的铭文便是一个恰当的例子。阿玛那改革中,埃及丧失了其亚洲帝国的大部。赫瑞姆赫布系当时埃及军中一名指挥官,后来成为法老(约公元前1349－前1319年在位)。在他还是军官时,便建墓于萨卡拉,墓中遗物现散藏于三大洲。声称征服外邦以及外国朝贡可能是对有限事实的夸大,抑或是掩盖失败之辞。

  下面 a 节铭文藏于大英博物馆、开罗博物馆和卢浮宫;b 节见于亚历山大城的私人收藏;c 节在波伦亚市立博物馆;d 节在荷兰的国立博物馆;e 节在维也纳博物馆。关于这些铭文的参考文献,见 B. 波特与 R. L. B. 摩斯著《古代埃及象形文字铭文、浮雕、壁画地质参考文献 III——孟菲斯》(牛津,1931),195－197。译自《古代近东文献》(普林斯顿,1955)。

【译文】

a

  赫瑞姆赫布墓中的称号表明他曾负责亚洲各国事物。他是"世袭王公,国王右手的执扇官,陆军总将军";"遍于南北异邦的国王足迹之随从";"派往南北异邦的国王军前信使";"唯一的心腹,杀戮亚洲人之日战场上其主足旁之人"。[1]

【注释】

〔1〕阿玛那诸法老中唯一曾明确宣称征服外邦的是图坦哈门,他的彩绘箱(N. M. 戴维斯、A. H. 加德纳,《古代埃及绘画》,芝加哥,1936)上有表现法老杀戮亚洲敌人的战斗场景,图上铭文描述道:"现世之神,阿蒙之子,无双勇士,臂膀强壮,杀敌百千,降服万众。"我们对这样的战斗是否确有其事当持怀疑态度。

b

赫瑞姆赫布被一位不知名法老派去埃及以南诸国征收贡品,会当亚非各国正式朝贡之时。

□□□□□他作为国王信使被派往日轮遍照之处,完成[征讨],胜利返回。没有哪个地方能在他面前抵抗,他瞬间将其[占]领。他的名字在□□□□□国[1]中被[敬畏]地传诵,他没有停止北上。此时陛下现身王座,接受朝贡,南北[诸国]献上贡品,而世袭王公赫瑞姆赫布、胜利者,站立旁边□□□□□。

【注释】

〔1〕此国名已不可辨识,但参考下半句,并考虑到原文表述上可能要造成南北对偶的修辞,这里也许应为埃及以南某国——可能是内帕乌(Nepau),该名曾出现在图特摩斯三世所征服非洲地方的长串名录中。

c

下面一段可能出自描写外国进贡的同一场景。

□□□□□引导贡品各归其位,将从中精选出的披在□□□上,□□□□□军队,填满神的仓库,神心中满意,□□□□□叙利亚所给予他们的□□□□□他可供国王驱用。

d

赫瑞姆赫布向不知名法老引见亚洲人,国王满意,亲切地赏给将军黄金。

　　□□□□众异邦王公来向他乞求生命。世袭王公、唯一的心腹、王家书吏赫瑞姆赫布，胜利者，当他答复[国王]时，说道："以前不知埃及之[国家]，他们将万世在您脚下，阿蒙神已将其发落于您。他们召集[各]异邦，[结成同党，]自拉神以来都不为人所知。他们在战场上如一人般呐喊。(但)您的名字灼烧[他们，他们]臣服于您。您就是拉神，[迫使]他们[抛弃]城市□□□□□。"

e

赫瑞姆赫布向下属军官发布命令，处理不安静的敌对民族。

　　□□□□现在，法老——愿他长寿、富有、健康！——已将他们交于你手，去保卫他们的疆界□□□□□属于法老——愿他长寿、富有、健康！——按照从最初以来其远祖的方式□□□□□那些不知如何生存的异邦人到来□□□□□他们的国家正在饥饿，他们像沙漠中的野兽般生存□□□□□力之大者[1]将其重剑送到□□□前□□□□□毁灭他们，使他们的城市荒芜，放火□□□□□(这样)这些异邦将使其他人各归其位。

【注释】

　　〔1〕指法老。

12　阿玛那改革后图坦哈门的宗教复辟

【题解】

　　阿赫那吞统治结束后不久，阿玛那改革运动便告终结。其女婿图坦哈门被迫与旧祭司集团及文职官员们讲和，返回底比斯。在立于卡纳克阿蒙神庙的一方石碑的铭文中，讲述了异端统治结束后他所采取的虔诚的宗教复兴措施。此碑后为赫瑞姆赫布(约公元前1349－前1319年)篡用,他以自己的名字取代碑中图坦哈门(约公元前1361－前1352年)的名字,因阿赫那吞之名与异端有关。

  此碑由 G. 莱格瑞恩发现于卡纳克,现藏于开罗博物馆,编号34183。莱格瑞恩发表于《著作选》,又由 P. 拉考发表于《新王国石碑》(开罗,1909)第230页上,还发表了该铭文副本(开罗博物馆编号34184)的残片。J. 本尼特有译文及注释。铭文起始处的纪年不幸缺失。译自《古代近东文献》(普林斯顿,1955)。

    □□□□现世统治者,为其父(阿蒙)及众神行善,他使被毁坏的不朽纪念物长存于世,他把欺骗行为清除出两土地,树立正义,[于是,]像最初时一样,它会令谎言在此地上为人憎恶。[1]

【注释】

 〔1〕尽管全文无疑是以阿玛那异端统治后的复兴为背景,但每位法老登基时都会使用同样的表达方式,因他有责任把秩序(即"玛阿特",意为"真理、正义")恢复到众神曾赐予它时的样子。

  现在,当陛下作为国王出现的时候,从埃勒凡泰尼至三角洲湿地之众神及众女神的庙宇[已□□□□并]成为碎片。其神殿荒芜,变成土丘,为[杂草]所覆盖。其圣堂仿佛从未存在过。其大堂变成道路。这块土地一片狼藉[1],众神抛弃了该土地。当[大军]被派往扎希,去拓展埃及边疆,他们从未取胜。当某人向神祈祷,向他寻求忠告,他从未驾临。当某人同样向女神祈愿,她从未驾临。他们的心在其体内受伤,(因此)他们破坏所创造的一切。

【注释】

 〔1〕原文 sni-mni,意为"掠过而坏掉",这是一种复合的表达方式。

  这样过去多日[1],[陛下]现身[于]其父之御座。他统治荷鲁斯的地方;黑土地与红土地[2]在他的掌管之下,各地向他的光辉躬身。

五　新王国铭文

【注释】
〔1〕 这本是讲故事时的用语,故不能按字面意思理解。此例说明在阿玛那改革及帝国影响下正式用语的通俗化。
〔2〕 黑土地指埃及有肥沃黑色土壤的地方;红土地则指沙漠。

此时陛下在"阿—凯佩尔—卡—拉之宅"[1]的宫中,如拉神在天国。然后陛下处理这片土地上的事务及两岸的日常需要。然后陛下与其心商讨方案,探求所有善行,找出为其父阿蒙神效力之举措,用真正的纯金塑造其威严的形象。他胜过先前之所为。他塑造其父阿蒙神于十三根抬杆之上,其神圣形象由纯金、天青石、[玳瑁]和所有惊人昂贵的石头塑成,而以前这位威严的神是在十一根抬杆之上。他塑造了普塔赫神,"他的城墙之南"、两地生命之主,他的威严形象由纯金制成,[在]十一[根抬杆之上],他的神圣形象由纯金、天青石、玳瑁及所有惊人昂贵的石头塑成,而以前这位威严之神是在[x+]3根抬杆之上。[2]

【注释】
〔1〕 阿—凯佩尔—卡—拉(Oa-upr-ka-Ro),即图特摩斯一世(约公元前1525－前1495年在位)。据另一铭文,此地似位于孟菲斯;在一份卡纳克文献中,该地是一处具有异常突出地位的宗教中心。
〔2〕 这些阿蒙神与普塔神的抬像可能有"威严形象"(tit vpst)与"神圣形象"(tit jsrt)之分,但二者之间的区别还不清楚。这些塑像由祭司们抬着,抬杆的数目与祭司的人数有关,因此也关乎对该神的尊崇程度。x为一特定数目,但具体数目不详。

然后陛下为众神建造纪念物,用来自高原的真正纯金[塑造]其祭像,把他们的神殿重建成永恒的纪念物,永远确立,享有私产,规定为他们奉献神圣祭品为日常惯例,并在凡间为其供祭食物。他胜过先前之所为,[他]超过自祖先时代以来之[所为]。他从各城贵族孩子中选拔祭司与先知,(每人都是)知名人士的儿子,他们(自己)的名字为人所知。他用金、银、青铜和黄铜增加他们的[财产],在[各方面]都没有限制。[1]他用男女奴隶充实他们的工场,(那些奴隶)是陛下[自诸异邦]掠获的战利品。众神庙的所有财产都两倍、三倍、四倍地增加,包括银、[金]、天青石、玳瑁、[各种]惊人昂贵的石头、王室亚麻布、白亚麻布、细亚麻布、橄榄油、树胶、油脂、□□□□□香、安息香、没药,所有佳物,无穷无尽。陛下——愿他长寿、富有、健康!——为他们建造河上的船只,用来自台地的新雪松木造成,用内伽乌[2]精选的(木料)造成,并用来自高原的黄金加工。它们令河面闪闪发光。

【注释】

〔1〕 本句及下一句中的"他们"指众神。
〔2〕 内伽乌(Negau)靠近黎巴嫩,一般译作"雪松"的木料即产于该"台地"。

陛下——愿他长寿、富有、健康!——奉献男女奴隶、曾为官中侍女之歌女与舞女。其报酬由官中及两土地之主的□□□□□支付。我使他们享有特权,受我祖先、众神(之恩惠)的保护,希望通过做其卡所愿之事以使他们满意,这样他们便会保护埃及。[1]

【注释】

〔1〕 本句中使用第一人称单数形式,暗示它引自一份准许神庙免税的敕令。法老送给神庙的奴隶和乐师的开支由王室支付,不需神庙负担。

该土地上之众神与众女神心中喜悦;众神殿之拥有者欢喜;[全]国各地举行庆典和狂欢:□□□□□美好的[时代]到来了!"大屋"[1]中的九神,[举起]手臂赞美;其手中永远堆满庆典(塞德节);他们带着所有生命与满足,送至[阿蒙神之]爱子,不断重生的荷鲁斯的鼻子前,[2]□□□□□,因为他创造了他,为的是他(本人)会被塑造。[3]□□□□□。

【注释】

〔1〕 这是九神的居所,因此可能就是指赫里奥坡里神庙。
〔2〕 画面上表现为一位神祇手持代表生命的象形符号送到国王鼻前,或是拿

着代表"年"的植物筋脉,或是祝国王长生的"塞德节"符号。

〔3〕 阿蒙神使图坦哈门成为神王,为的是阿蒙神自己获得尊崇。

13 塔尼斯城纪年

【题解】

　　大约公元前1330年,赫瑞姆赫布为法老之时,埃及一位名为塞提的维西尔来到三角洲地区的塔尼斯城庆祝一个四百周年的纪念日。该纪念日上举行了崇拜埃及塞特神的仪式,石碑所刻场景中把他描绘成一名穿着特别的亚洲服饰的亚洲神祇。公元前1330年之前大约400年,希克索斯人开始统治埃及,希克索斯人的都城阿瓦里斯可能就是后来的塔尼斯以及更往后的拉姆西斯城,而埃及人把希克索斯人的神与塞特神等同起来。因此庆祝活动纪念的是塞特作为国王统治的第四百年,显然也是塔尼斯建城以来第四百年。根据《民数记》(13:22)记载,传统上认为塔尼斯(琐安)与巴勒斯坦的希伯仑大约同时建成。当然上埃及人对这样的纪念绝不会提及其所憎恨的希克索斯人,但第十九王朝时塞特却享有很高地位,有两位法老名为塞提,意即"塞特神之人"。

　　日后这位名为塞提的维西尔的父亲成为法老拉美西斯一世,开创了一个新的王朝世系。塞提本人成为法老塞提一世。其子拉美西斯二世把塔尼斯城扩建成其都城拉姆西斯城时,立碑为塔尼斯统治正名,其依据便是塞特神已在那里统治了400年。

　　"四百年碑"发现于塔尼斯。铭文上方场景中把亚洲装扮的塞特称为"拉姆西斯之塞特",因此把他的地点确定在有该名的居城。译自《古代近东文献》(普林斯顿,1955)。

【译文】

　　(1)愿荷鲁斯永生:强壮的公牛,热爱真理,□□□□□(拉美西斯二世)。[1](5)陛下命令制作刻有祖先大名的大花岗岩石碑,为的是立起祖先之父[2]的名字,(以及)拉之子、国王门—玛阿特—拉[3](之名):塞提—美尔恩普塔赫[4],永远像拉那样每日保持活力:

【注释】

〔1〕 此处略去拉美西斯二世的冗长王名。
〔2〕 塞特神被设想为王室的祖先。
〔3〕 意为"拉神之正义永恒"。
〔4〕 塞提一世。

"第四百年,第三季的第四月,第四日,[1]上下埃及之王:拥有强大力量的塞特;拉之子,他所爱之人:拉—哈尔—阿赫提所爱的努比提[2],于是他永存。来者为世袭王公;市长、维西尔;国王右手执扇官,部队将军;[3]外邦总监;希勒要塞[4]总监;巡捕总长,王家书吏;马匹长官;'公羊—门德斯之主节'总管;塞特神高级祭司;'开启两地之女神'——乌托神诵经祭司;众神先知总管,塞提,胜利者,[5]世袭王公之子;市长,维西尔;(10)军队将军;外邦总监;希勒要塞总监;王家书吏;马匹长官,普拉美西斯[6],胜利者,室女主之子,拉神歌女,蒂乌,胜利者。他说:'向你欢呼,哦,塞特,努特[7]之子,百万之船中之强大力量[8],击倒拉神船头的敌人,战场上吼声洪亮□□□□□!愿[你]赐我美好一生,用来为[你之]卡服务,而我继续[受你恩惠]□□□□□。'"[9]

【注释】

〔1〕 此日期当在大约公元前1330年6月末。
〔2〕 此神被赋予"伟大的名字"这样的法老称号,为的是强调他是该王朝的祖先。
〔3〕 该头衔用重文符号写了两遍。
〔4〕 即查如(Carw),三角洲东部边境要塞。
〔5〕 拉美西斯二世立此碑时,塞提已殁。
〔6〕 意为"那位拉美西斯",后称拉美西斯一世。
〔7〕 天空女神。
〔8〕 指塞特击退袭击太阳船的莽怪。
〔9〕 此碑其余部分残缺。

14 塞提一世在巴勒斯坦北部的一次战役

【题解】

阿玛那改革对埃及帝国内外均造成严重打击。因此,内部整顿为第一要务。之后,塞提一世(约公元前1318-前1301年)成为法老后重新出征亚洲。在巴勒斯坦出土的此块石碑简要叙述了他努力应对亚洲王公结盟的企图。

此碑是一块玄武岩石碑,由宾夕法尼亚大学于贝桑(贝特珊)丘墩发现,现藏于耶路撒冷巴勒斯坦博物馆。由A.罗发表在《宾夕法尼亚大学博物馆杂志》及《贝特珊的地形与历史》上。译自《古代近东文献》(普林斯顿,1955)。

【译文】

第一年,第三季的第三月,第十日[1]。愿荷鲁斯永生:强壮的公牛,现身于底比斯,使两土地得以生存;两女神:不断重生,臂膀强壮,击退九弓;金荷鲁斯;反复现身,拥有诸国之强弓;上下埃及之王,两土地之主:门—玛阿特—拉,伊尔—恩—拉;拉之子,两王冠之主:塞提,美尔恩普塔赫,拉—哈尔—阿克提所爱之人,伟大的神祇。现世之神,其臂膀强壮,他像蒙杆般英勇,饶有掳获,(5)他知道(如何)放置他的手,无论身处何地他都充满警觉;他的口中发出声音,他的手上做出动作,(他是)全军的英勇统帅,战场上勇敢的战士,战斗中令敌人恐怖的巴斯特[2],(他)直冲入一大群亚洲人中,使其降伏,(他)镇压瑞柴努众王公,对阻其路者赶尽(10)杀绝。他迫使叙利亚[3]众王公退却,他们曾口出狂言。在大地尽头的诸异邦中,它们的王公说:"吾辈将去往何处?"他们整晚以他的名字起誓,他们心中说:"看哪,看哪!"是他的父亲阿蒙神的力量给予他勇敢与胜利。

【注释】

〔1〕 此日期当在大约公元前 1318 年的 5 月末。
〔2〕 埃及猫女神巴斯特与代表战争的雌狮女神塞赫麦特融合在一起。
〔3〕 原文 Uarw,为叙利亚—巴勒斯坦的总称。

当日[1]来人禀报陛下如下:(15)"哈马特城中的劣敌[2]正召集众人到他身边,他正在夺取贝特珊城。然后帕赫勒将与他们结盟。他阻止瑞霍布的王公出城。"[3]

【注释】

〔1〕 即铭文起始处所记之日。
〔2〕 不一定是指哈马特(Hamath)的王公,后者应称为"哈马特城的劣敌"。这可能是来自北方的一名王公;注意塞提派出一支军队北去耶诺阿姆(Ynw-o-mw)城。
〔3〕 贝特珊即现代的 Tell el-Husn,在今日贝桑(Beisan)西北。哈马特差不多可确定为 Tell el-Hammeh,在贝桑南约 10 英里处。帕赫勒(Pahel),或称佩拉(Pella),现称 Khirbet Fahil,在贝桑东南约 7 英里处约旦河的对岸。瑞霍布(Rehob)可能即 Tell el-Sârem,在贝桑南约 3 英里处。这些城市都分布在一个很小范围内。可以看出哈马特联合帕赫勒与贝特珊和瑞霍布相敌对。

于是陛下派出阿蒙神第一部队(20)(名为)"劲弓"去哈马特城,拉神第一部队(名为)"勇猛"去贝特珊城,塞特神第一部队(名为)"强弓"去耶诺阿姆城[1]。仅用一天时间,他们就在陛下的光辉前被击败,此乃上下埃及之王:门—玛阿特—拉;拉之子:塞提,美尔奈普塔赫,愿他永生。

【注释】

〔1〕 "第一部队"多少有"精锐部队"的意思。如拉美西斯二世与卡迭什作战中,埃及军中各师分别在一位神护佑下出征,该神的神像引领道路。塞提一世进行了迅速、有效的部署。该城位于北方,明显远离叛乱中心,不知为何要派一支部队去攻打耶诺阿姆。耶诺阿姆可能是现在的 Tell en-Nā'ameh,在呼勒湖(Huleh)北岸,贝桑以北近 50 英里处。也许真正对抗埃及的势力位于北方赫梯人控制的地区。或者此次结盟的首领来自北方。塞提一世派遣部队阻截来自北方敌人的增援力量,这样便可在没有

外部干预的情况下全力对付贝特珊当地的叛乱。

15　塞提一世的亚洲战役

【题解】

　　在卡纳克多柱大厅的北侧外墙上,塞提一世(约公元前1318－前1301年在位)刻下了描绘其军事行动的场景,其中最少有四个目标:西奈及巴勒斯坦南部的沙苏贝都因人、巴勒斯坦—叙利亚山区、叙利亚中北部的赫梯人、利比亚人。从这份材料的片断中可以看出,该法老在试图重建埃及帝国过程中所面临的问题。译自《古代近东文献》(普林斯顿,1955)。

【译文】

a

　　本场景表现塞提自一次出征班师,铭文中给出了他出征的原因。巴勒斯坦地区的骚动乃是阿玛那时期动乱所造成的后果。

　　复兴[1]第一年,上下埃及之王、两地之主:门—玛阿特—拉——愿他永生——的第一年。来人禀报陛下:"沙苏中的敌人正密谋(5)叛乱。他们的部落酋长聚集一处,待在卡如山脉[2],喧嚷争吵,其中一人杀死其同伙。他们无视王宫的法律。"陛下——愿他长寿、富有、健康!——心中为此高兴。

【注释】

　　[1]　原意为"重生",指塞提一世的统治开创了一个新时代。
　　[2]　可能与同年的贝桑石碑一样,指巴勒斯坦北部的群山。

　　(10)此时该现世之神,他为战斗而狂喜;他因向其攻击而喜悦;

他的心为看到鲜血而满足。他割掉心中邪恶之人的头颅。他喜爱（15）践踏（敌人）那一瞬间（的感觉）胜过一天的庆典。陛下一次就将他们杀光，不给他们留下后代。但他手下留情，生俘一人，拘回埃及。

b

这三幅场景表现行军中的法老，并列出穿过西奈的军用大道上的驻扎地，该路位于希勒的埃及边境（靠近现代坎塔拉）与巴勒斯坦的拉菲亚之间，紧邻大海。这是埃及与巴勒斯坦间来往的主要通道。场景中提及的一处可作为当时国际交往对帝国宗教影响的证据，即法老马队的别名：

陛下庞大的马队（名为）"阿蒙神赐予他勇敢"，（又）称作"阿娜特[1]满意"。

【注释】

〔1〕该女神是西闪族人爱情与战争女神，巴尔神的妹妹。

c

在巴勒斯坦某地，塞提一世进攻一处城防要塞——"迦南之城"，我们不知该城位置所在。所附铭文指明，此次战役发生在刚刚提到的场景所表现的那次远征中。

上下埃及之王门—玛阿特—拉的第一年。法老——愿他长寿、富有、健康！——的强壮臂膀在自希勒要塞至迦南沙苏之地的敌人中造成破坏。陛下像凶猛的狮子般[战]胜他们。他们变成尸体，遍布山谷，（他们）摊倒在其（自己）的鲜血中，如同从未存在过一般。

另一场景表现法老夺取一座森林环绕的城市——"耶诺阿姆城"。可能就是贝桑石碑上提到的那次向北方的进军。

第三幅场景描绘在"赫悲地的凯迭尔城"，亚洲人为法老伐倒树木。该城位置不可考，可能是欣嫩某地的基多或基德。但当地统治者们是

"众黎巴嫩大公",并有如下的描述性文字:

□□□□黎巴嫩。[为]河上之大船"[阿蒙]—乌[塞尔—赫]特",[1]并为阿蒙神之大旗杆,伐倒[雪松木]□□□□。

【注释】

〔1〕 参见温阿蒙为建造阿蒙圣船获取雪松木的远征。

d

塞提凯旋回埃及的场景中的铭文把征讨沙苏—贝都因的战役与叫做"上瑞柴努"叙利亚—巴勒斯坦的山区联系起来。

陛下拓展埃及疆界,自上瑞柴努班师。

陛下从这些沙苏人中掳获的战利品,于复兴第一年中陛下本人俘获他们。

e

其他场景表现塞提一世在叙利亚与赫梯人交战。其中表现他进攻一座名为"卡迭什城"的山城。此处可确定就是奥伦特斯河上的卡迭什,因为曾从该城遗址发现该法老纪念石碑的断片。卡纳克场景上的说明文字如下:

法老——愿他长寿、富有、健康!——前进,破坏卡迭什地与阿穆如地。[1]

【注释】

〔1〕 A. H. 加德纳《古埃及名释》(伦敦,1947)中并不认为此处为阿穆如。

在此次出征或其后的一次战役中,法老与强国哈梯做军事较量。场景表现他在战斗中,而文字说明:

不幸的赫梯人之地,陛下——愿他长寿、富有、健康!——在他们中制造大量屠戮。

法老返回埃及,享有惯常的凯旋式,并按惯例向帝国之神阿蒙敬献谢礼。

现世之神向其父阿蒙—拉神、两土地［王座］之主［献上］贡品,此时他自哈梯之国返回,已消灭叛乱诸国,在亚洲人的土地上镇压他们□□□□□。

弱小的瑞柴努众大公,陛下自哈梯之国取胜,将他们俘虏,用来填充其父阿蒙—拉神、两土地王座之主之工场,因他曾给予镇服南北之勇气与胜利□□□□□。

16 塞提一世与拉美西斯二世贝特珊石碑

【题解】

此碑是在贝特珊发掘出的塞提一世与拉美西斯二世的纪念石碑。a 为一块玄武岩石碑,现藏于耶路撒冷博物馆,编号 885,由 B. 戈尔德谢洛夫发表于《塞提一世西特波里特石碑》(开罗,1949),又见 W. F. 奥尔布赖特。原碑上有铭文 20 行,此处摘录第 9－19 行。b 现藏于费城大学博物馆,为拉美西斯二世玄武岩石碑,它完全因袭惯例。由 A. 罗发表于《贝特珊的地形与历史》(费城,1930)中,其译文发表在《宾夕法尼亚大学博物馆杂志》,此处仅译出第一行的纪年及记述亚洲人来到埃及拉姆西斯城的一段。译自《古代近东文献》(普林斯顿,1955)。

【译文】

a

看,(10)当日[1]［来人禀报］陛［下］:亚尔穆塔[2]山的阿皮如[3]人及特耶尔□□□□□,［起］来攻击瑞赫穆的亚洲人。于是［陛下］说:这些卑鄙的亚洲人还想怎样［拿］他们的［武器］接着捣乱?

五　新王国铭文　195

□□□(16)□□□然后陛下命令他的步兵与众多战车兵中的一些人把脸转向异邦扎希[4]。二日过后,[他们自]叶□□□国[凯旋],[他们的]新兵[由]掠来的[俘虏组成]。□□□□。

【注释】

〔1〕　该碑起始处的日期缺失。
〔2〕　参见《约书亚记》21:29。奥尔布赖特确定该处位于或靠近贝特珊以北12公里处的贝尔瓦(Belvoir—Kokab el-Hawa)。
〔3〕　阿皮如(Oprw)在词源上可能与哈卑路有关。
〔4〕　扎希,泛指叙利亚—巴勒斯坦地区,遗憾的是该词含义不清,无法确定其具体区域。此次军事行动无疑发生在贝特珊与亚尔穆塔附近。

b

第九年,第二季的第四月,第一日[1]。□□□□天已破晓[2],他击退亚洲人。□□□□他们都来向他鞠躬,向他的生命与满足的宫殿——"培尔—拉美西斯—美瑞—阿蒙—拥有伟大的胜利者"[3]——鞠躬。□□□□。

【注释】

〔1〕　此日当在约公元前1280年的2月。
〔2〕　显然军事行动发生在前述日期。
〔3〕　意为"拉美西斯之宅",即位于埃及三角洲的居城拉姆西斯(Ramses或Raamses)。

17　拉美西斯二世的亚洲战役

【题解】

　　靠着在位时间较长以及绝对的自我突出,拉美西斯二世(约公元前1301－前1234年在位)名留埃及历史,但与其本人的功业不成比例。他留下的铭文看上去内容充实,但多与历史无关。

　　这里选译:A. 头两次战役铭文;B. 其后的出征;C. 埃及与哈梯的媾

和。

在贝鲁特与比布鲁斯之间的"犬河"(纳赫尔—埃尔—克勒布)河口,拉美西斯二世留有三块几乎不可辨读的胜利石碑,其中一块有纪年"第四年",证实到该年为止他已巩固该地以南的领土。

第二年,法老在奥伦特斯河上的加低斯与赫梯国王穆瓦塔里作战,完成其一生中最大的战功。埃及和努比亚还没有第二篇铭文写满如此大的墙面。但拉美西斯显然没有取胜,只是凭着本人的勇猛成功逃脱陷阱而已。此处无需叙述该战役的全部过程,因战斗发生在叙利亚北部,而赫梯联军也基本上都来自北方。这里仅摘录讲述他穿过巴勒斯坦和叙利亚南部向加低斯进军的段落。

之后,拉美西斯二世又曾多次出征巴勒斯坦南部至叙利亚北部,但其年代顺序不可考。底比斯拉美修姆第一塔门背面刻画有多处亚洲要塞,其中四处所附铭文简要说明了他统治第八年的活动,其发生顺序亦不可考。

最终,埃及与赫梯均感战争消耗严重,而此时他们都须保存实力以对抗海上民族的不断入侵。拉美西斯二世的第二十一年(约公元前1280年),埃及与哈梯缔结条约,定立攻守同盟。

埃及与哈梯间的同盟表现在拉美西斯二世第三十四年(约公元前1267年)法老与赫梯国王长女的王室婚姻上。这并非埃及历史上的第一次国际婚姻,阿玛那时代之前已有法老娶米坦尼公主为妻的先例。埃及文献中将此婚姻视为赫梯人的降服,宣称该公主是哈梯为法老所败后向埃及所献"贡品"的重要组成部分。此名为"婚姻碑"的文献固有夸大其辞之处,但也透露出多年征战后成功媾和之时的真切欣喜。译自《古代近东文献》(普林斯顿,1955)。

【译文】

A. 头两次战役

此时,陛下(8)已调集步兵、战车以及他以臂力降伏并擒获的舍尔登部队[1],他们全副武装,战斗命令已向他们发出。陛下北行,步兵与战车紧随。第五年,第三季的第二月,第九日,陛下沿良道出征,(此时)他经过希勒要塞[2]。他前进之时,如蒙杆般强悍,(因此)诸异邦都在他面前战栗,他们的头领献上贡品,叛逆们纷纷来到,因恐惧陛下的光辉而屈服。他的步兵穿过羊肠小路,如同走在埃及大道上。数日后,陛下已行至位于"雪松谷"的小城□□□□"拉美西斯—美瑞阿蒙"[3]。陛下继续北进。抵达加低斯山脉后,陛下如底比斯之主、其父蒙杆神般继续前进,他率领阿蒙神第一师(名为)"他赐胜利于乌塞尔马阿特拉—塞泰普恩拉"[4]渡过(12)奥伦特斯渡口。陛下抵达加低斯城。□□□□□[5]。

【注释】

〔1〕 充当埃及雇佣兵的海上民族之一。
〔2〕 即查如(Carw),位于苏伊士一带边境的要塞。该日约为公元前1296年的4月中。
〔3〕 一座以拉美西斯命名的亚洲城镇,大概在黎巴嫩。
〔4〕 以诸神名字命名部队,而每位神都会把其特有的神力赐予以其名字命名的那支部队,参见塞提一世的贝特珊石碑。
〔5〕 省去的部分中列举了赫梯国王召集的北方盟邦。

此时,可恶的哈梯之敌以及归附于他的众异邦正埋伏在加低斯城东北,而陛下孤身一人,(17)仅有扈从相随。阿蒙神之师行进其后;拉神之师正在沙布图纳城南某地渡河,距陛下所在之地1伊特尔之遥[1];普塔赫神之师在阿尔纳伊穆城南边;而塞特神之师还行进在路上。陛下已组织好第一战斗序列,全由其军队首领组成,当他们(仍)在阿穆如地之岸上时。□□□□□[2]。

【注释】

〔1〕 拉美西斯扎营在加低斯城西。当时1伊特尔(iter)约相当于2公里。
〔2〕 "阿穆如地之岸上"当指腓尼基沿岸。下面略去的原文详细描述了该场战斗,以向隐藏着的赫梯战车部队发起冲锋而开始。

被称作"档案"的关于此次战役的记述较为简短,仅在描写向加低斯进军时添加了一些细节。

(拉美西斯二世)陛下的第五年,第三季的第三月,第九日[1]。陛下第二次胜利出征,行至扎希、加低斯南部山脉之时,陛下——愿他长寿、富有、健康——在帐中美好地苏醒。此后,破晓之时,陛下现身,如拉神升起,其佩饰像其父蒙杵神一般。陛下北进,抵达沙布图纳城南。[2]□□□□。

【注释】

〔1〕 第一段注〔2〕日期的一个月后,拉美西斯已从埃及边境行至加低斯南部的高地。

〔2〕 接下来略去的部分讲述赫梯国王如何利用贝都因探子诱骗拉美西斯二世误信前方没有危险。

加低斯战役中另一处需注意的细节出现在一幅场景的说明文字中,该场景表现一小股埃及部队赶来援救身陷重围的法老。这支部队看来独立于上面提到的四支部队之外,它沿着一条不同的路线赶来,在法老性命攸关之时抵达。

法老——愿他长寿、富有、健康——的耐阿壬[1]部队自阿穆如地赶到。□□□□。

【注释】

〔1〕 耐阿壬系闪米特语词,意为"男孩们"或"年轻人们"。但这支部队很像埃及人。说他们从"阿穆如地"赶到,当指其沿一条与其他部队不同的路线赶来。或可假设他们被派去沿着腓尼基海岸保护水上通道,然后直插内陆与其他部队汇合。

B. 其后的出征

陛下于第八年摧毁之城,米伦。

陛下于第八年摧毁之城,撒冷。[1]

陛下于贝特—阿纳特山摧毁之城,克若普。

陛下于阿穆如地摧毁之城,德佩尔。

【注释】

〔1〕 米伦一名的定符为一人高举双臂于空中,与"米伦"一词"高"的原意相符。撒冷一名的定符表现为一人举起双臂致意或问候,与该词"和平"的原意相符。

此处的贝特—阿纳特可能在巴勒斯坦地区,但德佩尔应位于叙利亚北部统称为突尼普的地区。

这些战役中有一次,拉美西斯二世对巴勒斯坦南部的亚实基伦采取行动。卡纳克神庙中刻有表现攻打该城的场景:

> 不幸之城,亚实基伦,当其作恶之时,陛下取之。彼方言道:"顺汝者喜,越汝境者悲!勿绝吾之社稷,吾可述汝力于诸愚昧异邦!"

埃及人把这种骚动均归咎于赫梯人的阴谋,甚至深入到巴勒斯坦地区。

卡纳克的一幅场景表现攻打"阿克尔城,陛下摧毁之",并有一段破损铭文,其中可读到:"加低斯诸王公见到他,其[恐怖]在他们心中。"加低斯战役中的赫梯联盟仍被视作拉美西斯二世的主要敌人。

从卢克索神庙与拉美西姆的浮雕场景中可以看到,当提到远征叙利亚北部突尼普与德佩尔地区时,其态度基本相同。拉美西斯二世声称他在那里与"被击垮的哈梯诸邦"战斗,表明这种不稳定局势在更大范围内存在,并且蔓延到其帝国在亚洲的全境。

C. 埃及与哈梯媾和

□□□□□此时,(21)各地大公得知陛下不可思议之处。当他们称颂陛下的荣光、赞美其英俊面庞之时,他们惊慌、害怕,陛下的恐怖在他们心中,□□□□□他们向他[献]上子嗣,那是瑞柴努及各无名异邦之大公们,为使公牛之心平静,并向他乞求和平。*拉美西斯二世[1]。他们倾其所产,负担年赋,他们的子女在贡物之最前,赞颂他的[名字],向其表示敬意。*拉美西斯二世。诸异邦如此谦卑于该现世之神足下,因他开拓疆土,(于是)他们受到节制

□□□□唯有那哈梯之地除外。它没有与这些王公做同样的事。

【注释】

〔1〕 该铭文以拉美西斯的两个正规称呼为句读标记，这里将其省略，代之以星号。以下星号都是其名字的省略。

陛下言道："我父拉神永远眷顾我为两土地之统治者，我如日盘般升起，如拉神般照耀，支柱之上的天空稳固，故我将直抵(25)哈梯国境，他们将永远在（我）脚下屈服！*拉美西斯二世。我将使他们从关前的战斗中折返，使他们停止在国中的吹嘘，因我知我父塞特已炫耀胜利于诸邦，因为他已使我臂膀强壮，可比天高，力如地阔！*拉美西斯二世。"

然后陛下征发步兵战车，他们在哈梯地上发起进攻。他独自劫掠他们[1]□□□□彻底地，于是他永[留]其名于其中。*拉美西斯二世。他们牢记他的臂膀之胜利。他使其手中的幸存者诅咒，因他在他们中如燃烧的火炬般勇猛。没有一位王公还能坐在王位上，他们的兄弟[也不能]。*拉美西斯二世。

【注释】

〔1〕 军事胜利主题来自拉美西斯卡迭什战斗的个人功绩。

年复一年，他们为伟大的现世之神*拉美西斯二世的勇猛所毁灭并□□□□，这样过去多年。之后，哈梯大公遣使陛下，赞美其勇猛，颂扬□□□□，说道："□□□□我辈担负[贡赋]，将其[载]至您威严的官殿。看，(30)我辈在您脚下，哦，得胜之王！我辈将按您之一切吩咐去做！*拉美西斯二世。"这样哈梯大公年复一年遣使来乞求陛下息怒。*拉美西斯二世。（但）他从不听他们说话。

看到他们的土地为两土地之主那巨大威力所毁灭的情形，哈梯大公对军队和官员说："这是什么？我辈之土地荒芜。我主塞特神向我辈发怒，诸天不为我辈降水[1]。□□□□让我辈倾尽所有，把我之长女放在最前，我辈把忠心之礼[2]送到现世之神那里，这样他或可赐我等和平,我辈才可生存！ ＊拉美西斯二世。"然后他命人带来[其]长女,她面前有贵重贡品:金、银、诸多贵重矿石,马匹应有尽有,牛羊数以万计,他们[土地上]的物产应有尽有。＊拉美西斯二世。

【注释】

〔1〕 塞特神相当于赫梯的特书伯神(Teshub),这里所述意为赫梯神因埃及的强大转而惩罚赫梯。
〔2〕 这是一个闪语词汇。

[之后,]来[人]禀报陛下:"看,竟是哈梯大公！他们送来其长女,带着各种丰富贡品。他们的[人]充满[山谷],哈梯王公暨哈梯王妃之女在他们当中。他们越过崇山峻岭、深谷险壑。＊拉美西斯二世。他们已抵达陛下的国境。(35)让我辈之[军队]及官员[去]接待他们。＊拉美西斯二世。"当听到此埃及国中前所未闻、不可思议之事,陛下感到[极为]高兴,宫中充满喜悦。[1]于是他速派军队、官员,迎接他们。＊拉美西斯二世。

【注释】

〔1〕 埃及王公认为是赫梯人主动媾和。

然后陛下与其心仔细商议道:"我派去扎希[1]执行使命的那些人在该冬天雨雪纷降之日将会怎样?"于是他向其父塞特神献上丰厚贡品,为[此]向他求助道:"天空在汝掌中,大地在汝脚下。您所吩咐的就会实现。愿您[缓]降雨雪、寒风,直至您所赐吾之奇迹到达我处。[2]＊拉美西斯二世。"

【注释】

〔1〕 腓尼基及其内陆地区,直到巴勒斯坦。
〔2〕 塞特神此处拥有赫梯之神与风暴之神双重角色。

其父塞特神听到他说的一切。于是天空平静,夏日降临于[他];他的大军备感爽快,无拘无束,阔步前行,他们心中喜悦。＊

拉美西斯二世。于是哈梯大公之女行至埃及,陛下之步兵、战车和官员陪伴着她,哈梯的步兵、战车也在其中,因他们是(40)特赫尔武士[1],就如同*拉美西斯二世的部队,如同其战车部队一样。哈梯土地上所有人与埃及人混在一起;他们同吃同喝,如兄弟般同心,亲密无间,因他们之间充满和睦与兄弟情谊,他们照着*拉美西斯二世、神本人的样子去做。

【注释】

〔1〕 根据卡迭什之战的记述,"特赫尔武士"应该指赫梯战车武士。

当他们经过之时,各邦大公深感震惊;当他们目睹哈梯诸民与*拉美西斯二世大王的大军[联合起来],他们畏缩着退去。于是这些王公中有人对同伴说道:"陛下所言不虚。□□□□我辈亲眼所见此等[事情]真不得了!各异邦作为奴隶和[他]在一起,他们和[埃及]保持一致!*拉美西斯二世。原先的哈梯土地,看,它和他在一起,已变得像埃及一样。天空如何?它(也)在他控制之下,完全按他的愿望行事!*拉美西斯二世。"

[多日]之后,[他们]抵达拉美西斯—美利阿蒙(城),□□□□□第三十四年,第二季的第三月[1],我辈祝贺该英勇与胜利之伟大奇迹。*拉美西斯二世。然后他们引领远征而来埃及的哈梯大公之女面见陛下[2];她带着丰厚贡物,应有尽有。□□□□[陛]下看到她面容白皙,[如]女神[一般]。(这真是)一件伟大的、不可思议的非凡幸事。前所未知,前所未闻,祖先的著作中也没有记载□□□□*拉美西斯二世。陛下心中,她如此美丽,他爱她胜过一切,他把这当作其父普塔赫—特恁[3][赐]予他的幸事。*拉美西斯二世。[4]陛下命名她为:王妻玛阿特—涅弗鲁—拉[5],哈梯大公暨哈梯王妃之女。□□□□。

正是如此,因为陛下之伟大胜利,去扎希执行使命的人,无论男女,他们都可行至哈梯的土地,而心中无所顾虑。

【注释】

〔1〕 约公元前 1267 年,此日一般都是埃及的 1 月。
〔2〕 阿布·辛拜勒神庙铭文上的浮雕描绘了赫梯国王及其女来到拉美西斯二世面前的场面。
〔3〕 是该神引导赫梯国王及其女儿来到拉美西斯二世面前。
〔4〕 从此处往下铭文破损严重。
〔5〕 名字的意思是"看到拉神之美之人"。

204　埃及历史铭文举要

图 2　帕塞尔陵墓铭文(例 1)

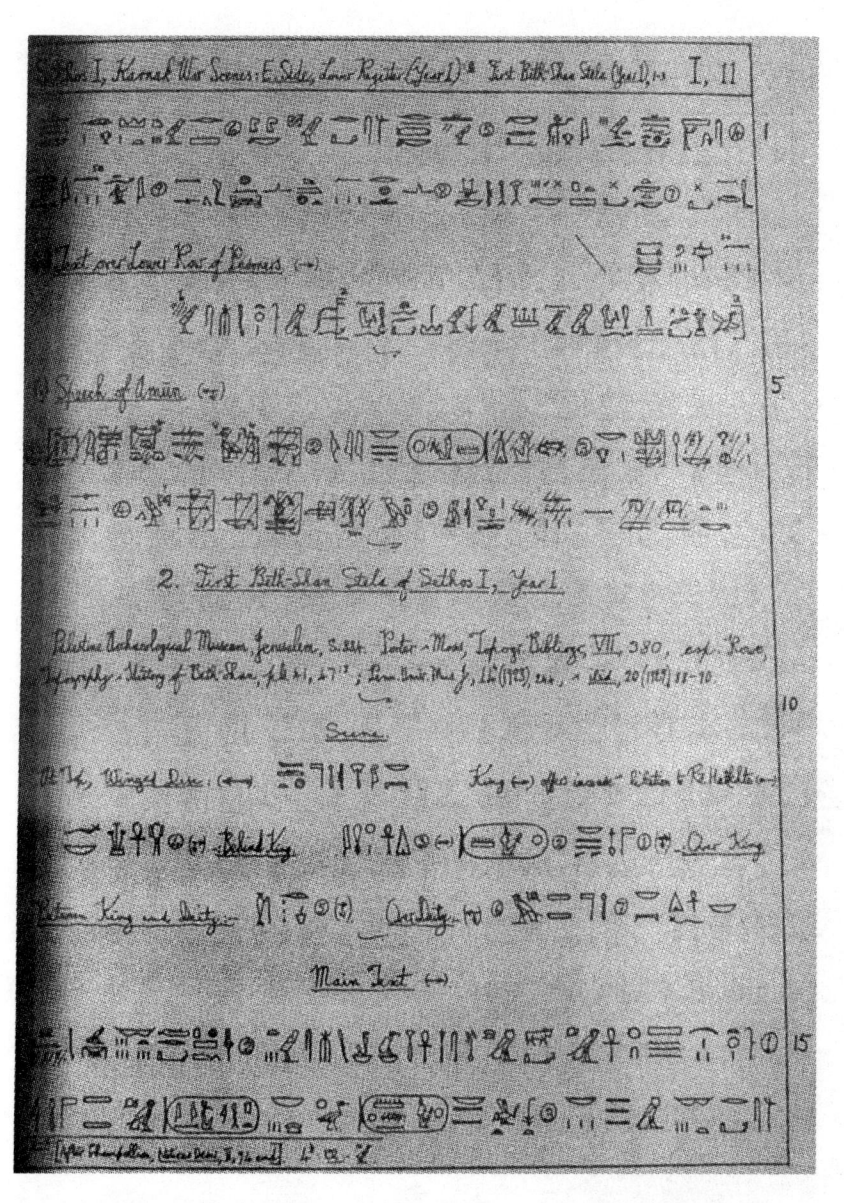

图3 帕塞尔陵墓铭文(例2)

图 4　帕塞尔陵墓铭文(例 3)

图 5　帕塞尔陵墓铭文(例 4)

图6　帕塞尔陵墓铭文(例5)

18　维西尔帕塞尔陵墓自传铭文

【题解】

该篇铭文是维西尔帕塞尔陵墓铭文中的一部分。帕塞尔任埃及第十九王朝塞提一世及拉美西斯二世两位法老的维西尔。其陵墓于其任塞提一世法老宫廷总侍从时就已开始在底比斯建造，位于底比斯西岸帝王谷与王后谷之间的"贵族陵墓"之地。其墓呈丁字形，由三部分构成，分别为前庭、宽厅与内厅。这里选译的自传铭文刻写在宽厅南数第二个巨柱之上。译自《拉美西斯铭文》（牛津，1975）。

【译文】

赋予宫廷宠爱的世袭王侯、大公、贵族、判官、内亭之口[1]、玛阿特之先知、国王右侧执扇者、该城之监管、维西尔帕塞尔真实声音：

他说：万岁，埃及国王、九弓之太阳。你是以玛阿特生存之神，通晓神之所思之人，为人民断狱之人，了解人民、像赫尔摩坡里之主一样睿智之人，□□□□□□□像普塔赫神一样全知之人，创立修建工匠房屋之术之人。

哦，陛下高兴，他像其两地平线上的拉神一样在他幸福的宫殿中享受欢乐与欣喜□□□□□。其母玛阿特女神作为维瑞特赫卡乌[2]冉冉上升之时，她保护着他的躯体，她置其座于他的眉宇之间，盘卷者于他的头上。[3]他手持钩子与连枷，就位其父盖伯之职，□□□□□□天上之庆典，贵族之室举行圣宴，当他看到其子登上宝座之时，赫里奥坡里之主欢快，卡纳克欢快，阿蒙拉神欢快。他在其面前给予他，而他乐于为陛下创造奇迹。他使南方、北方、西方和东方为上下埃及之王、曼玛阿特瑞、拉神之形象、拉神之子、塞提、梅尔内普塔赫——愿他永生——而繁荣。

我主命令提升该仆为宫廷第一助手,他让他做总侍从官与维瑞特赫卡乌的高级祭司。他再次指定我为该城监管、维西尔、决定何为正确之人,委任他为胜利的国王宝库接受来自南方与北方国家的贡品。他被派往□□□□于他,因他的非凡能力,管理两土地之税收,包括南方诺姆与北方诺姆。

　　皇家书吏、他所钟爱者、善神之特别中意者、伟大建筑工程之监管、国王全部大工匠监管之监管、阿蒙神节日之主持、该城之监管、维西尔帕塞尔,真实之言:

　　他说:□□□□□宫廷助手及大人,宫廷之朝臣,□□□□善神顾问,成功□□□□幸福老年。我已抵此为我神尽此□□□□,以使他在死者之域、西方之地,给我块土地,在颁命□□□□抵达尊崇之位,决定□□□□之神阿蒙拉神之天命下对抗□□□□。

【注释】

〔1〕原文 r,直译为语言、声音,意为内亨城之发言者,类似现在政府的发言人。
〔2〕原文 wrt-Eqa,是古埃及一位女神,拉神保护者,法老的乳母。
〔3〕"其座"与"盘卷者"都代表王权,后者是法老头上戴的神蛇。

19　一名边境官员的日志

【题解】

　　一份用作学校课本的草纸背面,留有一名驻在埃及三角洲东部边境哨所官员的记录。该记录以实例描述了美尔恩普塔赫法老时期埃及与亚洲的交往。

　　阿纳斯塔希草纸 III(大英博物馆 10246 号),背面 vi 1 - v 9,可能出自孟菲斯。摹本见《大英博物馆藏祭司体文字草纸选》,II(伦敦,1842),又见 G. 默勒尔《僧侣文献片段》(莱比锡,1935)。A. H. 加德纳将其转写为圣书体文字,见《新埃及语杂集》(布鲁塞尔,1937)。译自《古代近东文献》(普林斯顿,1955)。

【译文】

第三年,第三季的第一月,第十五日[1]。齐珀尔之子、迦萨的卫兵[2]巴力—罗伊北上[3],带有发往叙利亚[4]的急件两封:羽林卫将军卡伊,急件一封;推罗王公巴力—特尔美戈,急件一封。

【注释】

〔1〕 约公元前1230年,应该是3月。
〔2〕 扈从,可能是贴身保镖。
〔3〕 文中"北上"指埃及人去往亚洲,"到达"或"到来"指从亚洲来到埃及。
〔4〕 埃及语为Uaru或Hwrrw。

(4)第三年,第三季的第一月,第十七日。山脉[1]中的"美尔恩普塔赫—霍特普希尔玛阿特诸泉"弓兵长抵达,以便参加位于希勒要塞[2]的(司法)调查。

【注释】

〔1〕 可能靠近耶路撒冷。
〔2〕 靠近现代坎塔拉(Kantarah)的主要边界要塞。

(6)第三年,第三季的第一月,第二十二日。切克瑞穆之子、迦萨卫兵图提,与舍穆—巴力之子、同城的切代特,以及阿帕尔—达伽勒之子、同城的塞特—莫斯—同到达;该人带有礼物及急件一封,将送往陛下住地[1],(呈交)羽林卫将军卡伊。

【注释】

〔1〕 原文应该译为"寡人在处",指国王居住处。

今有切尔之子、靠近萨尔—腊穆的"美尔恩普塔赫—霍特普希尔玛阿特——愿他长寿、富有、健康——堡"[1]的卫兵纳赫特—阿蒙北上,该人带有急件二封,送往叙利亚:羽林卫将军佩恩—阿蒙,急件一封;该城总管,拉美西斯—纳赫特,急件一封。

【注释】

〔1〕 该城堡的位置尚不可知。

今有阿尼之子、帕瑞姆[1]地区美尔恩普塔赫—霍特普希尔玛阿特——愿其长寿、富有、健康——城马厩总监帕—梅尔—赫特穆抵达,该人带有急件二封,送往陛下住地:羽林卫将军帕—拉—艾穆—赫布,急件一封;副官帕—拉—艾穆—赫布,急件一封。

【注释】

〔1〕 可能是阿瑞穆。

第三年,第三季的第一月,第二十五日。隶属宫廷的巴(恩)拉—美瑞阿蒙大马厩御者伊恩—瓦乌北上。

20　边境官员的报告

【题解】

一组用作学生范文的信件,其中一封可以看到一名埃及东部边境官员报告亚洲部落进入三角洲优良牧场一事。

阿纳斯塔希草纸 VI(大英博物馆 10245 号),属于第十九王朝后期(公元前 13 世纪末),可能出自孟菲斯。摹本见《大英博物馆藏祭司体文字草纸选》(伦敦,1844)。A. H. 加德纳将其转写为圣书体文字,见《新埃及语杂集》(布鲁塞尔,1937)。译自《古代近东文献》(普林斯顿,1955)。

【译文】

(51) 书吏伊忒那致信阁下,金库书吏喀[伽布],□□□□□:——愿他长寿、富有、健康!——此信为报与[阁下]知晓:另[有

—信致]阁下:

吩咐与我的诸事[我]已圆满完成,我金属般坚定执行各项任务。我未松懈。

另有一信致阁[下],[即]:在第八年,第五[闰]日,塞特神[诞生日][1]。[我辈]不再让以东的贝都因[2]部落通过切库[3]的"梅尔—奈—普塔赫,霍特普—希尔—玛阿特——长寿、富有、健康!——要塞"到切库(56)的"梅尔—[奈]—普塔赫,霍特普—希尔—玛阿特[之]佩尔—阿图姆[4]"的水塘[5],借助万邦之太阳、法老——愿他长寿、富有、健康!——的伟大之卡使他们得以生存,使他们的牲畜得以生存。在报告副本中,我已派人将他们带至阁下[驻地],[切库]的"梅尔—奈—普塔赫,霍特普—希尔—玛阿特——长寿、富有、健康!——要塞"可以通行日子的其他名字也一并送到。□□□□□。

【注释】

〔1〕 "塞特神诞生日"是此年末第三个闰日,约公元前 1215 年,应该在 6 月中期之后。
〔2〕 埃及语该词为沙苏(Vasw),科普特语为 shos,意为"牧人"。
〔3〕 位于歌珊之地图米拉特(Tumilat)旱谷东端。"梅尔—奈—普塔赫要塞"为一个边境要塞。
〔4〕 "佩尔—阿图姆"意为"阿图姆之室",位于现代伊斯梅利亚(Ismailiyeh)西 35 公里处。
〔5〕 这里用的词汇是闪语词。

21 追捕亡奴

【题解】

用作学生教学的书信范文中,有一封系报告追捕两名从埃及逃往亚洲奴隶之事。

阿纳斯塔希草纸 V（大英博物馆 10244 号），时间为公元前 13 世纪末，可能出自孟菲斯。摹本见《大英博物馆藏祭司体文字草纸选》（伦敦，1844）。A. H. 加德纳将其转写为圣书体文字，见《新埃及语杂集》（布鲁塞尔，1937）。埃尔曼的译文由 A. H. 加德纳节选。译自《古代近东文献》（普林斯顿，1955）。

【译文】

切库的弓兵长卡—凯姆—维尔，致弓兵长阿尼暨弓兵长巴克—恩—普塔赫：

愿你长寿、富有、健康！蒙众神之王阿蒙—拉神之恩惠，蒙仁慈我主——愿他长寿、富有、健康！——上下埃及之王：乌塞尔—赫普如—拉，塞泰普—恩—拉[1]——愿他长寿、富有、健康！——之卡的恩惠！我对拉—哈尔—阿赫提神祈愿："使法老——愿他长寿、富有、健康！——仁慈我主——愿他长寿、富有、健康！——保持健康！让他庆祝百万个塞德节，而我辈每日受其恩惠普照！"

【注释】

〔1〕 塞提二世。

另有一事，即：第三季的第三月，第九日[1]，傍晚时分，我从宫中大厅——长寿、富有、健康！——被派去追踪这两名奴隶[2]。现在，第三季的第三月，第十日，我抵达切库围墙，他们告[我]，他们对南方说他们[3]已于第三季的第三月，第十日通过。[现在]，[我]抵达要塞[5]，他们告我，从沙漠来的斥候[6][说]他们已通过"塞提—美尔恩普塔赫（——长寿、富有、健康！——如塞特一般被爱戴）之米格多"[7]北边有城墙的地带。

【注释】

〔1〕 约公元前 1220 年，此日该是 5 月。
〔2〕 埃及语中 bak 为"奴隶"而不是"仆人"。
〔3〕 指两奴隶。

〔4〕 应该是同一日。
〔5〕 可能是希莱边境要塞,靠近现代的坎塔拉。
〔6〕 该词 mavarwi 可能为误用,一般校正为 marwi,意为"男仆"。现在根据希伯来语词汇 shamar 将其修正为"斥候"。
〔7〕 米格多(Migdol)位于西奈,约希莱东北近20公里处。

我信到达你处之后,写信于我,报告[他们]所发生的一切事情。谁发现了他们的踪迹?哪位哨兵发现了他们的踪迹?哪些人在追捕他们?写信于我报告他们发生的一切,以及你派了多少人在追捕他们。[1]

[愿你身体]健康!

【注释】

〔1〕 因为阿尼和巴克—恩—普塔赫好像仍在追捕这两个奴隶,这些官员应该身在亚洲。

22　抗击海上民族战争

【题解】

在公元前两千纪的后半段,地中海东部出现大规模的人口迁徙。大批无家的人不断越过大海,登陆上岸,赶走或融入当地的居民。这些移民声势浩大,毁灭了克里特岛上的米诺斯文明,增加了希腊和罗马世界人口数量,也毁灭了赫梯帝国,迫使腓力斯人进入迦南地区,最后在沿岸潮水般涌入埃及。在拉美西斯三世第八年(大约在公元前1188年),该法老阻止住了其向埃及尼罗河富饶之地推进的企图。但拉美西斯三世也只是阻止了海上民族的向尼罗河谷推进,之后埃及很快丢掉了其在亚洲的帝国地位。此处描述抗击海上民族战争的铭文都来自拉美西斯三世的底比斯美迪奈特哈布神庙。译自《古代近东文献》(普林斯顿,1955)。

【译文】

(1)（拉美西斯三世）陛下第八年□□□□□。

(16)□□□□异邦在其岛屿上密谋。众岛屿立刻在冲突中分割离散。无岛屿可抵御住他们的武力，从哈梯、寇得、卡柴米什、阿尔扎瓦到阿拉什亚，[1]都[一下]被截断。阿摩尔[2]之一地建起一座营盘。他们使其人烟荒芜，其地变得像从未存在过一样。他们向埃及涌来，面前燃烧着激情的火焰。其盟邦由腓力斯人、柴克尔、舍克勒什、得尼恩和维舍什[3]构成，各地联盟。其手之触摸已远及地之环边，其心坚定而充满信念："我辈计划定会成功！"

【注释】

〔1〕哈梯即赫梯帝国，寇得指西里西亚（Cilicia）和叙利亚北部，卡柴米什是一座幼发拉底河岸上的城市，阿尔扎瓦在西里西亚或靠近西里西亚的什么地方，阿拉什亚可能指塞浦路斯。

〔2〕可能在叙利亚平原北部或高艾里叙利亚（Coele-Syria）。

〔3〕除了腓力斯人，这些名字都非常像埃及语言拼写的名字。

现在，该神，神主之心意欲像鸟一样捕获他们□□□□我在扎希[1]组织我之先锋，准备他们的到来：□□□□□王公、驻军指挥官(20)与玛尔亚努[2]。我将河口[3]武装得像一堵坚壁，战舰、军船与海船都装备整齐，船头到船尾都安置好手执武器的勇猛武士。军队中每一位都从埃及人中挑选而出。他们像狮子呐喊着扑向山顶。战车载着驭者、敏捷者、善战的战车武士。战马身体战栗，随时用其蹄踏灭异邦。我乃勇敢之蒙杵神，稳稳地战在他们头边，这样，他们目睹我双手之俘获□□□□□。

【注释】

〔1〕腓尼基沿岸，直伸向巴勒斯坦。就我们所知，拉美西斯三世之防线并未越过巴勒斯坦北部。可能抗击海上民族的陆战在亚洲，因此，海战应在埃及沿岸。

〔2〕从词的定符图画可见，"王公"意为"亚洲人"。玛尔亚努为亚洲武士。

〔3〕一般河口指三角洲尼罗河支流河口。该词可能也用来指亚洲沿岸港口。

五 新王国铭文 217

那些抵达我之边界之人,其子孙未到,其心其灵永远停止。那些在海上聚集而来的人,那旺火在河口于其面前燃烧,长矛栅栏在海岸将其围拢[1]。他们被拽入、围拢,匍匐在地,被杀戮,首尾成堆。其船与货物似落入水中。

【注释】

〔1〕 一些人遇于陆地,另一些则在海上。

我令大地不再提及埃及;当他们在其土地上说出我名字之时,(25)他们就被焚毁。因我所坐乃哈尔—阿赫提之御位,伟大的魔法[1]像拉神般在我头之上,我不使夷国觊觎埃及边境,吹嘘其九弓。我夺取他们的土地,其边界纳入我的边界。他们的王公及部落臣民赞美着附加于我,因我所执行乃全能之主、我威严的神之父、众神之主之部署。

【注释】

〔1〕 "伟大的魔法"指王权象征,王冠上的蛇。

(51)□□□□北面夷国身体战栗,腓力斯人、柴克[尔及□□□□]。他们抛离其土地而来,其心已完结。他们是陆地上的特赫尔武士[1];另一(集团)还在海上。上岸[的人被打翻,被杀戮□□□□]。阿蒙拉神追逐着他们,毁灭着他们。进入河口之敌像鸟一样被捕捉于网中□□□□其头目被带走杀死。他们被撂倒,绑缚双臂□□□□。[2]

【注释】

〔1〕 特赫尔(thr)可能是赫梯语词汇,指战车武士。
〔2〕 这一段从"第五年铭文"开始,但记录的却是第八年的事件。

23　哈尔发旱谷石碑(1)

【题解】

布亨是在第二瀑布附近最大一个要塞居住地,位于哈尔发旱谷对面河的西岸。该石碑是拉美西斯一世和其子、继承人塞提一世在"北神庙"竖立起来的一对石碑中的一个,位于入口通道每边前厅前内壁上每个神龛之中。拉美西斯一世石碑在北边的神龛中,其子的石碑在南边的神龛中。

该石碑标记有拉美西斯一世统治最新为我们所知的日期(第二季,第二月,第二十日)。大约在公元前1294或前1290年,正是我们公历第12月的晚期。塞提一世的石碑,其第一年的夏季第四月第三十日,推断是在后来的七个月(七月早期)当中,肯定了其父的排列。塞提一世对其父石碑增加的一行王衔可有不同的解释。该行王衔或者是在塞提一世石碑竖立起来的时候加上去的;或者是拉美西斯一世的王衔刻写的拖延使塞提一世石碑抵达的时候能够加上这个王衔;或者(如果两个法老有几个月同治的话)这两个石碑制作的时候时间很近,此处的"增加"在第一次刻写的时候就刻上去了。

此块石碑记录了一个拉美西斯一世在北神庙为缗—阿蒙神(底比斯)崇拜设立捐赠而颁布的政令。在第十八王朝,该神庙已经奉献给当地的鹰神、布亨的荷鲁斯神,这并不排斥对其他神的奉献,比如说伊西斯神。很可能该神庙在阿赫那吞时代曾被关闭,后来又被拉美西斯一世整修并再次开放,或者为荷鲁斯与缗—阿蒙神同庙神祇,或者只为缗—阿蒙神,作为此时服务于荷鲁斯的南庙。这足以证明拉美西斯一世声称为缗—阿蒙神"建造"(严格说是"再造")一个神庙是真实的。

该捐赠(面包、啤酒和蔬菜)的周期没有专门规定——可能是每日的供奉。其数量按照埃及人神庙的标准是非常适度的(比如说,拉美西斯三世美迪奈特哈布的标准），但这个标准也反映出该地区神殿规模不大，等级也较低。献给神的祭品又返还给神的仆人——祭司，被他们吃掉；由这些祭品我们推测这是个十人的祭祀团，而不像许多世纪之前第十二王朝哈普斋菲统治时斯坞特的外普瓦乌特神庙的情形。那儿的标准是每人给一块面包、十块饼和蔬菜捆（主祭司给三块面包），可能每个主祭司还给两扎啤酒，其他人四分之一扎。自然，这样的计算只是推测；但哈普斋菲实例展示的是分配的相似情况。

两个文献都提到内有来自皇室战利品奴隶的神庙作坊。在拉美西斯一世统治时期我们无法知道是否有对努比亚的战事。但作为世袭王子，塞提一世却以其父亲的名义率军进入迦南，就像他给拉美西斯一世的献词中指出的那样。因此，送到布亨做工的俘虏应该是此次袭击俘获的迦南人。

南神庙也有一块拉美西斯一世的石碑；除了提及"纪念建筑"外，留存下来的碑文只是神对该法老的祝福。

两法老的石碑铭文实际上非常类似，因此，其中一块石碑上的缺漏可以在另一块石碑上找到大部分加以补充。当然也存在着不同。因此，在孟菲斯，拉美西斯一世尊崇阿蒙—拉神和普塔赫神，而塞提一世却尊崇拉—阿赫提神、普塔赫神和阿图姆神这两个赫里奥坡里神祇而非阿蒙神，以及当地的普塔赫神。拉美西斯一世让臣民赞美他；塞提一世废除了该观念，仅把他们描绘成他的仆人。后者还用了更多奉承的头衔。译自《古埃及记录》（芝加哥，1906）。

【译文】

引言

（1）第二年，第二季的第二月，第二十日。活着的荷鲁斯神：强大的公牛，繁荣的王权；两女神所钟爱者：作为国王而光芒四射，像——[金荷鲁斯神]：□□□□□（2）在两土地上；上下埃及之王：孟徘赫梯瑞[1]；拉神之子：拉美西斯（一世），为阿蒙神所钟爱，底比斯之王及缙—西—埃瑟,(3)每天,像其父拉神一样,出现在活着的荷鲁斯神王座上。

【注释】

〔1〕 拉美西斯一世的出生名。

祭品的设置

哦,陛下在孟菲斯城主持(4)其父,阿蒙—拉神,普塔赫—其—墙—之—南,"两土地生命",全体埃及之神之主,随着他们给予他[一切土地的力量和胜利],(5)在赞美您的卡中结成一条心。所有的土地,所有的国家,九弓被灭亡□□□□。(6)陛下,上下埃及之王:美尔恩普塔赫[1]——愿他永生——命令为其父,住在布亨、(7)其神庙中设立的第一位神缙—阿蒙神,设立神圣祭品:12块白面包、100块粗面包、4扎啤酒、10捆蔬菜。

【注释】

〔1〕 拉美西斯一世。

祭司的设立

同样,[该神庙住有先知、仪式祭司]与(8)洗礼祭司;其仓库里有男女奴隶,为陛下、上下埃及之王孟徘赫梯瑞[——愿他永生,永远像拉神一样——]的俘虏。

新建筑

(9)陛下在——注意,他为其父、身在布亨的(10)缙—阿蒙神——做非凡的事情,为其修建一座像拉神在天上升起的地平线一样的神庙。

24 卡纳克浮雕铭文

【题解】

这些浮雕刻在卡纳克多柱大厅整个北墙的外墙上,同时向东一直延伸到大厅东墙的拐角处。浮雕呈三行排列,所有上面一行除了一幅浮雕保存下来之外全部损坏。

这些浮雕构成塞提一世统治时期保存下来的最为重要的文献,实际上是我们研究其统治时期战争的唯一材料。遗憾的是,文献所述都是宗教内容,给我们提供的是一系列以宗教面貌描绘塞提一世的战争的系列图画,伴之以一些相关的说明性铭文。这些图画,像图特摩斯三世的年代记一样,再一次表现了法老与其神之间的亲密性质:一方面,神给予法老战胜其他民族的力量;另一方面,法老向神奉献胜利得来的战俘与战利品。根据这些图画,塞提一世的战争只有一个方面,那就是宗教。这一点甚至在该墙上图画的安排上也非常明显。连续图画的情节在神庙门每一边上对称分布,聚合到那扇门上,直到最后的图画其每一边上都描绘了神庙中在神前的最后献祭。在远离该门的两个尽头,是远方战争中战斗与行军的场面;向该门方向接着的是抓获和押送俘虏,到达埃及,俘虏的描绘和向阿蒙敬献战利品,最后,门的两边是杀死被俘王子,国王在神庙中将其献祭在阿蒙神前。

这些浮雕上的唯一日期是第一年,只出现在沙苏战役的浮雕中。假定塞提一世在一年之内完成了一场对利比亚人的战争、一场对沙苏的战役、对巴勒斯坦和叙利亚南方一些地方的占领和一场与赫梯的战争,最后回到底比斯,这显然是不可能的。

以现代学者的看法,浮雕的排列至少表明两大战争阶段,每一次雕刻该浮雕的艺术家都以人在阿蒙神前献祭达到顶点。第一个阶段(图Ⅰ-Ⅱ,门的东面)是第一年对沙苏的战争,接着是东到豪冉北方的一场战役。

从此沿着腓尼基海岸再向西,可能直到西米拉和乌拉扎。第二个阶段,在一场对利比亚人的小战役之后是对叙利亚的进一步占领。其进行方式跟图特摩斯三世之前的占领一模一样,即首先控制腓尼基海岸,并完全建立与埃及的海路连接,这样下次战役的援军和给养就可以在腓尼基港口登陆,以此为根据地,就可以进入到叙利亚内部,特别是奥伦特斯流域。从该海岸,现在这场战争进入内陆,向北到黎巴嫩之间,在那里埃及人第一次在战斗中遇到了赫梯人。可能此时塞提甚至已经到达了北方的那赫润,就像其列表中声称的那样。但赫梯势力显然没有被打垮,塞提不能将其北方永恒疆界推过腓尼基海岸东西线(可能正好在南边),向东进入豪冉,其子拉美西斯二世不得不用很多年的时间争夺上奥伦特斯流域。

碑文顺序。在该记录中,五个场面清楚地分成两组相对。从中间到读者的右边,(d)和(e)标记着此次战役的结束:法老胜利后班师回国,然后将其战利品献给阿蒙神。从中间到左边是场面(a)、(b)、(c)向东展开:沿西奈北海岸路与沙苏的冲突,然后是在拉菲亚接受贡物,然后是迦南加沙的胜利。该分图场面也在拉美西斯二世和三世统治下各种其他战争场面中清晰地得到证实。

历史轮廓。沿着这些场景从(d)到(b)和(c)是一系列著名关垒、池塘等,地理上从西向东序列排列,从希勒到加沙地区。这样,正如铭文主要部分说的,战事"从希勒要塞开始一直到帕—迦南"(加沙或郊外),用现代术语说,这正与从坎塔拉东边某地沿海边的路径向东经过阿里什和拉菲亚直到加沙的路径相符。这里发生了两场战斗。第一个画面(a),如果下边的地点猜测接近的话,可能是沿路的某个地方——可能在现在的阿卜德以东的什么地方。这些氏族部落在其自己首领和氏族当中相当好战,而这样的冲突蔓延到了埃及利益所在地区并阻断了埃及海边的道路交通,甚至影响到法老本人的交通——这样,塞提一世采取报复行动,无情地结束所有这一切冲突。第二场战斗〔画面(c)〕发生在定居点帕—迦南(在加沙或附近,参见下面)附近,象征该地区(可能从加沙平原东边的山脚地区)残存的沙苏袭击者的失败。在此期间,塞提一世在其前往加沙的路上在拉菲亚礼仪性地接见了迦南王子组成的第一个进贡使节团〔画面(b)〕。清除加沙地区沿海通路半游牧民族的麻烦并没有结束这次征战。远在北方的贝特册，一块塞提一世第一年石碑证实了塞提一世又直接向北穿过迦南，在其路途上某个地点平定了那里的麻烦。

当地地理。该组画面最为显著的特点是长排的堡垒、水井等建筑，从希勒一线排出直到帕—迦南，在画面(d)、(a)、(b)、(c)，从右向左，现实中正好是从西向东排列。

希勒要塞(B 在旧译中是"查汝")，该起点在图中显示为一座横跨"运河"[A]的建筑群，其两部分由一座运河大桥连接。直到最近，希勒一直被认定是阿布塞斐土丘。然而，该遗址（坎塔拉以东 3 公里处）好像并不比波斯时期早，或者最多是舍易斯时期的。因此，它一定是后来记录中的希勒，而不会是新王国的。新王国的遗址不会很远，拉美西斯遗迹就是从该土丘及其邻近遗迹为人所知的：一只塞提一世献给其父拉美西斯一世并由拉美西斯二世修复的"方尖碑"上的砂岩鹰和拉美西斯二世的方形底座。两者都清楚地告诉我们旧的地方都距梅森不会太远，新王国第十八王朝以后，其边界营地的卫星城希勒也不会太远。其遗存遍布最近被人关注的"东部运河"两岸。

向外走的第二个地点 D，"狮子居"很早就被认定在哈卜维。这在该地一个大的拉美西斯要塞挖掘中可以得到确证，在那里出土了一个塞提一世的门楣。

下一个地点，塞提一世要塞，E 及其井哈骖 F，经常有人将其与后来很晚的米格多和玛格多罗南得以及赫尔相提并论；从加德纳起一直如此。然而，根据最近的研究，如果仅就地点上说，非常清楚，"米格多"是一个不止一次迁移过的地址。因此，在舍易斯时代，公元前 7 至公元前 6 世纪，米格多很有可能由被人们考察并定名为遗址 T.21 的大边界堡垒为其代表，然而，从波斯时期（公元前 5 世纪）到拜占庭时期，T. 21 被赫尔这个古典米格多新来的定居点所取代。新王国塞提一世的"米格多"都很难认定是这些遗址，期待在其附近什么地方可以发现。

卡纳克浮雕中有"帕—迦南定居地"在该条路线东面尽头,而阿纳斯塔西却说其结束于加沙。因此,在没有进一步证据的时候,将两者认同为一个是人们一贯的做法。这种认同可能是正确的,但不能肯定。帕—迦南的意思是"属于迦南",阳性名词。很可能该惯用语最初代表的是帕—得米迦南,后来缩写成了帕—迦南。那么,加沙就应该是地位超群的"迦南城"。与这个解释相一致的是"卡迭什战斗"之"诗"。诗中,赫梯联盟列表中包含了一个完整或缩写的混合条目。完整的表述是"哈梯□□□□的土地,努哈色的土地","那赫润的土地,阿尔扎瓦的□□□□,克什克什的□□□□"等等。然而称号"帕—迦南"又把人难住了,其起源已不可知,因此拉美西斯书吏可以这样书写"帕—迦南之居住地",帕—迦南其实就是帕—迦南居住地的缩写,那么,帕—迦南之居住地就成了一个完全同义的重复。在加沙前,阿纳斯塔西的路线有拉菲亚;此拉菲亚也随之常被认定为其名字在图画(b)中毁坏了U的城镇。我们还是无法确证。

在两端之间有九个条目,其中七个是成对的(要塞+水井)。在塞提一世的"米格多"之后,第一对G和H是塞提一世的乌扎要塞(后来成为拉美西斯二世的要塞)和位于伊米—阿的井。以前,加德纳认为它可能是靠近现在卡提亚的一个地点,那里有一片棕榈树林,让他想到这是浮雕中有树[现在已经毁坏]在其上的那个水塘;然而,即使该推测非常聪明,在没有挖掘文献证实之前也只能是臆测。接下来向东,我可以看到一个要塞和一口井I和J,好像该要塞有两个不同的名字而水塘则没有名字:"曼玛阿特瑞要塞;□□□□他的保护",相对的是"塞提一世美尔恩普塔赫要塞"。也许我们可以大胆地将该前哨认定为重要遗址阿卜德的BEA 10。该地发现一个要塞、许多大谷仓和一个池塘,还有一些较小的营地。而说到K和L,国王建的一个居住地和伊卜色克伯水井,可能依次位于或接近遗址B-53/B-21或玛德巴阿。图画(b)中的最后一个地点是一口井和要塞,要塞没有名字,而井是塞提一世的。我们可以将其确定在玛扎或附近的地方。从[□□]玛特到M的地点定位序列都属于图画(a),与沙苏的第一次战斗为其特征。因此，我们可以大胆推测，此次冲突是发生在塞波尼斯湖宽广地段南面阿卜德与玛扎之间的什么地方。

随着国王向东挺进，其胜利的消息也毫无疑问在他前面传播开来；因此，迦南首领的部队在图画（b）中便表示臣服并敬献贡物。在途中，他又经过了三四个地点以占据拉菲亚的宫廷。这里是一个要塞和一口井 N 和 O，要塞没有特别的名字，但却有两个井名："曼玛阿特瑞，胜利大师之井"和一个很平常的名字"甜（水）井"。在《阿纳斯塔西草纸（一）》中，我们发现了 Aynen，可能是闪语双数"孪井"。接下来是 P 和 Q，要塞、水井和池塘：陛下的又一个新的定居点，一个水井 H[□□□]ututi，和一个"宽池塘"，可能接下来的是阿卜哈维达特和美苏迪耶直向阿里什，之后，S 和 T 是一个叫"曼玛阿特瑞井"的要塞和一片叫做统治者之奈赫斯的水域，这片水域可能会引导我们到达阿里什。在该点之后，《阿纳斯塔西草纸（一）》又加了一个地点：哈巴拉特。在阿里什与拉菲亚之间，我们可以大胆地将它和重要遗址哈如巴连在一起，在该遗址发现一个要塞给人很深的印象，还有用作管理和弹药仓库的建筑及一个陶器窑。而在 BEA 10，塞提一世的名字在罐印等物品上被人发现，在拉菲亚和加沙之间，《卡纳克》和《阿纳斯塔西草纸（一）》都没有提到任何其他要塞。但要塞还是存在的，就像加沙南面巴拉赫挖掘的要塞、水塘和墓地所显示的一样。

这些地点许多埃及名字在意思上都很明显。然而，其中许多名字显然不是埃及名字，可能是闪语名字，所以需要注意。米格多，"要塞，战略要地"，多见于希伯来圣经。井名哈骅厄曼和穆勒用阿拉伯术语解释为"小据点"。但是，该义适合一个要塞，却不适合一口井。因此，我们可以进一步推测使之更为准确。希伯来语出现了术语 esn，财富，"丰富"，我们可以把它猜测为是叫"丰富"或"充裕"的良井，因为它周遍都是荒野。在《阿纳斯塔西草纸（一）》中，Sbir 这个名字可能是 Shub-'el（希伯来语中的 Shebet-El）——"神之寓所"。与之相伴的是带有神秘名字的伊卜色克伯井。我们可以谨慎地推测它是 Ab-segub，"繁茂种植"（意思是"极为繁茂"），反映的是井水浇灌的蔬菜。然后是 O，《阿纳斯塔西草纸（一）》的 Aynen 可能是一个双数，"孪井"。在 [R]，"宽池"，这里翻译成 [y]m rbt，可能更准确一点是"很多水"，[T] 可能与阿卡德语 nxvu 相关，可以翻译成"统治者充足之(水)"。而哈巴拉特这个名字，可以参见闪语的 xbrt，"公社"。再回到 [Q]，E[□□]wtt 这个名字因为缺失太多而无法翻译。译自《古代近东文献》(普林斯顿, 1955)。

【译文】

1. 与亚洲一系列战役的推测相一致的是塞提为其战役编了号，或者至少开始这么编号。此外，当他从第一年的战役返回来之时，得到一个消息，说有人反叛。像图特摩斯四世一样，要再一次回去作战。在其第一年，他从第一次战役返回之后于卡纳克普塔赫神庙立起了一个石碑，碑文这样说：

(1) 第一年，塞提一世统治下□□□□(5)□□□□□[1]陛下从其第一次得胜战役中高兴返回，(6) 其进攻掠过每一个国家，用其父阿蒙神之力量，是阿蒙神给予他胜利的力量，平定叛乱之国。阿蒙神高兴地出现在他的面前，(7) 为其子提供[保护]，将南方、北方、西方和东方都委托于他。侵入其边境的人被集中在一起交到他的手上。没人挣脱其手心，将他们的首领活捉(8)带走，贡品背在他们的背上，将贡品献给其威严的父亲阿蒙神以及相关的神，以使他们的仓库里充盈满男女奴隶、(9) 每个国家的俘虏。看啊，陛下在南城(底比斯)，正在为其父阿蒙—拉神——底比斯之主——举行愉快的仪式□□□□□。

【注释】

〔1〕 完整头衔及几行例行的赞美词。

2. 紧接着的是敌意的宣言。如果说这是第一年入侵的沙苏的宣言似不可能，因为沙苏人的入侵已成过去。这可能只是利比亚人的入侵，此时他们正侵入三角洲。该推断即使不是特别肯定的话也是非常可能的,因为我们注意到塞提一世在三角洲度过此后很长一段时间,第二年和第三年其维系宫廷的账单可以证明这一点。这些账单显示,实际上塞提在三角洲、孟菲斯或赫里奥坡里度过了整个第二年。这说明那一年他进行了利比亚战争。

在以下的图画中,每一图画都编了号,这样每幅在墙上的位置都能立即确定下来。

图一:进入南巴勒斯坦

一离开他埃及的最后一站塔如,塞提就侵入巴勒斯坦南部荒漠并进入巴勒斯坦。该浮雕中,他仅发现沿路间隔的设防水站,每一个都加有名字。散布的铭文有:

法老上边,太阳左边

两土地之主:曼玛阿特瑞;王权之主[塞提—美尔恩普塔特]。

在要塞中

城镇□□□□。

马上边

陛下第一次伟大跨越:"阿蒙神赋予他胜利,"又称:"安纳特□□感到满意的。"

要塞每边马的上方

(1)尊敬的神用其臂膀变作一位蒙杜神一样的射手,居住在底比斯,□□□□□,重创(2)亚洲人,使其边界拓展到随其意愿到其想到的地方;其臂膀在所有土地上都是(3)不可抵御的;保护(4)埃及的国王,他突破(5)反叛国家(6)之墙垣。(7)他使哈汝首领们停止其嘴里的每一个反驳。他强有力的刀剑就是其英勇；他的力量就像努特神之子。

王公上，战车之后
　　　　□□□□□每一个国家都在[你之]脚下□□□□□。

要塞中，马上
　　　城镇，陛下在胡□□梯[1]井处进行重建。
【注释】
　〔1〕此处文字破损严重，地名的恢复全靠猜测：[E]a-ra-ba-ty后面接一个井的限定符号。

要塞下，马上
　　　胜利□□□□□曼玛阿特瑞，拉神之后裔。
　　　□□□□哈拉巴特[1]。
【注释】
　〔1〕原文Eo-ro-bo-ty，后面是一个井的定符。

要塞下，马下文字
　　　井："曼玛阿特瑞，伟大的胜利。"

水塘中，马下方文字
　　　水塘："甜。"

图二：与沙苏的战斗

沿该路在内格卜向前挺进，国王驱散了沙苏，他们一次次聚合起足够数量的人来见他。在这个浮雕中描绘了该行动中的一次行动，就像发生在荒漠路上一样，同时临近设防的岗位同前图中一样。

国王弓箭中文字

曼玛阿特瑞,塞提—美尔恩普塔赫。

在堡垒中,右侧文字

曼玛阿特瑞的据点(称作):"□□□□□他的保护。"

堡垒下文字

"塞提—美尔恩普塔赫之堡垒。"

中间堡垒文字

[陛]下[新建]之城镇。

水塘中文字

水塘:"伊卜色克伯"[1]。

【注释】

〔1〕 原文 Yb-so-ko-bo。埃及语文字中出现的外国地名一般采用"群拼"方式书写,即只取埃及文字中的辅音相拼而不管元音的发音,比如该名字如果按埃及地名拼读应该是"伊卜萨卡巴"。

堡垒下方,左边文字

塞提—美尔恩普塔赫之井。

战争场面之上文字

尊敬的神,埃及之太阳,所有土地之月亮,夷国土地上的战神蒙杵;像巴勒[1]一样强大不可抵挡,逼近前线之时没人能靠近他。他扩展埃及之疆域直到天下每一边缘。叛乱者们不知如何[逃脱][2];击败了沙苏,他们是□□,□□□□□陛下;[变作]不复存在。

【注释】

〔1〕 迦南神。

〔2〕"逃脱"一词破损，但定符仍在。

图三：夺取皮卡南

与沙苏的战斗，像前一幅画中描绘的一样，持续到塞提到达迦南。在进入亚洲不远的前线什么地方，塞提显然遇到了一座设防的城镇，并给该城镇的浮雕起一个名字"皮卡南"或"迦南"。该名字在这里究竟意味什么还不清楚。自从国王离开其埃及的最后一站塔如，皮卡南在文献里一般意味着与沙苏战争的界限。因此，像穆勒认为的那样，"皮卡南之城"似乎表明他到达了迦南的地点；但我们无法确定这一点。埃及人称整个叙利亚巴勒斯坦西部为"迦南"，"皮"在埃及语中是定冠词。唯一能确定的是塞提现在是在该国的什么地方作战。

国王上边文字

上下埃及之王：曼玛阿特瑞，拉神之子：塞提—美尔恩普塔赫——愿他永生——为蒙西特神[1]所钟爱。

【注释】

〔1〕原文 Mnhyt，狮头战争女神。

要塞

皮卡南之城。

马上文字

陛下伟大的第一步："底比斯之胜利。"

敌人上面文字

(1)第一年。上下埃及之王，曼玛阿特瑞(塞提一世)。(2)法老——愿他长寿、富有、健康——之利剑在(3)沙苏的被征服者中从(4)塔如要塞到(5)皮卡南要塞制造的毁灭，当时陛下(6)像一头目光凶猛之狮向他们挺进,(7)让他们在自己的(8)峡谷中像畜生一样死去,像不存在一样(9)在其血液中殒命。每一个逃出他手指的人都(10)说:"他对远方国家之威力是(11)其父阿蒙神赋予他[1]在这些国家[2]的(12)胜利的英勇。"

【注释】
〔1〕 原文是"阿蒙神赋予你的"。
〔2〕 原文 uaswt,原意为"外国"。

图四:夺取耶诺阿姆

塞提现在已经穿过整个巴勒斯坦。其列表显示,在穿过卡梅尔之后,塞提夺得了贝赫尔和贝特沙尔,两者都在耶茨雷埃勒平原,之后向阿卡进发,从那里沿着腓尼基海岸向提尔和奥图前进。浮雕描绘了夺取耶诺阿姆的场面,该地在距上两个城市不远的内陆,为森林环绕。

要塞名

耶诺阿姆城。

图五:黎巴嫩酋长之屈服

离开提尔和奥图,塞提向北推进,沿着腓尼基海岸前进,这在其列表中可以看到。当他经过黎巴嫩时,他接受了当地统治者的投降,这为他在埃及的神庙建筑得到了雪松木料的供给保障。叙利亚人在图画中描述为被砍倒的情形,而一位塞提官员向其报告他们已经投降。该官员的名字没有标出,但威德曼认定他是出现在利比亚战役中的王子,对此,我们尚无证据。

根据塞提的列表,他沿着海岸向北前进经过了西米拉和乌拉扎,但浮雕中包含有最北部占领的上排,不幸缺失,因此我们无法掌握这次海岸线进军的细节的列表或轨迹。如果塞提真的到达了西米拉和乌拉扎的话,那就是东部相隔的山脉避免了一次与赫梯人的冲突。

稳固了海岸线之后,像其伟大先人图特摩斯三世一样,塞提带着他的战利品返回家乡。现在他为其下次战役与叙利亚的海上通畅确定了一个海港,此海港将大大便利未来在北方的行动。

要塞中文字

[佩梅赫特姆]的卡德尔城。[1]

【注释】

〔1〕 Kader 希伯来语意为"围拢",Kader 城为"围拢之城"。

国王前面和后面文字

[视察黎巴嫩首领们],他们在砍倒建造大游艇"尼罗河之始"的[雪松],□□□□同样也用来作阿蒙神的伟大旗杆,□□□□建筑□□□□过着满意的生活□□□□[像]拉神一样,每天□□□□,两女神所钟爱者:乌赫姆—美苏特。□□□□最强之弓箭□□□□塞提—美尔恩普塔赫,愿他永生。[1]□□□□因胜利而满意;首领□□□□他的力量□□□□□他的□□□□[他热爱战斗的每一刻钟]胜过[享受]每一天□□□□他看着[他们],他的主人□□□□他的心感到满足,使埃及的疆界□□□充满仓库□□□□后嗣□□□在□□□。

【注释】

〔1〕 塞提一世完整头衔片段是根据类似文献恢复的。

埃及官员前面文字

国王右面的执扇者回答仁慈之神,说:"我辈将按照你说的做,噢,荷鲁斯,两土地的赋予生气者。你在每一国家都像蒙杵神一样;当瑞柴努看到你,他们就四肢发抖。

图六和图七:捆绑带走俘虏

开始返回埃及,我们看到国王在两个象征性图画中捆绑并带走俘虏。

国王前面和后面文字

(6) □□□□□□□所有国家;他把他们作为活着的俘虏带走□□□□□哈特玛,上帝□□□砍倒□□□□他的敌人。

马之上文字

(7) 陛下第一次伟大跨越:"胜利中的伟大"。

俘虏上面文字

瑞柴努大首领,他们被陛下作为活俘带走。

图八:在埃及的迎接

塞提现在已经到达埃及,接近边境沙如城,赶着他的俘虏。在流经该城的运河埃及一边站着一队官员欢呼着胜利返回的法老。法老身后的王子名字已经破损,威德曼认为是图十三中出现的加冕王子,但无法证明。

该画中最重要的内容是告诉我们塞提惩罚沙苏的原因,描述很长。有人向他报告,贝德文,即沙苏,正找理由反抗巴勒斯坦,此次入侵导致巴勒斯坦所有政权的完全被推翻。该贝德文毫无疑问就是阿玛纳书信中的哈比瑞。塞提一世在巴勒斯坦遇到的情况正是我们从耶路撒冷的阿卜德西巴信件的分析中所得知的情况。在哈姆哈伯陵墓中,也有同样情况给我们以进一步的证明。希伯来人想在巴勒斯坦站住脚跟的企图无疑导致贝德文人大规模的迁移,塞提对此做了记录。

国王之上文字

上下埃及之王,两土地之主。曼玛阿特瑞;拉神之子,王权之主:塞提—美尔恩普塔赫,愿他永生,像拉神一样。

鹰之下文字

涅赫伯特,内亨之白色女神——愿她给予生命、稳定和满足——

像拉神一样。

运河中
　　　　桥。

要塞中,运河旁文字
　　　　沙如要塞。

马下边的要塞文字
　　　　存储室:"狮子"。

马后边要塞文字
　　　　玛卡梯瑞。

要塞池塘边文字
　　　　赫盆池塘。

马后要塞文字
　　　　塞提——美尔恩普塔赫之布托。

要塞下池塘文字
　　　　[供水]池塘。

马上边文字
　　　　陛下——愿他长寿、富有、健康——之伟大跨越:"阿蒙赋予其力量"。

上端马上边文字

上下埃及之王、(2)两土地之主、赋予生命的乌赫姆—美苏特[1]第一年。

【注释】

〔1〕原文 Wem-mswt,即塞提一世。

(3)有人对陛下说:(4)"被征服的沙苏,他们打算(5)[叛乱]。其部落首领(6)聚集在一起,起来反抗哈汝亚洲人。(7)他们开始诅咒、争吵,他们每一个人(8)都屠杀邻居,他们漠视宫廷的(9)法律。"

陛下——愿他长寿、富有、健康——之心因此而高兴。(10)看,慈善的上帝,他对开始战斗(11)感到喜悦,他对(12)加入[1]战斗感到欣喜,他的心看到血而(13)感到满足,他砍掉(14)反叛心者的头颅,他爱(15)战斗的每一时辰胜过快乐的每一天。陛下一次就杀戮了他们。他没给他们留下一块肢体,他把作为俘虏而躲过其杀戮的人带到了埃及。

【注释】

〔1〕或译为"当有人违逆于他之时",表其喜战。

战车后王子上边文字

在瑞柴努诸国之行进中跟随国王的有世袭王公,伟大的祈祷□□□□真正国王之书吏,他所钟爱的□□□□国王之子,出自其身,他所钟爱的□□□□。

欣喜的埃及人上面文字

南方和北方的先知、贵族和官员,来欢呼慈善的上帝,他从瑞柴努国返回,带着无数的俘虏。(2)此种场面从神之时代(3)就从未见过。他们(4)赞美着陛下,夸耀着(5)他的威力,说:"欢迎你从(6)你征服的国家回来;(7)你是胜利者,你的敌人在(8)你的脚下。你在整个战争期间(9)就像天上的拉神,九弓(敌人)(10)使其心满意足。当拉神划定你的疆界之时,其双臂(11)在你身后保护着你。你的剑到达(12)任何一块土地,他们的首领在你刀刃下被砍倒。"

图九:向阿蒙神奉献沙苏俘虏和宝贵的容器

塞提出现在阿蒙神之前,向他奉献征服沙苏战役所获奴隶和贵重容器,但该胜利被称是在瑞柴努,上排的俘虏也证实是来自瑞柴努。

阿蒙上面文字

底比斯之主阿蒙—拉说:"噢,我亲爱的儿子,两土地之主:曼玛阿特瑞,我令你战胜每一个国家,统治他们的首领,这样他们就晋见你,因为害怕而背负重物[1]聚集在你面前。"

【注释】

〔1〕贡品。

贡品上面文字

[陛下奉献贡品于其父阿蒙神],从瑞柴努国家返回。该国家首领们成为活俘,他们背上的贡品包括各种容器、精选又精选的金子、银子、天青石□□□在每一个国家,你给予我□□□□。

俘虏上面,上排文字

不知晓埃及的国家之首领,陛下从其战胜的邪恶瑞柴努国带走。他们夸耀陛下,欢呼他的胜利:"万岁!你的名字多么伟大,你的力量多么强大!这些国家愿意成为你的臣民,跨越你疆界的他们被缚。对你的卡起誓!我辈不知晓埃及,我的父辈也没践踏过埃及。请给我辈以呼吸,你给予的呼吸。"

俘虏上面,下排文字

陛下从沙苏带回来的俘虏，都是陛下在乌赫姆—美苏特第一年亲自打倒的。

图十：奉献叙利亚俘虏和宝物给阿蒙神

一幅像以前浮雕一样的图画，但叙利亚人取代了沙苏。

阿蒙上面文字

底比斯之主阿蒙—拉神说："你平静地到来，噢，慈善之神，两土地之主：曼玛阿特瑞，我已在每一国家建立起你之威力，在九弓心里建立起对你之敬畏。他们的首领像一个人一样来到你之面前，背上背着重负（贡品）。我已经为你将所有土地都笼罩在对你的敬畏之下，在你的恐怖中把腰弯下。"

容器上面文字

陛下奉献贡品给其父阿蒙神，他从邪恶的瑞柴努国返回；包含有银子、金子、天青石、孔雀石、[□□□]，以及每一种耀眼的贵重宝石。这些国家的首领们被他紧紧抓住，以填满其父阿蒙神的仓廪，以你[1]给我之威力。

【注释】

〔1〕应该是第三人称，即"以他给我之威力"，但原文如此。

俘虏上面，上排文字

陛下从上瑞柴努到达，拓[展埃及疆]域□□□□□。

俘虏上面，下排文字

不知晓埃及之国家的首领，陛下活捉他们作俘虏。

图十一：在阿蒙前屠杀俘虏

起源很早的该血腥仪式为的是国王最后认定其力量来自神，他在神面前献上一系列敌人，他们都是神让他消灭的。过度的赞美和神的承诺是从早期文献中抄来的。第一部分是从阿蒙霍太普二世叙述其建筑的大石碑上抄来的。塞提一世在该石碑被阿赫那吞毁坏之后恢复了该壮观的石碑，显然在恢复的时候塞提非常喜欢其文字形式，于是决定借用，但做了许多改动。塞提的形式又被拉美西斯三世在其美迪奈特哈布神庙再次使用。阿蒙神表述的其他部分来自更早的文本"图特摩斯三世胜利大赞美诗"，但也有一些改动。

被征服城市和国家上面的头衔根据图二十恢复，有些重复。征服所获城镇与国家的列表附加在两个含有两大序列献祭画面之上，即图十一和图二十。两列表完全混乱，甚至固定不变的"九弓"也被弄乱成为两个片段。对此我们有一点可以确信，因其充当一个传统功能，仅表达大规模占领的观念。幸运的是，塞提在古尔奈(Kurna)神庙中一个司芬克斯上保存了他占领的一个更为谨慎的列表，列表如下：1-9."九弓";10. 凯塔;11. 那赫润;12. 阿拉萨;13. 阿卡;14. 扎米拉;15. 贝赫尔;16. 贝特沙尔;17. 哈梅赫姆;18. 耶诺阿姆;19. 乌拉扎;20. 凯梅德;21. 提尔;22. 奥图;23. 贝塔纳特;24. 凯瑞米姆；余下名字(序号25-43)是著名城市及地区的随便选择，主要是亚洲的，因早期占领而为埃及人所熟悉的。只有在北方的耶茨雷埃勒平原上和斐尼基城市才聚合在一起(序号13-24)，但在组内它们还是随意出现的。甚至这样的分组也漫无目的，结尾混乱(序号25-43)。

与该列表相配合的是国王的话，他声言十八王朝其前辈们大量占有的土地归他所有，即从南面的"地之角"到北面的"那赫润沼泽"。对于南方边界来说应该说实事求是，但对于北方边界来说，毫无疑问是夸大其辞了。如果塞提曾经率军来到过那赫润，那他不可能在那里建立自己的疆界，或占据任何加利利以北的内陆地方。

阿蒙上面文字

(1)阿蒙—拉神、底比斯之主说："噢，我儿，我身体之(继承)，

(2)我所钟爱者,两土地之主:曼玛阿特瑞,一切国家力量之主!(3)我乃你父;我将你的恐怖布满上下瑞柴努、上(4)下埃及。努比亚穴居人在你脚下被杀戮。"

我将(5)南方国家的首领都带给你,他们要向你献祭,(6)都是其国家的各种好东西,来加紧(7)□□□□□。

[我转]脸面向北方[1],我[为你](8)制造一个奇迹□□□□□□□用你之力量在他们的巢穴为反叛者设下陷阱。我带给你(9)不认识埃及的国家,以及他们所拥有的贡品,包括银子、金子、天青石,每一种神之土地最有价值的宝石。

【注释】
〔1〕 该神起初应该是面向南方的。

(10)我转脸面向东方,我为你制造一个奇迹,我将他们都为你绑起,聚集在你掌握之中。我将蓬特所有国家(11)聚集起来,他们所有的贡品,没药[1]树胶、桂皮和所有神的土地上的令人愉快的香木,(12)在你和你蛇形头标面前散发[芬芳]。

【注释】
〔1〕 没药原文 onty,指一种芳香族树胶树脂,从没药属几种树木和灌木中提取,用于香水或香料中。

我转脸面向西方,我为你制造一个奇迹,为你毁灭了泰赫努[1]的每一块土地。(13)他们来向你鞠躬,因为害怕你而跪在你的面前。□□□□首领(14)给你赞美。

【注释】
〔1〕 原文 Tyenw,古埃及人对利比亚的称呼。

我转脸面向上天,我为你制造一个奇迹;当拉神每天早晨诞生的时候[1],上天地平线之神向你欢呼(15);当他一来到中天,你就像拉神一样灿烂辉煌。

【注释】

〔1〕 古埃及人相信,拉神每天乘坐太阳船战胜蟒神之后从东方地平线上升起,傍晚在西方落下。

我转脸面向土地,(16)[我为你制造一个奇迹,为你在每一个国家安排胜利。]神祇们在其神庙里为你欣喜若狂;你将在凯伯[1]的王座上作为国王永恒。

【注释】

〔1〕 原文 Kb,通常称盖伯,地父神。

阿蒙前面文字

(1)我已使他们看到陛下,光芒之主,这样你[1]就像我的形象一样闪耀在他们脸上。

【注释】

〔1〕 指塞提一世,这里记述的是阿蒙神对塞提一世说的话。

(2)我已使他们看到陛下,当时[你]在战车上拿着武器,展示着你之王权。

(3)我已使他们看到像环绕之星一样的陛下,你的光辉像火星一样散落并洒下其雨露。

(4)我已使他们看到陛下,像一个年轻的公牛一样,内心坚定,准备战斗,不可抵抗。

(5)我已使他们看到陛下,像鳄一样,在岸上令人恐惧,不可接近。

(6)我已使他们看到陛下,像火焰一样,像盛怒中之塞赫麦特神[1]。

【注释】

〔1〕 原文 Sumt,指狮头战争与破坏女神。

(7)我已使他们看到陛下,像[一头怒眼圆睁的狮子一样,你就这样在其峡谷里让他们尸横遍野]。

(8)我已使他们看到了像一个□□□一样的陛下,巨大的力量,天上人间都无法抵抗。

阿蒙剑前文字

拿起你的剑,噢,强大的国王,你的权杖重击九弓。

国王前面文字

屠戮亚洲穴居人、所有难以接近的国家、所有土地、亚洲沼泽之丰沪[1]、海之大湾[2]。

【注释】

〔1〕 原文 Fnuw,可能指腓尼基。
〔2〕 原文 pxr wr,指幼发拉底河。埃及语中"海"(woj-wr)一词直译的意思为"一大片绿"。

国王上面文字

打击穴居人,镇压亚洲人,使其疆界扩展到"地之[角]",直到那赫润沼泽。

国王下面文字

陛下所击南北土地列表,大量屠杀,死者无数。[各地臣民被]掳走[作为活的俘虏,填充其父底比斯及所有国家之主阿蒙神之仓廪]□□□□。

图十二：与利比亚人的第一次战斗

该图画让我们走向门的另一面，其上有一组保存下来的没有日期的九幅画面；它们不一定属于门东侧上部描绘的第一年战争，但可能发生在第一年后的某个时候。塞提实际上在三角洲度过了他统治的整个第二年，该年他可能进行了利比亚战争。

因为塞提在亚洲的第一次战争是在记述与西奈贝德文和内格卜的一次小战役中提及的，这样，其第二次亚洲战争便由一场与利比亚人的战役作为先导。显然，塞提的孙子美尔恩普塔赫统治时期变得非常之大的来自利比亚人侵入三角洲的压力，早在塞提统治时期就已经开始了。因此，不惩罚他们，塞提一世就不能继续其在亚洲的占领。遗憾的是，图画只是一个传统的描述文本，除了有些一般的术语便什么都没有了。

国王前面文字

　　两土地之主：曼玛阿特瑞；王权之主：塞提—美尔恩普塔赫。

国王后面文字

　　哈特玛，功绩之主。

马上面文字

　　(1)□□□□(2)在每个国家制造毁灭、夺取，(3)没有人像他那样勇敢，用他的(4)剑来实现，直到两土地都知道，直到(5)整个陆地都得以看见。他像巴勒一样，(6)跨越高山，(7)对他的恐惧已经弥漫了所有国家，其名字(8)为胜利，(9)其剑(10)是力量，(11)没人(12)能站在他的面前。

图十三:与利比亚人的第二次战斗

该画非常重要,且其艺术构思也很有价值。画中出现两个王子,在描绘战斗的画面中出现。他们中有一位(在塞提身后)刻有拉美西斯的名字,当然,他后来成为拉美西斯二世。此细节对研究塞提和拉美西斯二世统治有极重的分量,从根本上改变了两者统治的年表。但我们应记住,在第一处,该拉美西斯的身影是在利比亚战争中,没有日期,在门的另一面记述第一年沙苏战争的画面较远的一幅画面中。拉美西斯同其父一起出现,因此就不一定像常被认定的该年是其父的第一年。

此外,对伴随人物做仔细的考察会发现:首先,该图画根本不是拉美西斯与其父在战斗中出现的证据;第二,拉美西斯也不是塞提王位的第一继承人。在塞提掀翻的利比亚首领身后站着一位埃及王子(图四),面向左面,在观看,可能参加了战斗。在塞提身后站着王子拉美西斯(图三),面向右面,同样也在观看着战斗。图四也不可能是拉美西斯,因为他在同一幅画中出现两次。跟着的铭文是这样写的:"世袭王子,国王出自其身体的第一个儿子——,"很遗憾,名字缺失了;名字可能就在其身影消失之处前面的什么地方,因为该王子的裙子在头衔之下延伸,因此名字一定被放在了左边(在利比亚首领肘部下面)。结论是,塞提一世的"第一位王子"不是他的继承人拉美西斯;就是说,拉美西斯二世有一个没能继承王位的哥哥。

但是,对该幅画做进一步考察我们会发现这样一个事实,即该拉美西斯的身影不是原来就有的,它并不属于其站立的地方。首先让我们看到的是战车轮子(属于右面的下一幅画面)和倒下的利比亚人腿之间的空间太狭窄,根本无法容纳另一个人的身影,作者也只能把王子硬挤在这里。这样,他在一个图画里就和在另一个图画里非常相像了,一种很不正常的安排!他站在那里用右手举着扇子,好像要打击倒下的利比亚人。扇子直接穿过正文的垂直句子!很难辨别右手在哪里;似乎已经举起来了,好像他正抓住其父的敌人,就像其父所做的那样。很大的纵列铭文穿过这把扇子,向下扩展,越过王子的头和身体,一直到底。因此,很清楚,在塞提完成该浮雕之后的什么时候,其长子把自己的形象加到了里面,像参加了塞提的利比亚战役一样。很明显,有人想把他去掉,因为我们可以看到,他的身影已被粗暴地铲掉。商博良称他为一个"带有传说残片的有凿痕且负担过重的王子"(紧跟着的是其头衔),其伴随的铭文也被凿掉了。最不欢迎该王子身影、也是最渴望将其铲除的人,当然是同幅画中的另一位王子拉美西斯。我们将该损毁者认定是他一定不会错。此外,非常肯定的是,他此举是为了将自己的形象插在同一幅画中,因为他的身影(图三)也不是该画原来就有的。

首先,像在图四中一样,我们在图三中也看到了王子身影挤入空间的狭窄,他的左脚穿过了塞提踩踏的正在倒下的利比亚人的羽毛,而左手与另一只羽毛相碰撞。此外,我们也注意到一列向下延伸通过王子之头进入他的身体的铭文。拉美西斯站立着掌心朝外举着右手,像通常在打招呼,左手在其身前垂直拿着扇子。该建筑上的接缝处涂绘了肩膀和脸。伴随的铭文部分在此图画中,还有一部分在另一幅图画中。铭文如下:"王子,国王之子,世袭王子,亲出其身,他所钟爱者,拉美西斯。"

仔细考察拉美西斯身影,我们会看到,拉美西斯的形象是他自己插入这里的,这让我们意识到很可能他抹掉了另外一个形象,在该形象之上,其自己的形象已经被铲掉。第二次抹掉的动机与第一次的动机无疑是一样的,因此,另一个形象应该就是拉美西斯的哥哥。但是,由于其兄在该幅画中已经被抹掉过一次,我们想第二次他形象的出现一定属于另一个图画,这种情况是很清楚的。在拉美西斯形象之下出现第二双脚走向相反的方向(左方);拉美西斯身后是一个裙子的前面部分,在其身后是第三支胳膊;穿过其身影的是一个带有向左边开口的箭袋,其羽毛的顶端向左方倾斜。当然,这一切都属于另一个形象,面向左边。比较一下另一形象和图五中的王子,我们可以清楚地推断,他在其跟随的战车后走向同一个方向。其左脚准备下一步的姿势非常有特点,胳膊在前面垂下,扇子在肩头上。因此,他应该属于左边的图画,描绘的是塞提从利比亚战争中胜利凯旋（图十四），乘坐自己的战车，驱赶着其身前的俘虏，像跟随塞提从第一次叙利亚战争（图五）返回的王子一样。这是我们想看到的；在拉美西斯介入之前，其长子的身影在两幅图画中各出现一次：与利比亚人的战斗（图四）和返回（图五）的图画中。拉美西斯出现在战斗中，并使自己面向右边插入进来。

但是，如果拉美西斯的身影是后来插入的，那么，其兄（另一个形象）同样会这样做；后者的扇子、箭袋，实际上整个形象都直接插入到最初的铭文中，就像拉美西斯的形象的插入一样，其兄让其本人的形象插入到这里。正是这种情况清楚地透露了其兄以及塞提长子（图四）的身份；两者都渴望在塞提的利比亚战争中露面，两者又都是拉美西斯仇恨的对象，两者都被他从画中抹掉了。

概括起来说，我们发现该墙上壁画内容的三个阶段：

1. 战斗画面每一边都有一列连续的铭文；在该画面或返回的画面中都没有王子出现。

2. 在战斗画面的右侧和返回画面右侧，塞提的长子插入了他自己的身影。

3. 拉美西斯王子抹掉了其兄在此两处的形象，但在返回画面中其兄的身影上画上了自己的形象，其面向的方向使人觉得好像它属于该战斗画面。

同在该墙的上端也有一个插入的痕迹（图六），就在夺取卡迭什画面左边分散的几片（图十六）上。这里我们看到一个形象（图六）举着手臂，就像战斗场面中拉美西斯的形象一样，佩带一个箭袋。在该形象之前是他身后绑着手臂的俘虏，表明此人跟着国王的战车（就像在图五中一样），然而，在战车之后，却出现国王领着一队俘虏的画面。该形象同样也是后来插入的，因为有一列铭文向下穿过该形象，而倒在战车下的叙利亚人的头插入进了此人的裙子。我们无法确定该形象是拉美西斯的还是他哥哥的。

从以上事实中得出历史结论并不多，但非常重要。首先，这些浮雕没有提供证据让我们确信拉美西斯二世在哪一年参加过其父在什么地方的什么战役。因此就不再需要用缩短塞提统治时间的方法来使拉美西斯登基的时候足够年轻,尽管马斯佩罗认为这样做是不可避免的。就这些浮雕而论,拉美西斯甚至可能在塞提登基之后出生。当然,单凭拉美西斯让人将他自己的形象插入其父的战斗画面以在那里显身这个事实就足以让人怀疑,他很可能跟描述的事件毫无关系;这样,塞提的统治可能比我们认定的时间要长。他在正要庆祝其庆典的时候死亡,留下一个未完成的方尖碑,后来由其子拉美西斯二世完成。如果其父统治了两年半的时间,塞提的庆典可能是在其统治的第二十八年的年中。但是,因为他没有活到完成方尖碑和庆典,所以,他可能在统治20多年以后死于其庆典的前几年。他不可能统治更长的时间,因为我们知道塞提一世第二年的库什总督塞陶(Setau)是在拉美西斯二世的第三十八年,如果塞提统治了20年,这就使塞陶任职的期限至少是第五十七年,这个在职任期显然是太长了。对于塞提一世完成的大的建筑来说,20年并不是个太长的统治时期。

敌人上面文字

　　(1)□□□□[消]灭其敌人,打击(2)□□□□□在他们中间,(3)□□□他们的首领倒下(4)□□□[在]荷鲁斯神的两脚[之下],(5)[上下埃及之王],美尔恩[普塔赫];(6)拉神之子,塞提—美尔恩[普塔赫],像拉神一样,赋予他满意的生命。

国王前面文字

　　打击柴赫努首领。

扇子上面文字

　　哈特玛,两土地之主,奉献之主,打击每一个国家。

扇子下面文字

一切保护、生命、稳定、满足都在其身后,像力量之主拉神一样,打击九弓。

国王,两土地之主,力量之主,曼玛阿特瑞,打击各国首领。

国王身后王子旁文字

世袭王子,国王之子,亲出其体之加冕王子,其钟爱者,拉美西斯。

敌人身后王子旁文字

王子,国王之长子,亲出其体□□□□□。

马上面文字

陛下第一次伟大跨越:"外国人之打击者"。

图十四:从利比亚战争返回

我们这里看到的是塞提从利比亚战争中返回的场景,风格与其第一年从叙利亚战争中返回画面的风格一样。在该画面中,在塞提战车后面,其长子将自己的形象插入到战车后面,就像从叙利亚返回的战车后面的王子一样。该王子的身影在一栏纵列铭文之上插入,这表明它不是塞提留下浮雕原本的一部分,后来被拉美西斯二世的形象取代,拉美西斯二世的身影面向另一个方向,属于前一幅图画。

国王上面文字

两土地之主:曼玛阿特瑞,王权之主,塞提—美尔恩普塔赫,愿他永生。

马上面文字

陛下第一次之伟大跨越："阿蒙神之力量"。

俘虏上面文字,上排

□□□□他使他们不再站立草地之上,无法拿起弓箭,在洞穴里度日,像狼一样藏起来,都是因为害怕陛下□□□□他们的心□□□□力量。

俘虏上面文字,下排

□□□□作为柴赫努国家活着的俘虏,被其父阿蒙神之力量所俘获。

图十五:利比亚俘虏和献给阿蒙战利品的描述

阿蒙上面文字

(1)阿蒙—拉、底比斯之主说:(2)"噢,我亲生之子,两土地之主,(3)曼玛阿特瑞;我心为(4)你的爱而高兴,我高兴地看着(5)你之美丽。我将对陛下的敬畏布遍(6)每一个国家□□□□(7)在其首领的头上,[他们](8)都到埃及来到你的面前,(9)带着他们的财产(10)背在其背上。

姆特前面文字

姆特[1],伊什汝[2]之女王——上天之女王,众神之女王——当你像拉神一样出现之时,就像两土地之王一样永恒。

【注释】

〔1〕 姆特神为古埃及母神,古埃及人把她看做"世界之母"及法老之母。她最初是努恩(Nun)神之配偶,但在底比斯,她成为阿蒙神之妻。其子为月神弘苏。

〔2〕 伊什汝(Ishru)为卡纳克神庙姆特神所在的地方。

弘苏前面文字

底比斯的弘苏[1],美丽的宁静[2],荷鲁斯,欢乐之主(及)托特,卡纳克之主。

【注释】

〔1〕弘苏(Unsw),古埃及月神。
〔2〕"美丽的宁静"是对月神弘苏的称呼。

下面文字

我赐予你对抗南方的力量、对抗北方的胜利。

破损处之上文字

陛下向其父(2)阿蒙—拉神奉献贡礼,包括银子、金子、天青石、孔雀石,(3)各种奢华的宝石,来自您于每一国家给予我的威力。(4)上下埃及之王;奉献之主:曼玛阿特瑞;(5)拉神之子,王权之主:塞提—美尔恩普塔赫,愿你永生,像拉神一样。

国王前面文字

(1)尊贵之神献给其父阿蒙神来自不为埃及人所知之国叛逆首领的(2)贡品。他们贡品背在其背上,以便用男女奴隶充满你的仓廪;(3)来自您于每一国家给予我之胜利。

跟随俘虏的文字,上排

(1)陛下从该国到达□□□□当其废弃(2)瑞柴努并屠其首领,使(3)亚洲人说:(4)"看(5)这个人!他就(6)像(7)无水可救的(8)前进中的火焰。"他(9)令所有反叛者停止(10)其口中(11)的一切反驳,(12)他夺走(13)其呼吸。(14)□□□□当有人靠近边境之时,他就像蒙杆神,(15)□□□□他就像努特之子;没有国家能站在(16)[其]面前[1]。

【注释】

〔1〕意为与之抗衡。

俘虏上面文字,下行

  柴赫努[1]国家首领□□□□。

【注释】

  〔1〕 柴赫努(Tyenw)为古埃及人对利比亚的称呼。

图十六:夺取卡迭什

  对利比亚的战役结束,我们发现塞提再次来到叙利亚。像图特摩斯三世年报一样,该文献中的战役常常这样开头:"陛下在 x 之土地上"。我们的浮雕没有提供军队路线的报告,但却在他于敌国攻击卡迭什的浮雕中指出了路线。越过约旦谷及在加利利海东部的浩兰竖立了界碑,可能都与该战役相关。

城边文字

  卡迭什城。

要塞内文字

  法老——愿他长寿、富有、健康——命令破坏亚莫尔[1]地上之卡迭什。

【注释】

  〔1〕 亚莫尔(Y-m-r),即叙利亚北部的阿穆如。

战斗场面上面文字

  (1)□□□□盛怒(2)□□□□天堂,蒙杵神在上(3)□□□□他的右边,英勇(4)□□□□无数战斗(5)□□□□他的军队;数百万□□□□之墙(6)当其看见人数之众,[他并]未(7)[考虑]联军人众,掌握(8)□□□□亚洲人,使其(9)□□□□摧毁城镇(10)□□□□消灭其定居地(11)□□□□他的[道路],摧毁□□□□。

图十七:与赫梯的战斗

塞提在黎巴嫩的推进必定导致与赫梯的冲突,在我们知道的埃及与赫梯第一次战斗中看到了他的身影。遗憾的是,我们尚不知道此次冲突的细节。

国王上面文字

仁慈之神,强大的两土地之主;曼玛阿特瑞;王权之主:塞提—美尔恩普塔赫,拉神选中之宠爱者。

敌人上面文字

赫梯可怜的土地,陛下——愿其长寿、富有、健康——在他们中间大批屠杀。

战斗上面文字

(1)荷鲁斯:强大的神牛,在底比斯闪耀,两土地的赋予生气者,(2)上下埃及之王,两土地之主:曼玛阿特瑞;拉神之子:塞提—美尔恩普塔赫;(3)仁慈之神,强大的力量,像蒙杵神一样勇敢,(4)像生他的父母一样,力量中之力量,像地平线之神一样照亮两土地,(5)像努特之子一样力量强大,双重荷鲁斯神(6)以其[自己]之手无往不胜,像塞特神一样踏向战场,(7)在各国像巴勒神[1]一样令人产生极大的恐惧。当其在国内之时,(8)受两女神所钟爱,(因为)他的力量保护着埃及。拉神(9)为他划定其疆界,直到阿吞神所照亮的边缘。(10)神鹰,闪耀着羽毛,像拉神陛下一样(11)航行在天堂;狼神[2](12)每一点钟都围绕着该土地巡游;怒眼之狮,践踏在每一国家难以接近的道路上(13);强大的神牛,[锋利的]号角,[巨大的]野心,摧毁亚洲人,(14)打败赫梯,杀死(15)其首领,将他们打翻在(16)其血泊中,像火(17)蛇一样(18)在他们中间燃烧,让他们死无葬身之地。

【注释】
〔1〕 迦南神,为雷暴之神。
〔2〕 外普瓦乌特,该神名字的直接意思为"开路者"。该神又被称作伊西斯女神之子,形象有点像阿努比斯神。最早崇拜地为阿比多斯。

图十八:带走赫梯俘虏

像在其他战争中一样,塞提带走其俘获的俘虏。这里提及柴赫努,表明正如我们推断的那样,利比亚战争是在赫梯战役之前。

国王前面文字

两土地之主:曼玛阿特瑞;王权之主:塞提—美尔恩普塔赫。

马上边文字

陛下伟大的首匹战马:"阿蒙给予其力量"。

前面俘虏上面文字,上排

壮美神祇[1],生命之力量,像蒙杵神一样伟大的力量,居住在底比斯,充满活力的牛,锋利的角,(5)坚定的心,摧毁无数;强大的狮子,在每个国家踏出(10)不可到达之路;巡游南方的豺狗,每一点钟都环绕这片土地,摧毁每个国家的敌人、无比强大的武士、(15)手法熟练的弓手,像一座铜山一样建立起他的名望,用其气息提供给他们的鼻孔。瑞柴努俯首在其面前,柴赫努[2]的土地屈下其膝盖。他(20)在该可怜的哈梯[3]土地上随其意愿撒下种子;他们的首领倒在其刀刃之下,变成虚无。(当)他毁坏他们的城镇之时,(24)其威力在他们当中像火一般。

【注释】
〔1〕 原文 ncr nfr,直译为"美神",往往指年轻神祇。
〔2〕 柴赫努为利比亚,正规的文字应该是 Cenw,但这里却写成了 Tyey。
〔3〕 哈梯指赫梯的土地,一般写作 Uta,这里写成了 Uto-to。

前面俘虏上面文字,下排

不知埃及之国的首领,陛下将他们活着带回来。在他们的背上背着国家精选的一切。

后面俘虏上边的文字

(1)胜利之王,伟大的力量;他令人恐惧就像(2)努特之子。在其毁掉该国之后,胜利返回。他毁坏(3)了哈梯的土地,使这胆怯的反叛者(4)停止反抗。每一国都变得安宁,(5)(因为)对陛下的惧怕已经弥漫(6)在他们中间,他的[名声]已经穿透他们的心脏。(7)这些国家的首领被绑缚在(8)其面前,他不在意集结的数万之众。

图十九:献给阿蒙神的赫梯战利品和俘虏

赫梯俘虏与其战利品现在像在其他战争中一样被奉送给阿蒙神;但铭文中没有进一步提供关于此次战役任务及范围的信息。

国王上面文字

壮美神祇,伟大的胜利,上下埃及之王:曼玛阿特瑞;拉神之子:塞提—美尔恩普塔赫,拉神所选定者,在拉神之船上。

阿蒙上面文字

(1)[说:"我给予你]一切力量及所有的胜利。"
(2)说:"我给予你所有土地,所有的国家都在你之脚下。"
(3)说:"我给予你拉神的永恒,阿图姆神的年龄。"
(4)说:"我给予你永恒的欢庆,像拉神一样。"
(5)说:"我给予你一切食物贡品。"
(6)说:"我给予你所有生命、安定、满足;所有健康。"
(7)阿蒙—拉,底比斯之主,卡纳克的主宰。

巴斯特上面文字

(1)姆特[1],伟大的巴斯特[2],卡纳克之统治者,和善与爱之主人。

【注释】

〔1〕 古埃及女神,多以双冠、秃鹫、眼镜蛇、母狮及女王的形象出现。其名字的意思为"母亲",古埃及人认为她是"世界之母",也是法老的母亲。

〔2〕 欢娱女神,家庭保护神,给人带来健康。

弘苏上面文字

底比斯的弘苏,美丽的宁静,荷鲁斯,快乐之主。

玛阿特上面文字

玛阿特[1],拉神之女说:"噢,我儿,我亲生之子,我所钟爱者,两土地之主,力量之主,曼玛阿特瑞。"

【注释】

〔1〕 玛阿特女神,正义、公平、秩序之神。

战利品上面文字

(1)壮美神祇[奉献]于(2)其父、阿蒙—拉神、底比斯之主的祭品,当时他刚从哈梯国返回,(3)打败了[叛乱的]国家,打击了亚洲人,(4)[夺走了]他们金、银、天青石、孔雀石(5)及[各种]华丽而[贵重的宝石]等财物,完全遵照其颁于他之力量与胜利对付每一国家。

俘虏上面文字,上排

(1)可怜的瑞柴努大首领,陛下(2)从其对哈梯国的胜利中将他们带走,(3)以充实其威严的父亲阿蒙—拉神、底比斯之主之仓廪,(4)遵照其给予他的打击南方的力量与对北方取得胜利的力量。

(5)这些国家之首领,他们欢呼着陛下,愿他长寿、富有、健康,(6)以他数倍的力量,说:"万岁,哦,埃及之王,九弓之(7)太阳。伟大是你的声望,噢,众神之主,(因为)你带走了一切国家,(8)你将他们捆绑在你子荷鲁斯神、两土地的赋予生气者的两脚之下。"

俘虏上面文字,下排

伟大是你的声望,噢,胜利之王;你的力量是多么大!你是每个国家的蒙杆神;你的力量就像他的一样。

图二十:在阿蒙面前屠杀俘虏

该画面位于门的右侧,构成门左侧画面二相对称的下垂部分,两者只有铭文不同。画面二的解说也同样适合该画面。

国王前面文字

壮美神祇,伟大的力量,两土地之主,奉献之主:曼玛阿特瑞,用其剑获得□□□;拉神之子,重创数万,双冠之主:塞提—美尔恩普塔赫,□□□之重创者,像拉神一样,愿他永生。

国王身后文字

生命、安定、满足、健康,一切保护都在其身后,就像拉神一样。现世国王之卡,两土地之主,掌管着斋巴特厅[1],掌管着杜阿特厅[2];所有生命都给予他。强大的神牛,在底比斯闪耀,两土地赋予生气者。

【注释】

〔1〕"斋巴特厅"(jba.t)为"法老之厅"。
〔2〕"杜阿特"(dwa.t)为冥界,"杜阿特厅"为"冥界之厅"。

国王上面文字

哈尔特玛[1]，献祭之主，摧毁这些国家，打翻他的敌人。

【注释】

〔1〕 原文 Hartma，指塞提一世。

【译文】

兀鹰下面文字

她像拉神一样给予胜利；她像拉神一样给予一切生命和令人满意的事物。

阿蒙神前面和后面文字

（1）[阿蒙神说：]□□□□两土地，我子，亲出我身，我所钟爱之人，两土地之主：曼玛阿特瑞，辉煌之王权□□□□（2）□□□□他的敌人。你已劫掠所有国家；到达你之疆界□□□□（3）□□□□正是在其北面；你非凡之名望遍及一切太阳环绕之所在；对你之畏惧弥漫在□□□□（4）□□□□你的胜利。我将对你的敬畏打入他们心中，以便你砍倒那些卷头发者□□□□（5）□□□□你的□□□以便使我成为他们首脑的统治者。沙漠居住者□□□□（6）□□□□我□□我的权杖就像（7）□□□□你，为你征服[（8）心里想反叛者]□□□□（9）□□□□他们的首领[来到]你面前，带着他们国家所有好东西。我把埃及[1]给予你（10）□□□□[俘虏]是你的财产。我使南方来到你面前，俯首帖耳，而北方卑躬屈膝。（11）□□□□在你面前。我给予你一个地上建起的王国，我让对你的敬畏遍撒在（12）□□□□海[带来]他的[财富]；我为你打开了通往蓬特的大路。（13）□□□□在那里。我给予你垠姆特夫[2]来引导你，弘苏和荷鲁斯—索拍德[3]，（14）□□□□作为你的追随者，我为你提供了让一切国家退却的冷酷之手，（15）□□□□[那些不知]埃及的国家。我让你的王权一样踩踏□□□□面貌，像狼一样（16）□□□□。我给予你荷鲁斯和塞特的财产,并将他们的胜利给予你。两神的份额也将是你的份额。

【注释】

〔1〕 原文 To-mry,直译为"可爱的土地"。埃及语中"埃及"的称呼还有"两土地"、"黑土地"。
〔2〕 原文 Yn-mwt. f,原文字面意思为"其母之柱"。古埃及撑天之神。
〔3〕 天狼星神。

俘虏名单上面文字

那些南方及北方土地的俘虏名单,都为陛下所击,在他们中间杀戮无数。其臣民作为活俘被带走,以[填充]其父、阿蒙—拉、底比斯及所有国家之主的仓廪□□□□。

阿蒙脚下的文字

□□□□我给予你所有土地,每一国家都在你的脚下。

25　哈尔发旱谷石碑(2)

【题解】

该石碑现存于大英博物馆。石碑实际上是塞提一世于六个月前在同一地方竖立起的石碑的复制本,其上记载了其父于哈尔发旱谷两神庙最南端建造的建筑。该建筑可能由塞提于其第一年战役之后建起来,同时提到了"陛下之囚",可能说的是塞提对努比亚的劫掠。国王只是确认其父亲奉献的祭品,就像在拉美西斯一世石碑上所认同的那样,这个认同以及拉美西斯一世名字的缺失,使我们相信,拉美西斯一世在这两块石碑建立期间已经死去。然而,两块石碑都是塞提一世第一年立起的;第一块碑立起的时候,其父尚在;六个月后第二块碑立起的时候,没有提及其父。因此,其父很可能在塞提第一年就死了,可能亦为其自己的第二年;最多统治两年半的时间。译自《古埃及记录》(芝加哥,1906)。

【译文】

引言

(1)第一年,第三季的第四个月,最后一天。万岁塞提一世□□□□(2)□□□□愿他永生,阿蒙神(3)钟爱者、底比斯之主、敏西埃斯,像其父拉神一样,每天出现在现世荷鲁斯之王座上。

祭品的设立

看!陛下(4)于孟菲斯城里举行其父赫尔阿赫梯[1]、普塔赫、伟大者、其墙之南[2]、两土地之主、阿图姆、赫利奥波利斯(5)及所有埃及神主之仪式,他们给予他力量和战胜一切土地之胜利,用一种精神统一在其脚下。[□□□□□□](6)[陛下命令]为[其父居于伯亨之缙—]阿蒙神修建祭坛,在其神庙中的第一次祭奠:12块面包;(7)[100块面包;4罐啤酒;10束蔬菜。]

【注释】

〔1〕赫尔阿赫梯(Er-auty),意为"地平线上的荷鲁斯"。
〔2〕"其墙之南"(rs-inb. f)是普塔赫神的称号。普塔赫为孟菲斯主神,而孟菲斯直译的意思是"白墙"。"其墙之南"可能由专指一座纪念建筑演变而来,成为普塔赫神的一个称号。

祭司与仆人

该神庙也居有先知、仪式祭司和净化祭司[1];(8)其所多居[上下埃及之王]曼玛阿特瑞(塞提一世)——愿他永生,像拉神一样永恒——陛下——愿他长寿、富有、健康——所俘男女奴隶。

【注释】

〔1〕原文wob,为祭司中的一种。

(9)哦,陛下挑选精美材料为其居于伯亨之父缙—阿蒙神(10)建造;他为□□□□之地□□□□(11)[其父]阿蒙神,用上好的砂岩建造一块伟大而威严的石碑,作为九神美丽的降生之室,在那里出现神之主上下埃及之王□□□□。

26 巴勒斯坦石碑

【题解】

这是一块玄武岩石碑,宾夕法尼亚大学在贝森之护堤上发现,现存于耶路撒冷巴勒斯坦博物馆中。我们知道,阿赫那吞阿玛那时期的革新无论是在埃及的内部还是外部,都是对帝国的沉重打击。革新过后,国内需要重建,首都又重新返回底比斯。当塞提一世(约公元前1318－前1301年)成为法老的时候,他重新开始对亚洲作战。该石碑简短地陈述了塞提一世遇到亚洲王子联军时他的强大。译自《古代近东文献》(普林斯顿,1955)。

【译文】

第一年,第三季之第三个月,第十日。[1]现世荷鲁斯:强大的神牛,出现在底比斯,让两土地永生;两女神:循环诞生,强大的臂膀,击败九弓;金荷鲁斯:反复出现,所有土地上强大的弓箭;上下埃及之王,两土地之主:曼玛阿特瑞,伊尔恩瑞;拉神之子,王神之主:塞提,梅尔内普塔赫,伟大之神瑞哈尔阿赫特;钟爱者。善良之神,其臂力强大,像蒙杼神一样英勇,俘获众多,深谙(如何)下手,在哪儿都非常警觉;开口说话,举手投足都是其军队勇敢的领袖,在战斗的每一个人心中都是勇敢的战士,一位战斗中令人恐惧的巴斯特得[2],突破大群亚洲人,令其拜倒在地,镇压瑞柴努王子,到达其边界,他侵犯了陛下的道路。击退叙利亚王子,他们口里所有的夸耀都是(如此)伟大。地上尽头之每一国家,其王子皆说:"我们应该去哪儿?"他们以他的名字在夜间声明,在他们心中说:"看啊,看啊!"是其父阿蒙神的力量赋予他英勇和胜利。

【注释】

〔1〕 约公元前1318年,大约在公历的5月。
〔2〕 巴斯特得(Bastt),埃及的猫神,与塞赫麦特神(Sumt)结合,变作母狮战神。

在这一天[1],有人对陛下说了下面的话:"哈马城之邪恶敌人[2]正集聚许多人。当时,他正在夺取贝特珊[3]城。然后,他们就遇到其帕赫尔[4]联军。他不允许瑞霍布王子出去。"

【注释】

〔1〕 指该铭文开始的日子。
〔2〕 不一定是哈马之子,可能是来自北方的一位王子。
〔3〕 古代的贝特珊是现代的特尔艾尔胡森(Tel el-Husn),在现代贝森西北。哈马可能就是特尔艾尔哈麦赫(Tel el-Hammeh),大约在贝森东南11公里多,约旦的对面。瑞霍布(Rehob)可能是特尔艾斯—萨瑞姆,在大约贝森南5公里处。
〔4〕 帕赫尔即约旦境内的佩拉。

于是,陛下派出其第一支阿蒙神军队"力量之弓"到达哈马城,第一支拉神军队"充满勇气"到贝特珊城,第一支塞特神军队"强弓"到亚诺阿姆城。[1]当一天过去,他们被陛下——上下埃及之王:曼玛阿特瑞;拉神之子:塞提,梅尔内普塔赫,神赋予他生命——的荣耀所打败。

【注释】

〔1〕 "第一支军队"有精锐部队的意思。就像在拉美西斯二世卡迭什之战中一样,每一个埃及军团都在一个神的保护下前进,该神的形象引领着军队。塞提一世之部队是快速而实用的。这里有一个问题,即派一个军团去亚诺阿姆的原因。亚诺阿姆显然是征讨的中心,在其背面很远的地方。亚诺阿姆可能是现代的特尔恩—那阿麦赫(Tell en-Naameh),在呼勒湖(Lake Huleh)以北,约在贝森以北50公里的地方。可能埃及真正的对手在北面,在赫梯人控制的地区。该联军的首领可能就来自北方,通过设置路障防止北面的增援,塞提一世就可以对付贝特珊周围的地方反叛者,而不受外在干预了。

27　卡纳克大铭文

【题解】

　　这是一篇最初有 80 行的长篇铭文,刻写在第七塔门连接到卡纳克主神庙东墙的内侧(西面)墙壁上。文字最上部已经破损了约四五个字大小的一块。此篇文字最初由商博良记录下来,后来由莱普修斯在其《古代建筑》中部分发表;然后伯鲁格施发表了莱普修斯省略掉的前半部分,并在《地理铭文》中插入了 11.8 – 43。伯鲁格施将他发表的铭文编号,从第 1 行到第 36 行,但他省略了第 11 行的 1 – 7。最后,杜米臣(《历史铭文》第一卷,2 – 6)、马瑞埃特和德·罗格(《象形文字铭文》197 – 198)完整地发表了此篇铭文。这些发表的铭文文本没有一个是非常完整的。莱普修斯和伯鲁格施省略了文献的最下边的内容,因为在他们那个时代这部分还被覆盖着。罗格发现了第 2 行的 36 – 41,并准确地将它们复原。布雷斯特德将所有发表的该铭文并排排列。

　　此篇铭文是留存在埃及神庙墙壁上的最长的文献,是我们所知道的关于美尔恩普塔赫战胜利比亚人伟大胜利的最完整的记述。叙述中所流露出来的普塔赫神之崇高地位,让我们猜测此篇铭文最初应该是在孟菲斯完成的,但原初的铭文现在在孟菲斯却已经无法找到了。

　　该文献并没有给我们描述战斗进程的任何战术,开始描述战斗本身的文字立刻进入对利比亚人作战路线的记述,但对作为战争先导的环境和作为战争结果的大量战利品的描述却非常详尽。在风格上,此篇铭文有点像歌功颂德的诗歌。译自《古埃及记录》(芝加哥,1906)。

【译文】

头衔

　　(1)陛下在利比亚土地上获取胜利之始□□□、埃克维什[1]、太瑞什、瑞克、晒瑞嶝、晒克瑞什,来自所有土地之北方人。

【注释】

〔1〕 原文 a-qa-wa-va,古埃及人在拼写王国人名地名的时候用一种"组拼"的方法,文字中的一个音节只取其第一个辅音,别的成分都是辅助而来,并不描述真实的外国人名地名的真实发音。所以,a-qa-wa-va 按照每音应该读作"阿卡瓦沙"。但这样读是不对的,因为这里是"组拼"方式记录的外国名字。

美尔恩普塔赫的勇敢

(2)□□□□[1]他有其父阿蒙神力量之勇敢;上下埃及之王:齿瑞—美瑞阿蒙;拉神之子:美尔恩普塔赫—霍太普赫玛,愿他永生。看,这善良之神,充满□□□□(3)□□□□他[父亲]所有的神祇,作为他的保护。每一国家都在其注视下战栗,国王美尔恩普塔赫。(4)□□□□□□荒芜,造成废墟,命令其埃及的每一边境之入侵者都须在其面前弯腰鞠躬,(5)□□□□□□□□其所有计划,(其)决定乃生命之呼吸。他使人民无忧无虑,安心熟睡,而其力量之恐惧正在(6)□□□□。

【注释】

〔1〕 这里缺失的是铭文上面每一行的开始的地方,约各有四五个字。

防御准备

□□□□,为了保卫赫里奥坡里,阿图姆神之城市,防御普塔赫—塔赫南要塞,拯救□□□于邪恶(7)□□□□佩尔—拜瑞斯特[1]前面之帐篷,[到达]埃提[2]运河的[□□□□]上的晒肯[3]运河。

【注释】

〔1〕 此地应在三角洲西部。
〔2〕 一条在赫里奥坡里从尼罗河分出的运河。
〔3〕 原文 Va-ka-na,此运河所指我们尚无法确定。

利比亚人的入侵

(8)□□□□□无计较,其因九弓之故已弃为放牛之牧场,其从祖先时代起即已荒芜。上埃及之所有国王皆寝于他们的金字塔中(9)□□□□□□;下埃及之所有国王皆歇于他们的城池里,围在宫廷中,因为缺少军队;他们无弓箭手反击九弓。

美尔恩普塔赫登基与其备战

恰好(10)□□□□□□□他[恢复了]荷鲁斯王位,他受指派来保护人类生存,他升为国王来保护人民。他有力量担负此任,因为□□□□在(11)□□□□□□麦贝尔[1],他集合起其弓箭手中最好的成员,其战车从各方召集而来,其细作已在□□□□其[□□□]在(12)□□□□□□□其□□□□。在其部署之日,他的所虑不只成千上万。其步兵出发,重装[2]军队到来,看上去非常壮观,引导着弓箭手抵御每一片土地[3]。

【注释】

〔1〕原文 Ma-ba-ra,前面可能丢失一个或两个音节。这是一个尚未确定的外国地名。上下文没有给出推测的信息,但很显然,战争准备是从这里开始的。
〔2〕直译为"逼近作战之人",这里指装备完善的外国雇佣兵。
〔3〕指从每一片土地上入侵而来的敌人。

利比亚和海上民族联军进犯埃及的消息[1]

□□□□(13)□□□□第三季,说:"邪恶倒戈的利比亚首领麦瑞伊,戴德之子,已带其弓箭手开始进攻柴赫努国(14)□□□□□□□晒尔嶝、晒克瑞什、埃克维什、汝库、太瑞什,从其国家带走每一位最好的战士及每一位作战之人。带了其妻子和孩子(15)□□□□□□□□营寨首领,他已到达佩尔伊瑞[2]土地之西部边缘。"

【注释】

〔1〕此公告是在第十个月发布的。打算 14 天聚集部队,军队在第十一个月的第三天投入战斗,消息传到国王那里应该是第十月的上半月中。
〔2〕原文 Pr-yr,有学者认为这个地方是 Prosopis,也有学者认为是金字塔文中

提到的 Yarw,"一个泡碱地区边缘城市"。

美尔恩普塔赫的讲话

噢,陛下听了他们的报告很愤怒,像一头狮子;(16)[召集其宫廷会议],对他们说:"你们要听从你们主人的命令;我给□□□□当你们要做的时候,说:我乃带领你们的统治者;我使我的时光寻找(17)□□□□□□你,作为保护其子生存的父亲;而你们像鸟一样害怕,你们不知他所为的善良。在(18)□□□□□□□中没有回应□□□□当九弓每天抢掠其边界,反叛者每天侵入它之时,[这片土地将]在每一国入侵中荒弃吗?每一个□□□夺取(19)□□□□□□□劫掠这些要塞。他们反复渗入到埃及之土地直到[大]河。他们停住脚步,他们度过了许多个月(20)□□□□□□。他们到达了绿洲[1]之丘,占领了塔耶赫[2]地区。从上埃及国王起,在其他时代的记录中就已如此。没有知道(21)□□□□□□像虫子一样,不想其躯体,(但)热爱死亡而轻视生命。其心因对抗埃及而兴奋(22)□□□□□□□其首领。他们每天在这块土地上到处游走,打仗,填饱其肚囊。他们来到埃及土地,寻找他们口中所需;他们的愿望是(23)□□□□□□□我像落网之鱼一样肚皮伏地将其带走。其首领像一只狗、一个吹牛者,毫无勇气;他不遵守□□□□(24)□□□□[3]结束佩德提述,我让他往船上装谷物,让亥塔[4]土地得以生存。噢,我就是神□□□□的人□□□□,每一个卡(25)□□□□□□□□在我——国王美尔恩普塔赫,神赋予生命□□□□之下,据我之卡,据□□□□,当我像两土地统治者一样繁荣起来,[此块土地将要](26)□□□□□□□埃及。阿蒙神点头同意,他们在底比斯说。他转身背向麦什外什,不看柴麦赫的土地,当他们(27)□□□□□。"

【注释】

〔1〕 这个绿洲通常的名称也被埃及叫做"北部绿洲"。位于法尤姆的西南,北

纬28度,距尼罗河谷不到100英里的地方。
〔2〕 原文 Ta-ye,这是现在被称作"法拉法赫"(Farafrah)的绿洲,大约在"北部绿洲"南面的西部75英里处。利比亚人这样就占领了两个靠近他们的绿洲地区。
〔3〕 亚洲人。
〔4〕 国王显然把亥塔(Uta)也包括在了北方人反对埃及的联军中去了,而这里提到的事情好像亥塔忘恩负义地加入了反埃及人同盟,完全忘记了埃及曾送粮食给他们活命。

战役的开始

□□□□□□□[1]在前的弓箭手首领就此要灭亡利比亚土地。当他们前进的时候,神之手臂支持着他们;(甚至)阿蒙神也支持着他们,就像他们之盾牌一般。埃及大地得到命令,说:(28)"□□□□准备十四天的行军。"

【注释】

〔1〕 此处破损丢失,但显然,此处内容应该是国王讲话的结尾。

美尔恩普塔赫的梦

陛下在梦中看到像是一尊普塔赫神像站在法老——愿他长寿、富有、健康——的面前。他像(29)□□□□□□□样高。他对他说:"你拿着它,"他将剑递给了他,"你将害怕之心从你身中驱除。"法老——愿他长寿、富有、健康——对他说:"噢,(30)□□□□□。"

两敌之到来

□□□□大量步兵与战车于其前扎营在佩尔伊瑞地区前面之岸边。看,[利比亚](31)邪恶之首□□□□□□□于第三季第三月(十一月)第二日之夜晚,此时大地渐亮(足够)让其前行。利比亚邪恶堕落之首于第三季第三月第三日(第十一月)到来,他带来(32)□□□□□□□直到其到达。陛下之步兵随其战车前进,阿蒙—拉神随之前往,奥姆伯斯(塞特神)[1]给其援手。

【注释】

〔1〕 奥姆伯斯为一诺姆名,其主神为塞特神。这里指塞特神。

战斗

[每一]人(33)□□□□□□其血,没有人从他们中逃出。噢,陛下之弓箭手在他们中间进行六小时之毁灭;他们被交付给□□□剑(34)□□□国家。噢,当其战斗之时□□□□;邪恶之利比亚首领终止了,其心在恐惧;(再次)撤退,站住,跪下,(35)□□□□匆忙[丢下]鞋、其弓与其箭袋以及随陪伴他的每一件[东西]在其[身后]。[□□□□]其肢体,巨大的恐惧在其肢体里流动。(36)噢,[他们]杀戮□□□□其财富、其[装备]、其银子、其金子、其青铜容器、其妻子之装饰品[1]、其王位、其弓、其箭、其所有生计都是他从(37)其土地上带来的,包括牛、羊和驴,[都被带到]官中,把它们带进来,还有俘虏。噢,利比亚邪恶之首领[自己]飞快地逃跑,而将领中(38)所有的人□□□□受剑伤之人中。哦,陛下马上之军官,跟着他们□□□□倒在(39)箭下,被带走,杀戮,□□□□。

【注释】

〔1〕 原文为"家具"。

回顾

在下埃及国王之记录中没[人]看到过此种事情;噢,埃及之土地在他们之势力范围中,在上埃及国王时代也处于软弱状态,(40)这样,他们的手就无法反叛,□□□□□□这些——出自他们可爱之子之爱,为她的国王保护埃及,这样,埃及之神庙就会得救,以便宣布(41)善良之神□□□□□□之巨大力量。

利比亚首领逃跑

西部要塞[1]的[指挥官]给官廷——愿他长寿、富有、健康——

[送去]一份报告,内容如下:"被推翻的麦瑞伊来了,其四肢因其[怯懦]而逃跑,(他)在我身边经过,借着夜色,安稳地。(42)□□□□想要□□□□;他倒下,每位神都支持埃及。他说过的大话没一句实现;他嘴里说的都反过来落在其自己头上。他的情况不明,不知是死(43)是活□□□□。你已□□□□他的名声;如他活着,他不会(再)发号施令,(因为)他被推翻,成了他(自己)军队之敌。是你带领我们,进行杀戮(44)□□□□□□在柴麦赫[和利比亚][2]土地上。他们已用另一人取代他,从他的兄弟里面,一个见到他就与他战斗的人。所有这些首领都[厌恶](45)□□□□□□。"

【注释】

〔1〕 此要塞为拉美西斯三世曾提到的要塞。
〔2〕 此处只有外国地名的定符保存下来。

胜利返回

然后,弓箭兵、步兵和战车部队的首领返回;军队的每一分队,不管是新兵抑或重装部队,(46)[都带走战利品]□□□□驱赶走在其前的驴子,载着利比亚国未环割的生殖器[1],还有各敌国的人的手掌随之带回,像草上之鱼一样,而财产(47)□□□□□□其土地之敌。噢,全国都对天而喜;城镇乡村都欢呼该奇迹的发生;尼罗河(48)□□□□他们之□□□□就像阳台[2]下之礼物,使陛下能够看到其战利品。

【注释】

〔1〕 古埃及男子要割除包皮,这样,在战场上杀死敌人就割下其生殖器作为自己战斗的功绩。
〔2〕 这里指王宫的阳台。在别的文献中也有这样的表述。

俘虏与杀死敌人清单

从利比亚之土地及诸国随其带走的俘虏清单,还有财产(49)□□□□□□□[在]美尔恩普塔赫—霍太普赫玛、佩尔伊瑞中的柴赫努的毁灭者直至该国上部城镇之城堡之间,开始"美尔恩普塔赫—霍太普赫玛之□□□□"。

(50)被带走其未做环割阴茎之利比亚首领之子6人;

被带走其未做环割阴茎之利比亚首领们之子,首领之兄弟(51)□□□□□;

□□□□杀死被带走未环割阴茎之利比亚人6 359人;

总共,大首领之子(52)□□□□。

□□□□海国之[晒尔]嶝、晒克瑞什、埃克维什[1],他们没有(53)包皮:

晒克瑞什222人;

得手250[2]只;

太瑞什742人;

得手790只[3]。

【注释】

〔1〕 □□□晒尔嶝([——]dy-no)、晒克瑞什(Va-ka-rw-va)、埃克维什(ab-ka-wa-va)均为外国地名。

〔2〕〔3〕 为什么一个敌人砍下一只手却出现砍的手比敌人人数要多,这个问题还不清楚。

(54)晒克瑞什□□□□□。

[得手]□□□。

[埃克]维什他们没有阴茎包皮,被杀死,他们的手被带走,(因为)他们没有(55)[阴茎包皮]□□□□□□成堆,他们未受环割之阴茎被带到宫中,在那里,国王数着未受环割之阴茎数量,6 111人□□□;

□□□得其未受环割之阴茎(56)□□□;

□□□其手[被带走],2 370人[1]。

【注释】

〔1〕 这个数字在有的学者公布的铭文中有所不同。

　　晒克瑞什和太瑞什,成为利比亚之敌人(57)□□□□□□凯亥克和利比亚人作为活捉俘虏带走,218人；

　　利比亚被推翻首领带在身边的女人,活着的,12个利比亚妇女；

　　总共被带走(58)□□□□□□9 376人[1]。

【注释】

〔1〕 这可能是被杀死的利比亚人和非利比亚人之总数。非利比亚人,即利比亚联军中的外国人。其中被杀死的利比亚人的总数为6 359人,而非利比亚人的总数至少有2 370人。加起来总共是8 729人,漏掉了几百非利比亚人,总共是这里说的9 376人。该数字也可能只指俘虏的数量。

战利品清单

　　他们手中的作战武器,作为战利品被带走：麦什外什铜剑,9 111；

　　(59)□□□[1]120 214。

【注释】

〔1〕 只保存下文字的作为外国地区的限定符号,可能都是些小的作战兵器。

　　利比亚被推翻的首领和[利比亚首领的]孩子骑的马,活捉,成对的,12；

　　(60)财产□□□麦什外什□□□与利比亚被推翻首领作战的陛下——愿他长寿、富有、健康——俘获的：各种牛,1 308[1]。

【注释】

〔1〕 另一学者公布该铭文中数目为1 307。

　　山羊,(61)□□□；

　　□□□各种□□□,64；

　　银饮具,□□□；

器具、剑、铠甲、刀及各种器具,3 174[1]。

【注释】

〔1〕别的学者公布数目为3 175。

它们被带走(62)□□□□放火烧了营寨和它们的皮帐篷。

王宫中的庆贺

国王陛下——愿他长寿、富有、健康——出现在王宫宽厅,(63)宫廷向陛下——愿他长寿、富有、健康——欢呼,为其出现而快乐,为他所带来。[陛下]之仆人向天欢跃;随从列在两旁□□□□。

美尔恩普塔赫的讲话

(64)[陛下说]:"□□□□□[1]因拉神为我卡所为之举的慷慨,使我像神一样说出其语,他给予力量,其[命令]使国王美尔恩普塔赫——愿他长寿、富有、健康(65)——统一□□□□他们城市中间的付税臣民;库什也一样负担被征服者的贡品。我让他在我手上看到□□□(66)□□□其首领,每年带来赋税,在□□□于他们中间进行大规模杀戮。活者将放在神庙里(67)□□□□□。其被征服的首领,在我面前逃匿,我已开始□□□□杀他。他被做成烤肉,像一只野禽一样被捉。他给这片土地(68)□□□□为每一位神。他们皆从埃及唯一神的[口中]诞生。背叛者倒下去□□□□□□□□□(69)□□□□□□□□,拉神,抗击九弓之强大力量,必胜;苏太赫[2]给予荷鲁斯胜利及力量,对打击□□□之国王美尔恩普塔赫——愿他长寿、富有、健康——真的非常愉悦。我是(70)□□□□□□强大,他不可战胜。利比亚人谋划邪恶之事,要在埃及作恶。看!他们之[保护者]倒下!我将其杀戮,他们被□□□(71)□□□□□□□我让埃及随着一条河流流动;人民爱戴我,就像我爱他们一般,为其城市给予其气息。天上地下都为我名欢呼(72)□□□他们发现□□□。我的时代取得了年轻人口中的美丽称颂,我为其做了伟大的事情。整个(73)□□□□□□□□都是如此,崇拜伟大国王,他统治着两土地,国王美尔恩普塔赫——愿他长寿、富有、健康。"

【注释】

〔1〕 这里的缺失明显比通常开头的缺失要长。
〔2〕 Stv,即塞特神。

宫廷的回应

他们说:"发生在埃及这么多事情多么伟大!□□□(74)□□□□□□利比亚像哀求者,被活捉带来。你使其像蚂蚱一样,因每条路上都散布其(75)[尸体]□□□你为其口中所需提供必需品。我们任何时候都可以快乐入睡;没有(76)□□□□□□□。"

28 开罗石柱

【题解】

此篇铭文刻在一块花岗岩石柱上,该石柱现存于开罗博物馆。文献第一次提到美尔恩普塔赫对利比亚人胜利的日期,是一份非常难得的铭文。文献包含有一个简短的给国王通告的记述,此记述正好是"卡纳克铭文"空白处的内容。译自《古埃及记录》(芝加哥,1906)。

【译文】

涉及历史的部分上边是一个表现美尔恩普塔赫接受神赐予宝剑的画面,神对他说:

"我使你砍倒利比亚首领,你已击退其入侵。"

下边是一篇竖列的铭文,但只有很少一部分可读:

(1)第五年,第三季的第二个月(第十个月),有人来对陛下说:"邪恶的利比亚[首领]已经同□□□□起侵入,有男人和妇女,塞克莱什(2)□□□□。"

29 阿瑟瑞比斯石碑

【题解】

这是一块来自三角洲南部阿瑟瑞比斯的花岗岩石碑,现存放在开罗。最早由马斯佩罗发表在《埃及语言杂志》上。石碑上有一片残破之处,正好竖向贯穿正面每行的末尾和背面每行的开始,这样就使破损的地方文字缺失,无法阅读。该石碑内容是一个关于美尔恩普塔赫利比亚战役的简短记述,结束于杀戮、俘虏及战利品列表。这篇铭文和别的材料一起对卡纳克文献中美尔恩普塔赫第五年的战斗的准确日期,提供了一个必要的补充。译自《古埃及记录》(芝加哥,1906)。

【译文】

正面:一幅顶端浮雕,所绘内容为阿图姆神坐在左边,阿蒙—拉神坐在右边。阿图姆神前面浮雕残破;美尔恩普塔赫在阿蒙—拉神面前,从阿蒙—拉神手中接受宝剑,同时带给神七个俘虏。下面是一篇有16行文字的铭文,主要内容是传统的对该国王的赞美。但也有些内容记述利比亚战争。

引言
美尔恩普塔赫之勇敢

第五年,第三季的第三个月(第十一个月),第三日,国王[美尔恩普塔赫]陛下统治□□□得到其抗击柴麦赫土地之名声□□□□□□□(4)□□□□□□他们讲到他在麦[什外什]土地上的胜利□□□□(6)□□□□□□□将利比亚置于其恐惧威慑之下□□□□□□□□□(7)在红土地上建造他们的营地,□□□□(8)从他们土地上来的每一个畜群。没有土地庄稼,为了维持生计□□□□(9)□□□□□□(10)拉神亲自诅咒这些人,因为他们(11)一起侵入[埃及]。他们被交予美尔恩普塔赫—霍太普赫玛手中之宝剑□□□□□(12)□□□□□利比亚家族像老鼠一样散布在堤坝上□□□□(13)像鹰一样在他们中间捕捉,他们无处可以[避难]□□□(14)像塞赫麦特。其箭在其敌人肢体中无一虚发;其每一逃生者[都被活捉]。(15)他们像野牛一样成群地生活□□□(16)□□□□。

背面:石碑另一面上部展示的是和第一幅一样的另一幅浮雕,只是两神变成了哈尔—阿赫梯(Harahkte)与苏太赫。下面的19行铭文,头四行只是习惯性的老一套对国王的赞美。记述利比亚战争的文字从第五句开始:

杀戮、俘虏和战利品清单

　　(5)□□□麦什外什,勇敢之战士,刺伤九弓之神牛永远使其荒芜。(6)□□□□法老——愿他长寿、富有、健康——之利剑从陷落的利比亚带走俘虏[之清单](7)□□□□他们在西岸阿蒙—拉神,神之王,阿图姆神,奥恩[1]之两土地之主,哈尔—阿赫梯,普塔赫—其墙之南,两土地生命之主与苏太赫将其(8)给予国王美尔恩普塔赫;在[□□□□][城堡](9)之间被杀死,美尔恩普塔赫—霍太普赫玛□□□□[柴赫努,在]佩尔伊瑞和"地之角"之山岭之间。记述如下:

【注释】

〔1〕 原文 Wn,其意不详。

邪恶利比亚被征服首领之子,(10)[其未环割之阴茎被带走],6人;

首领之子及被征服之邪恶利比亚首领之兄弟,作为(11)□□□□带走□□□□;

利比亚之□□□□,被屠者,其阴茎被带走,6 200[+x]人;

(12)利比亚家族之□□□被屠者,其阴茎被带走,□□人;

(13)□□□,200人;

(14)海国之埃克维什,被征服邪恶利比亚之首领带领之人,其手被带走,2 201[+x]人;

晒克瑞什,200人;

太瑞什,722[+x]人;

(15)□□□□利比亚和晒尔嶝屠者,□□□人;

(16)□□□□,32人;

利比亚邪恶首领之妇女,[12位利比亚]妇女;

(17)利比亚陷落——,总数,9 300[+x];

(18)□□□□5 224[+x];

弓箭,□□□□2 000[+x];

(19)□□□□金子□□□。

30 婚姻石柱

【题解】

该石柱于阿布辛拜勒圣庙前院子的南墙上刻出。内容先后由莱普修斯等人发表,布莱斯泰德记录翻译得较为完整。该石柱内容让我们能够更加全面地探索停战后的埃及与赫梯关系。上部有一幅浮雕,显示赫梯国王及其女儿出现于拉美西斯面前。赫梯公主前面有句铭文:"玛特内弗儒瑞,哈提首领之女"。注释两来访者的铭文已经残破,内容为对拉美西斯二世的赞美。

【译文】
哈提王之语

你掌握哈提之地,你掠走其臣民□□□及其所有财物,其长女公主为首,到□□□□在你完美之面前。你掌控他们□□□□永远在你脚下,连同哈提全部土地。[1]

【注释】
〔1〕浮雕之下是41行长铭文,以"第34年"开始。

和平条约

(30)□□□□哈提之主派人来请求永久[1]和平。他从未□□□□为他们。从此[以后]□□□□□(31)在两土地之主拉美西斯国王伟大声名之下。

【注释】
〔1〕原文为 rnpt n rnpt,意为"一年又一年"。

哈提官员

然后,哈提土地之主对其军队[1]及其贵胄说:"现在我土已毁;苏太赫为我主[保护我们],(但)[他尚]未□□□□(32)与之战斗。我们已被俘虏,连同我们的财物;我之长女为之先□□□□□。"

【注释】
〔1〕此字破损,只留表人的定符及复数符号。

负礼物到埃及

然后,他们带[其]财物连同[其]绚目[礼物]于(33)其前前来,有金银、许多伟大奇物、马匹,到□□□□他们,□□□□活物□□□□□。

拉美西斯得此消息

　　□□□□□以使陛下之心高兴,说:"看,哈提伟大之主到来,(34)带着其长女,载着许多贡物,有各种□□□□哈提之主,同[寇得之主]及哈提之[民]一道载着贡物。他们跋山涉水而来,他们可能已到陛下之边境□□□□(35)□□□□。"陛下听此[言]□□□□[在]宫殿中,心情愉悦。

拉美西斯准备接见

　　当他听此奇异而未料之事□□□□他命令(36)军队及王公赶快迎候。

拉美西斯为佳日献祭苏太赫

　　然后,陛下真诚问讯军队[1],说:"此来者何客也!隆冬季节大水泛滥之日(37)无信使到达扎哈。"[2]然后,[他]为[□□□□]和苏太赫献上祭品。他随后[祈祷],说:"苍天在□□大地在下。您之旨意皆尽实现。您□□□使洪水寒冷置于高峰□□□□□(38)□□□□□您已指派于我,国王拉美西斯。"然后,其父,苏太赫听到每[字]每□□□□。

【注释】

〔1〕 "军队"可能指来者的卫队。
〔2〕 拉美西斯这里表达了他对多雨的冬季客人到来的惊奇,因为在此季节信使很难到达扎哈。

拉美西斯卫队与来访者到达

　　□□□□□其军队到达,他们身体无恙,他们经长途跋涉(39)□□□□□哈提伟大首领之女行进于军队之[前]□□□□陛下之□□□□跟随其后。他们哈提人步行乘骑混杂;他们为(40)武士与军人;他们吃喝一处而不面对面战斗□□□□在他们中间,遵行神之本人——拉美西斯国王的礼仪。各土地之伟大首脑到来;当他们见到[陛下],他们弯腰鞠躬,因惧怕而后撤;哈提之主从其中[出来],[以获取]拉美西斯国王之宠爱。

六　第三中间期铭文

第三中间期开始于拉美西斯十一世死后其维西尔斯曼底斯在三角洲塔尼斯城建立起第二十一王朝之时，埃及从此再一次走向分裂，直至第二十六王朝的建立者普撒美提克将努比亚人从埃及驱逐出去。这期间，除了短暂的统一，埃及大部分时间都处于分裂状态。塔尼斯、不巴斯提斯、塞斯及底比斯各自为政。其间有利比亚人建立的第二十三王朝、亚述帝国的傀儡第二十四王朝、努比亚人建立的第二十五王朝，历经400多年。

该时期的年代仍然是埃及学研究者的一个重要课题。尽管此时期有一系列的时间参照材料出现，但其所参照的来自亚洲的时间材料仍有很多难题令其无法最后确定。此外，该时期的王朝家族关系还有些需要进一步研究而无法最终确定的情况。

该时期的铭文大多简短且零碎，比如第二十一王朝塔尼斯国王建筑上铭文不多，只有一些国王的名字出现。南方底比斯地区铭文较北方多，但由于分裂，南方铭文中的纪年多无国王名字出现。这就给我们还原历史造成了很大困难。

第三中间期的重要铭文有"弘苏神庙铭文"、"吉别林铭文"、"建筑铭文"、"皇家木乃伊记录"、"达赫勒石碑"、"舍商克'芈之大主'石碑"、"庆典铭文"、"阿蒙神高级祭司奥索尔康年录"及"塔尼斯石碑"等。

1 吉别林铭文

【题解】

该铭文刻在吉别林采石场的一根柱子上,每行开始处约三分之一行左右已经毁坏。这是第二十一王朝的建立者内苏伯奈卜代得(即斯门得斯)国王幸存下的唯一一篇铭文。该铭文记述了底比斯因图特摩斯三世修建的卢克索神庙围墙倒塌而发生的灾变。通过铭文我们还无法确切知道究竟发生了什么。国王派遣其官员带领3 000人来吉别林采石场采石以修补破损的围墙,但不知为什么国王本人最后也来到了采石场。通过这个文献我们知道,内苏伯奈卜代得以底比斯为中心统治整个埃及。因此可以推断,赫瑞霍尔在内苏伯奈卜代得统治结束前已经死去。译自《古埃及记录》(芝加哥,1906)。

【译文】

哦,陛下在孟菲斯城,其威严居处像拉神一样充盈力量与胜利——[普塔赫神]、(4)"两土地之生命"之主,伟大的塞赫麦特,普塔赫神之钟爱、□□□□、蒙杵神与伟大神祇居于孟菲斯。哦,陛下坐于其[皇宫]之厅,有信使前来,禀于(5)陛下:孟赫佩尔瑞(图特摩斯三世)王所建卢克索界之运河墙开始[倒塌]□□□□□□□(6)神庙房屋大[道]形成大水,水流湍急。水包围了□□□[之门],[陛下]对他们(7)[说]:"对于报我之事,寡人前所未闻,像其□□□□□。"

陛下[派去]工匠师(9)及3 000人随同,皆陛下臣民之精选。陛下命令他们:"速往□□□□(10)山□□□陛下侍从[1]为(其)步[□□□]之从者□□□□(12)□□□□□□□此石场,从先辈直到现今,吉别林□□□□(13)□□□□□□□。"

【注释】

〔1〕 "侍从"（enty），原指"掌马官"或"侍从武官"。

他们刻下该令，使陛下永恒□□□（14）□□□□□□□其令抵达使石碑之词美丽□□□□□□□（16）祖先数代从未有此事出现。哦，陛下经过，完美如托特神□□□□（17）□□□□回报乃力量与胜利，出现在[现世]荷鲁斯之王座上，[永远]□□□。

2　达赫勒石碑

【题解】

该石碑于1894年在达赫勒绿洲姆特村发现，为石灰石碑，宽约66厘米，11.4厘米厚，铭文用僧侣体刻写。该石碑为舍桑克统治时期刻写，但究竟是舍桑克一世，还是二世，亦或是三世尚需推测。据布莱斯泰德分析，舍桑克二世的可能不大，因铭文中提到其第十九年，而舍桑克二世在位时间不到十九年。舍桑克一世和三世中，一世可能性更大，因铭文中提及该绿洲的一次反叛，此类事件更易于新王朝初建时发生。且此时的达赫勒正在奥索尔康一世管辖之下，而他正是舍桑克一世的继位者。

此铭文是一位"南绿洲"祭司内苏巴斯特解决水池归属问题的记录。这是一个法律事件，在弘苏神前审理。译自《古埃及记录》（芝加哥，1906）。

【译文】

日期

(1) 阿蒙拉神之所爱、国王、法老舍桑克——愿他长寿、富有、健康——之第五年，第二季，第四月，第十六日。

瓦耶赫塞特到达

此日,芈主[1]之子到来:(2)一地之首脑;迪奥斯坡里帕尔瓦哈托尔神之先知;[南方]荷鲁斯神之先知,裴尔扎扎之主,苏太赫之先知,绿洲之主;灌溉之官,(3)[□□□□]之监;绿洲两土地[2]及该绿洲两城镇之主,瓦耶赫塞特。当法老——愿他长寿、富有、健康——派他前来整顿绿洲之地,(4)在发现该地出现反叛、土地荒芜之后,到达之日检查过水井与水池,(5)皆在绿洲之后,ebs 井及 ww[3] 井皆[在后面,朝向东方],还有水池及井,(6)苏太赫之先知、内苏巴斯特、帕哈提之子在其前说:

【注释】

〔1〕 芈(M)之所指不详。
〔2〕 此处"两土地"非指埃及,而是指哈尔格赫(el-Khargeh)和达赫勒,共同构成"南绿洲"。
〔3〕 ebs 与 ww 或为井名。

内苏巴斯特要求

"看,一眼[流动的]清泉,在这里往东,(称作):'拉神升起',该拉神之水池(7)从你在的地方往前可以看到;这是民用水池,属于太乌赫努特,其母为赫努特恩特儒,即我母亲。"先知主管瓦耶赫塞特说:"此日,第五年,第二季之第四月,第二十五日,当先知在其美丽的乌尔舒[1]宴会上队伍中请出伟大力量、努特神之子、威严神祇苏太赫之时,(你)站在苏太赫神前(8)[告诉]他。"

【注释】

〔1〕 乌尔舒(Wrvw),意为"伟大的舒神"。

向苏太赫神诉说

主管瓦耶赫塞特立于(神)前说:(9)"哦,苏太赫,伟大的神祇!如果帕哈提之子内苏巴斯特所言真实,此井西北之泉,称作'拉神升起',此拉神之水池位于该绿洲之后,属于其母太乌赫努特,(10)(那么)就此日即将此确认。"

  此后文字皆属法律范畴,叙述在神前陈述之后如何 14 年中没有判决,直到此王之第十九年,该神才将此井判给内苏巴斯特。

七　晚王国铭文

埃及晚王国时期开始于第二十六王朝。这是埃及又一次从分裂走向统一的开始。虽然从此以后埃及历史逐渐走向衰落，历经两次波斯人的入侵和统治，之后是希腊人在埃及建立起希腊人统治的托勒密王朝，但它毕竟是分裂后的重新复兴。建筑和艺术风格明显模仿古王国和中王国。

晚王国时期历史铭文不多，可以读到的有"塞拉皮雍石碑"、"霍尔雕像铭文"、"内苏霍尔铭文"、"埃勒凡泰尼石碑"等铭文。

1 塞拉皮雍石碑(I)

【题解】

此碑现存于法国卢浮宫,是埃及第二十六王朝一份重要文献。根据这个文献,我们知道普撒美提克一世国王的前任是塔哈尔卡。阿匹斯神牛在普撒美提克一世第二十一年死掉,活了二十一年两个月零七天。因此神牛于塔哈尔卡第二十六年出生,显然,普撒美提克一世是继承塔哈尔卡登上王位的,此间只有一两个月的时间不能确定,应该不会还有一位国王短暂登基。此碑还有一点非常重要,该国王正好和埃及历年相一致,为埃及年代学研究提供了一个支点。阿匹斯神牛死于普撒美提克国王统治第十二月的第二十一日。70天仪式后,其葬礼于该国王第二十一年第二月的第二十日举行。其统治的第二十年向第二十一年的转换正好落在新年的第一天上。译自《古埃及记录》(芝加哥,1906)。

【译文】

阿匹斯神牛之死

　　上下埃及之王、拉神亲生之子、瓦希布瑞、普撒美提克一世陛下统治之第二十年第三季的第四月(第十二月)第二十一日,神牛陛下,现世之子,升天。

阿匹斯之葬

　　该神于第二十一年第一季之第二月第二十五日运往美丽的西方[1]。

【注释】

〔1〕"美丽的西方"(Imntt nfrt),常在丧葬文献中出现,指死亡之城。

生日与年龄

他[1]生于塔哈尔卡国王第二十六年;于第二季第四月(该年八月)第九日进入孟菲斯;享年二十一岁两个月零[七天]。

【注释】

〔1〕"他"指神牛阿匹斯。

2　塞拉皮雍石碑(Ⅱ)

【题解】

此碑在塞拉皮雍发现,现存于法国卢浮宫。铭文中提到阿匹斯神牛石棺的残破,圣牛之躯体已露于外以及对其进行的修复。

【译文】

日期

该尊神陛下[1]第五十二年,有人来对陛下说:

【注释】

〔1〕指普撒美提克一世,之前是他的五个王衔。

消息

"乃父奥西里斯——阿匹斯神庙[1]及其内物品开始损毁。其棺椁[2]中之神圣肢体已外露可见,腐烂已掌控其棺柜。"

【注释】

〔1〕据铭文所示,此处"神庙"(et-ncr)为阿匹斯神牛丧葬之处,为塞拉皮雍之凹室,阿匹斯神牛便葬于此。

〔2〕此棺椁可能为木棺,因此其内神牛躯体才会因其腐烂可见。

修复

陛下命令修复其神庙,使其比修复前更为漂亮。陛下使丧葬之日为该神所为的一切皆为之再做。每一部门各司其职,圣体涂抹油膏,裹以亚麻,穿该神之所有服饰,以使其壮观。其棺柜为开得木、麦汝木[1]与雪松木造,皆精选而出。他们的[军队][2]为宫廷侍从,而国王之随从为其监督,像在埃及土地上一样征召劳力。

【注释】
〔1〕 "开得木"可能是梁柱之木,"麦汝木"为沙漠树木之木。
〔2〕 "军队"一词定符为三个头戴羽毛的站立男人,应为利比亚人。

愿他永远像拉神一样长寿、安定、满足。

参 考 书 目

Breasted, James Henry, *Ancient Records of Egypt* (Chicago, 1906)
Faulkner, Raymond O., *A Concise Dictionary of Diddle Egyptian* (Oxford, 1981)
Kitchen, K. A., *Ramesside Inscriptins, Historical and Biographical* (Oxford)
Kitchen, K. A., *Ramesside Inscriptions, Translated and Annotated, Notes and Comments* (Oxford, 1996)
Pritchard, James B., *Ancient Near Eastern Texts* (Princeton, 1955)
Sethe, Kurt, *Urkunden der 18. Dynastie* (Leipzig, 1909)
Sethe, Kurt, *Urkunden des alten Reichs* (Leipzig, 1915 – 17)
van den Boorn, G. P. F., *The Duties of the Vizier* (Great Britain, 1988)

译名对照表
（按汉语拼音音序排列）

A

阿比多斯　Ȝbdw
阿卜德　Bir El-Abd
阿卜德西巴　Abdkhiba
阿卜哈维达特　Abu Hawidat
阿布塞斐　Tell Abu Sefeh
阿布辛拜勒　Abu Simbel
阿敦—扎封　Adon-Zaphon
阿尔—法尤姆　Al Fayoum
《阿尔蒙特神庙，一个初步考察》　Temples of Armant, A Preliminary Survey
阿尔扎瓦　Arzawa
阿弗罗狄特波里　Aphroditopolis
《阿蒙诺菲斯二世新历史石碑》　Die neue historische Stele Amenophis' II
《阿蒙神高级祭司奥索尔康年录》　Annals of the High Priest of Amon, Osorkon
"阿匹斯奔跑"　Pḥrr Ḥpw
阿赫摩斯　Iʿḥ-ms
阿卡　ʿ-k-ʿ
阿—凯佩尔—卡—拉（图特摩斯一世）　Cȝ-ḫpr-kȝ-Rʿ
阿—凯普如—拉　Cȝ-ḫprw-Rʿ
阿克尔　Acre
阿拉萨　ʿ-rʿ-sȝ

阿拉什亚　Alashiya
阿里什　El-Arish
阿蒙艾姆奥佩特　Amen-em-Opet
阿蒙赫尔凯培谢　Amen-her-khepeshef
阿蒙霍太普　Amenhotep
阿蒙尼　Ymny
阿蒙尼姆赫特　'Imn-m-ḥȝt
《阿蒙尼姆赫特一世教谕》　Instruction of Amenemhet I
《阿蒙诺菲斯二世两石碑》　Deux stèle d' Aménophis II
阿蒙外色尔瑞　'Imn-wsr-ʿ
阿蒙—维瑟尔—赫特　'Imn-Wsr-ḫt
阿摩尔　Amor
阿姆卡乌　ȝʿ-m-kȝw
阿穆汝　Amurru
阿纳斯塔西　Anastasi
《阿那斯塔西纸草（一）》　P. Anastasi I
阿娜特　Ȝnit
阿努比斯　'Inpw (Anubis)
阿努比斯姆乃赫　Anubisemonekh
阿努凯特神　Cnkt
阿皮如　Cprw
阿普希科　Apheq
阿汝那　ʿȝ-rw-nȝ
阿瑟瑞比斯　Athribis
阿苏安　Assuan

译名对照表

阿图姆　'Itmw
阿托梯斯　Atothis
阿瓦瑞斯　Avaris
阿西乌特　Assiut
"埃东"　Edom
《埃勒凡泰尼石碑》　Elephantine Stela
埃尔—胡底旱谷　Wadi el-Hudi
埃尔卡伯　Elkab
埃赫那斯　Ehnas
埃及　Tˁ-mry
《埃及及埃塞俄比亚纪念碑》　Denkmler aus Aegypten und Aethiopien
《埃及纪念建筑选集》　Recueil de monuments égyptiens
《埃及年表》　Aegyptische Chronologie
《埃及与埃塞俄比亚古建筑》　Denkmler aus Aegypten und Aethiopien
《埃及语词典》　Woerterbuch der aegyptischen Sprache
《埃及语言杂志》　Zeitschrift fuer aegyptische Sprache
《埃及语杂志》　Zeitschrifl fuer aegyptische Sprache
埃克维什　ꜣ-qꜣ-wꜣ-šꜣ
埃勒凡泰尼　Elephantine
埃内卜尼　ꜣnbny
埃提　ˁ-ty
艾尔—卡伯　El-Kab
艾淄拜特—赫尔米　Ezbet Helmi
安纳特　ˁn-ty-t
奥恩　Wn
奥尔布赖特,W. F.　W. F. Albright
奥伦特斯　Orontes
奥索尔康　Osorkon
奥图　Yw-tw
奥西里斯神　Wsir

B

巴达维,A. M.　A. M. Badawi
巴克—恩—普塔赫　Bak-n-Ptah
巴拉赫　Deir el-Balah
巴拉特　Baalat
巴勒　Baal
巴勒—赫普谢夫　Baal-Khepeshef
《巴勒莫石碑》　Palermo Stone
巴勒斯坦　Ḥꜣrw
巴勒—扎封　Baal-Zaphon
巴斯特女神　Bast
堡垒　nḫtw
鲍查特　Borchardt
贝德文　Bedwin
贝尔瓦　Belvoir
贝赫尔　Pˁ-ḥ-rˁ
贝鲁特　Beirut
贝尼哈桑　Beni Hasan
《贝尼哈桑》　Beni Hasan
贝桑　Beisan
贝斯　Bs
贝塔纳特　Bˁ-t-ˁ-n-t
贝特—阿纳特　Beth-Anath
贝特沙尔　Bˁ-t-š-rˁ
贝特珊　Beth-Shan
《贝特珊的地形与历史》　The Topography and History of Beth-Shan
本尼特,J.　J. Bennett
比布鲁斯　Byblos
比亚　Byꜣ
标志　wtb
毕瑞—美瑞阿蒙　Binr-Mri-'Imn
《宾夕法尼亚大学博物馆杂志》　Museum Journal. University of Pennsylvania

波特, B.　B. Porter
伯格曼, E. 冯·　E. von Bergmann
伯亨　Bhnt
伯鲁格施　Brugsch
《博物馆》　Musee
柴麦赫　T-m-ḥ
布尔查特, M.　M. Burchardt
布尔得德　Bꜣ-wr-dd
布亨　Buhen
布拉克　Bulaq
布莱斯泰德　Breasted
《布鲁克林纸草》　Papyrus Brooklyn
布托　Buto
布西瑞斯诺姆　Busiris Nome
步兵　mnfyt

C

查内尼　Tꜣnni
查如　Tꜣrw
柴赫努　Tyḥnw
柴克尔　Tkr
柴麦赫　Ty-m-ḥ-w
城（城镇）　dmy
《辞典》　Thesaurus

D

达赫勒　Dakhel
《达赫勒石碑》　Dakhel Stela
大湾　pḫr wr
《大英博物馆埃及藏品导览》　Guide to the Egyptian Collections of the British Museum
代尔—埃尔—盖伯若玮　Der-el-Gebrawi
代瓦塔葳船　Dwꜣ-tꜣwy
代瓦斋法　Dwꜣ-dfꜣ

戴德　Dy-d
戴舍尔　Dšr
戴维斯, N. de G.　N. de G. Davis
戴维斯, N. M.　N. M. Davies
道森, W. R.　W. R. Dawson
得罗格　de Rouge
得本　Dbn
得拉—阿布—艾尔—那加　Dra' Abu el-Naga
得尼恩　Denyen
得普　Dep
德尔埃尔—巴赫瑞　Der el-Bahri
德利奥顿, B.　B. Drioton
德佩尔　Deper
邓纳姆, D.　D. Dunham
迪奥斯坡里帕尔瓦　Diospolis Parva
《底比斯六神庙》　Six Temples at Thebes
《底比斯瑞赫—米—拉墓》　The Tomb of Rekh-mi-Re at Thebes
《底比斯瑞赫—米—拉墓壁画》　Paintings from the Tomb of Rekh-mi-Re at Thebes
《底比斯神庙》　Theban Temples
《第二中间期铭文读本》　A Reading Book of Second Intermediate Period Texts
《第二中间期与新王国第十八王朝历史传记铭文》　Historisch-biographische Texte Der 2. Zwischenzeit und Neue Texte Der 18. Dynastie
《第十八王朝文献》　Urkunden der 18. Dynastie
《第十九王朝历史铭文》　Historische Inschriften der 19. Dynastie
《都灵纸草》　Turin Papyrus
杜阿特　dwꜣ.t
杜米臣　Duemichen

国立博物馆　Rijks museum

E

厄曼　Erman

F

"法拉法拉赫"　Farafrah
"放绳"　pḏ
丰沪　Fnḫw
弗阿希尔　Foakhir
"父系财产"　nw-pr-yt

G

昔尔古尔　Gargur
埃载尔　Qdt
盖博　Gb
《盖为第六王朝早期铭文研究》　Recherches sur les monuments qu'on peut attribuer aux VI premières dynasties
高蒂尔,H.　H. Gauthier
高勒尼舍弗　Golenischeff
哥巴舒门　Qbʿꜣsmn
戈尔德谢洛夫,B.　B. Grdseloff
格里菲瑟　Griffith
格瑞葆特　Grebaut
《古埃及名释》　Ancient Egyptian Onomastica
《古埃及文字中迦南文字与专有名称》　Die altkanaanischen Fremdworte und Eigennamen im Aegyptischen
《古代埃及绘画》　Ancient Egyptian Paintings
《古代建筑》　Denkmaeler
古尔奈　Kurna
官员　sr

H

哈—塞海姆葳　Ḥʿ-sḫmwy
哈巴拉特　Habarat
哈比瑞　Khabiri
哈卜维　Tell Habwe
"哈弗瑞之光辉"　Ḥʿf-Rʿ-ḫʿ
哈尔　ḫʿr
哈尔—阿赫梯神　Ḥr-ꜣḫty
哈尔发旱谷　Wadi Halfa
哈尔格赫　el-Khargeh
哈尔胡夫　Harkhuf
哈尔玛胡特　Ḥr-m-yꜣḫwt
哈尔特玛　Ḥꜣrtmꜣ
哈弗瑞　Ḥʿfrʿ
哈亥佩尔瑞　Ḥʿ-ḫpr-Rʿ
哈考瑞　Ḥʿ-kꜣw-Rʿ
哈马特　Hamath
哈玛玛特旱谷　Wadi Hammamat
哈梅赫姆　Ḥʿ-my-h-mw
哈姆哈伯　Harmhab
哈努姆　Ḫnmw
哈努姆—胡夫　Ḫnmw-ḫwf
哈努姆霍太普　Ḫnmw-ḥtp
哈普斋菲　Hapdjefi
哈如巴　Haruba
哈汝　Ḥʿ-rw
哈斯比亚　Hasbeya
哈特玛　Ḥꜣtmꜣ
哈特努波　Ḥt-nb
哈特舍普苏特　Ḥꜣt-špswt
哈特舍普苏特,赫内迈特—阿蒙　Ḫnmt-ʾImn Ḥꜣtšpswt
哈梯　Ḥtʿ-tʿ

哈托尔　Ḥt-ḥr
哈驵　Ḥtn（Hatjan）
海　wꜥd-wr
海米斯　Khemmis
海森　Ḫsn
海斯—外尔　Ḫs-wr
亥赫　Ḥḥ
亥克努　ḥknw
亥克特　ḥqꜣt
亥乃姆　Henem
亥瑞—晒弗神庙　Ḥry-šf
亥塔　Ḥtꜣ
亥提　Ḥty
汗库　Hnqw
豪冉　Hauran
"何利人"　Ḫꜣr
赫尔　Tell el-Herr
荷鲁斯　Ḥr
赫尔—仞　Ḥr-rn
赫尔—阿哈神　Ḥr-ꜥḥꜣ
赫尔阿赫梯　Ḥr-ꜣḫty
赫尔克, W.　W. Helck
赫尔蒙杵　Ḥr-Mnṯw
赫尔摩坡里　Hermopolis
赫尔—威尔　Ḥr-wr
《赫卡那赫特书信》　Khekanakhte Letters
赫克特　Heket
赫库　ḫkꜣw
赫拉克里奥坡里　Heracleopolis
赫里奥坡里　Heliopolis
赫努特恩特儒　Ḥnwt-nṯrw
赫努特森　Ḥnwt-sn
赫佩尔卡瑞　Ḥpr-Kꜣ-Rꜥ
赫盆　Ḥw-pꜥ-nꜥ
赫恁　Henem
赫瑞霍尔　Hrihor

赫塞梯神　Ḥsꜣt
赫斯瑞特　Heseret
赫特普赫瑞斯　Ḥtp-ḥrs
赫梯　Ḥtꜥw
黑门山　Mt. Hermon
"黑人"　Nḫsy
痕特—痕—内弗尔　Ḥnt-ḫn-nfr
痕特—雅外特弗　Ḥnt-yꜣwtf
弘苏　Wnsw
《弘苏神庙铭文》　The Inscriptions of the Temple of Khonsu
埃　Hou
呼勒湖　Huleh
胡尼　Ḥwny
胡汝　Huru
胡伊　Huy
《皇家木乃伊记录》　Records on the Royal Mummies
霍尔维尔瑞　Ḥr-wr-Rꜥ
《霍尔雕像铭文》　Statue Inscription of Hor

J

基德　Geder
基多　Gedor
祭司　wꜥb
加德纳, A. H.　A. H. Gardiner
加利利　Galilee
加沙　Gaza
《吉别林铭文》　Gebelen Inscription
《集体备忘录》　Memoir Collective
剑　ḫpš
角蝗山诺姆　Pr-Nmty
《建筑铭文》　Building Inscriptions
据点　bḫn

军官　snn

K

卡柴米什　Carchemish
卡德尔　Kʿ-dw-rw
卡迭什　Qdš（Kadesh）
卡迭什女神　Qedesh
"卡迭什战斗"　Battle of Qadesh
卡珲纸草　Kahun Papri
喀伽布　Kagab
卡—凯姆—维尔　K₃-km-wr
卡梅尔山脉　Carmel
卡那封　Carnarvon
卡如山脉　H₃rw
卡沙布　ḫšb
卡特, H.　H. Carter
卡特纳　Qatna
卡提亚　Katia
卡乌　K₃₃w
卡伊　Kay
凯伯　Kb
凯得尔　Qeder
凯亥克　Khk
凯梅德　Kʿ-my-dw
《凯米特之书》　Book of Kemit
凯瑞米姆　qʿ-rʿ-my-mw
凯塔　ḫtʿ
坎乃伯梯葳尔　K₃-n-nbty-wr
坎塔拉　Kantarah
考洳斯考　Korusko
科普托斯　Gbtiw
克得特　Qdt
克夫提乌　Kheftiu
克什克什　Keshkesh
肯凯弗　Kenkef

寇得　Kode
库麦赫　Kummeh
库萨　Qis
库什　K₃š
昆茨, Ch.　Ch. Kuentz

L

拉菲亚　Raphia
拉—哈尔—阿赫提　Rʿ-Ḥr-₃ḫti
拉考, P.　P. Lacau
拉姆西斯　Rʿ-mss
拉—内泽尔　Rʿ-nḏr
拉神　Rʿ
腊沙普神　Rashap
腊斯—埃尔—阿因　Ras el-Ain
腊斯—沙姆腊　Ras Shamra
莱格瑞恩, G.　G. Legrain
莱普修斯, A. R.　A. R. Lepsius
濑希特　Rḫt
《雷斯那纸草》　Reisner Papyrus
雷尹　Reyen
里可波里诺姆　Lycopolite
理口坡里　Lycopolite
罗, A.　A. Rowe
罗格　Rouge
罗—炻　R₃-š
罗斯塔　Ra-st₃

M

马瑞埃特　Mariette
马斯佩罗　Maspero
玛阿特　M₃ʿt
玛德巴阿　Madba'a
玛尔亚努　Maryanu
玛弗代特　M₃fdt

玛格多罗南得　Magdolonand
玛吉多　Megiddo
玛卡梯瑞　M-k-ty-rꜥ
玛特哈　Mꜣꜥt-ḥꜥ
玛扎　Bir Mazar
玛肇伊　Mḏꜣyw
麦奥西, F. T.　F. T. Miosi
麦贝尔　Mꜣ-bꜣ-rꜣ
麦尔亚努　Mrynw
麦赫尔　Mꜥḥt
麦奈特—胡夫　Mnt-Ḫwfw
麦汝　mr
麦瑞特—内特　Meret Neit
麦瑞伊　M-rꜣ-yꜣ-yw-y
麦什外什　M-šꜥ-wꜥ-šꜥ
麦斯　Ms
麦耶斯, O. H.　O. H. Myers
麦扎　Mḏꜣ
曼德西亚诺姆　Mendesian
曼弗瑞得比塔克　Manfred Bietak
曼赫坡瑞拉　Mn-ḫpr-Rꜥ
曼考瑞　Mn-kꜥw-Rꜥ
曼玛阿特瑞　Mn-mꜣꜥt-Rꜥ
没药　ꜥnty
梅尔内彻尔塞特尼　Stny-mr-nṯr
梅尔内普塔赫　Mr-n-Ptḥ
梅尔内瑞　Mr-n-Rꜥ
梅森　Mesen
梅藤　Mtn
梅耶　Meyer
梅蚩尔　Mḏr
美迪奈特哈布　Medinet Habu
《美国闪语与文学杂志》　*American Journal of Semitic Languages and Literatures*
美尔恩普塔赫　Mr-n-Ptḥ
美卡尔　Mkr
美米　Mmi
美尼　Meni
美尼斯　Menes
美瑞卡瑞　Mry-kꜣ-Rꜥ
《美瑞卡瑞教谕》　*Instruction for Merykare*
美瑞伊布瑞—亥提　Mri-ib-Rꜥ Ḫty
美斯赫尼特　Meskhenet
美苏迪耶　Bir Mesudiyeh
门得西诺姆　Mendesian
《门赫坡尔拉萨内卜、阿蒙摩斯及其他人之陵墓》　*The Tombs of Menkheperrasonb, Amenmose, and Another*
门—凯佩尔—拉—塞内布　Mn-ḫpr-Rꜥ-snb
蒙得, R.　R. Mond
蒙杵　Mnṯw
蒙特, P.　P. Montet
蒙图赫尔凯培谢夫　Montu-her-khepeshef
蒙西特　Mnhyt
孟菲斯城　Ḥt-kꜥ-Ptḥ
孟徘赫梯瑞　Mn-pḥti-Rꜥ
孟图霍太普　Mnṯw-ḥtp
米格多尔　migdo
米伦　Merom
米沛尔　My-pr
米坦尼　Mitanni
芈　Me
缗　Mnw
缗—西—埃瑟　Min-si-s
皿霍太普　Mnw-ḥtp
皿内姆赫特　Mnw-m-ḥꜣt
《铭文与书信学者备忘录》　*Memoire de l'Academie des Inscriptions et belles-let*

tres
敏西埃斯　Min-si-ese
摩斯, R. L. B.　R. L. B. Moss
默勒尔, G.　G. Mller
姆特　Mwt
穆勒　Mueler
《纳盖第一中间期石碑》 *Der-ed-Nana Stelae of the First Intermediate Period*

N

那赫闰　N-h-ry-n
那赫特内布—泰普内菲尔　N-ꜣḫt-nb Tp-nfr
那帕塔　Napata
纳赫尔—埃尔—克勒布　Nahr el-Kelb
纳韦利, E.　E. Naville
纳韦利埃及勘探基金　The Egypt Exploration Fund under Naville
乃伯—塞内特　Nb-snt
奈地特　Ndyt
奈赫斯　Nekhes
奈凯尔　Neker
耐阿壬　Nearin
南沛尔—凯得　Pr-qk
《能言善辩的农夫的故事》 *Elequent Peasant*
内柏特囥特　Nbt-ḥwt (Nephthys)
内非尔卡瑞　Nfr-kꜣ-Rꜥ
内弗尔弗瑞　Neferefre
内弗尔霍太普　Nfr-ḥtp
内弗尔霍太普外尔　Nfr-ḥtp-wr
《内弗尔提预言》 *Prophecy of Neferty*
内弗尔伊瑞卡瑞　Nfr-ir-kꜥ-Rꜥ
内伽乌　Negau
内格卜　Negeb

内格斯　Ngs
内赫波　Nḥb
内亨　Nḥn
内肯乃伯梯　N-kꜣ-n-nbty
内库瑞　Rꜥ-n-kꜣw
内玛特瑞　N-mꜣꜥt-Rꜥ
内帕乌　Nepau
内苏巴斯特　Nesubast
内苏伯奈卜代得　Nesubenebded
《内苏霍尔铭文》 *Inscription of Nesuhor*
内特瑞姆　Nṯry-mw
尼波玛特　Ḥr-nb-mꜣꜥt
尼弗尔伊瑞卡瑞　Neferirkere
尼玛阿特哈普　N-mꜣꜥ-ḥꜣp
尼玛阿特拉—尼哈　N-mꜣꜥt-Rꜥ N-ḫꜥ
尼伊　Ni
涅赫伯特　Nekhbet
纽伯利, P. E.　P. E. Newberry
"农民"　yꜥḥty
努比提　Nwbty
努伯赫坡汝拉　Nb-ḫprw-Rꜥ
努博卡乌瑞　Nwb-kꜣw-Rꜥ
努恩　Nun
努哈色　Nuhasse
努塞尔瑞　N-wsr-Rꜥ
努特　Nwt
诺姆　spꜣt (Nome)
诺姆长　ḥꜣty-ꜥ

P

帕—阿阿姆　Pa-'Aam
帕—得米迦南　Pa-demi Canaan
帕哈提　Pꜣḥꜣty
帕赫勒　Pahel
帕—迦南　Pa-Canaan

帕—拉—艾穆—赫布　P₃-Rc-m-ḥb
帕—梅尔—赫特穆　P₃-mr-ḫtm
帕—斋得库　Ḏdkw
俳尔—乃瑟尔　Pr-nsr
俳尔—努　Pr-nw
俳尔—外尔　Pr-wr
俳匹　Ppy
裴尔扎扎　Pr-ḏ₃ḏ₃
沛尔哈托尔　Pr-ḥt-ḥr
沛尔凯得　Pr-qd
沛尔塞帕　Pr-sp₃
沛尔晒塞侪特　Pr-šstt
佩德提述　Pdty-šw
佩尔—拜瑞斯特　Pr-b₃-r₃-ys.t
佩尔外尔萨赫　Pr-wr-sḥ
佩尔—伊布森　Pr-ibsn
佩尔伊瑞　Pr-yrw
佩凯尔　Pqr
佩拉　Pella
佩梅赫特姆　Pc-mḥ-tc-mc
佩瑟博痕诺　Pesebkhenno
蓬特　Pwnt
皮尔　Piehl
皮尔, G. C.　G. C. Pier
皮特, T. E.　T. E. Peet
皮特里, W. M. F.　W. M. F. Petrie
皮卡南　Pc-kc-nc-nc
普撒美提克　Psmṯk
普塔赫　Ptḥ
普塔赫舍普塞斯　Ptḥ-špss
普塔赫—塔赫南　Ptḥ-T₃hnn

Q

齐恁　Qy-nn
其墙之南　rs-inb.f

《庆典铭文》　Jubilee Inscriptions
权杖　ḫrp
权杖　w₃s

R

人类　pct
人民　rḥyt
容克, H.　H. Junker
汝库　Rw-kw
瑞阿姆　Rc-₃m
瑞柴努　Rṯnw
瑞哈尔阿赫特　Rc-Ḥr-₃ḫt
瑞霍布　Rehob
瑞克　Rw-kw
瑞克瑞若特　Rqrrt

S

撒冷　Salem
萨赫—斯特尼　S₃ḥ-stny
萨胡瑞　S₃ḥwrc
萨太特神　Stt
萨伊特诺姆　Saitic
萨尹赫瑞特　S₃-yn-ḥrt
塞波尼斯　Serbonis
塞德节　ḥb-sd
塞弗赫特神　Sefekhet
塞赫尔岛　Island of Sehel
塞赫麦特　Sḫmt
塞赫米特诺姆　Sekhemite
塞赫姆　Sḫmḥ
塞赫特—瑞　Sḫt-Rc
塞赫特伊布瑞　Sḥtp-ib-Rc
塞克莱什　S₃-k-rw-š
塞克麦姆　Skmm
塞肯南瑞　Sqnnrc-t₃-₃c

塞拉比特—艾尔哈迪姆　Serabit el-Khadim
塞拉皮雍　Serapeum
《塞拉皮雍石碑》　Serapeum Stela
塞美尔赫特　Smrḫt
塞姆　Sm
塞姆内赫　Semneh
塞姆那　Semna
塞努特　Snwt
塞帕　Sp₃
塞普瑞　Sp-Rꜥ
塞莎特　Sš₃t
塞索斯特瑞斯　Sn-wsrt
塞陶　Setau
塞特　Stḫ
塞特乃赫　Stnḫ
塞提　Stḫ
塞提—梅尔奈普塔赫　Stḫ-mr-n-Ptḥ
《塞提一世西特波里特石碑》　Une stèle scythopolitaine du roi Séthos Ier
塞图　Stw
桑德—汉森, A. E.　A. E. Sander-Hansen
《僧侣文献片段》　Hieratische Lesestücke
森特　Snt
沙仑　Sharon
沙马什—埃东　Shamash Edom
沙漠居住者　Ḥry w-šꜥ
沙如　Tꜥ-rw
沙汝痕　Š₃-r₃-ḫ₃-n
沙苏　Š₃sw
晒尔嶝　Š₃-r₃-d-n₃
晒尔—梅藤　Šr-Mtn
晒克瑞什　Š₃-k₃-rw-š₃
晒肯　Š₃-k₃-n₃
晒姆—拉　Šm-Rꜥ

晒瑞嶝　Š₃-r₃-d-n
晒瑞特—梅藤　Šrt-Mtn
晒斯霍太普　Šs-ḥtp
晒特—梅藤　Št-Mtn
山上的人　tyw-dw
商博良　Champollion
舍克勒什　Shekelesh
舍普塞斯卡弗　Špss-k₃-f
舍商克　Š₃šnq
《舍商克"芈之大主"石碑》　Stela of the 'Great Chief of Me' Sheshonk
舍伊斯　Xois
神蛇　Uraeus
"神圣形象"　tit dsrt
圣船　nšmt
"市民"　nds
殊　Šw
斯诺弗儒　Snfrw
斯塔蒙尼　Sitameni
斯坞特　Siut
《斯坞特与戴尔—瑞菲赫铭文》　The Inscriptions of Siut and Rifeh
苏太赫　Stḫ
梭哥　Socho
索卡尔　Skr（Sokar）
索普都　Sopdu
琐安　Zoan

T

塔阿那赫　Taʾanakh
塔哈尔卡　T₃hrwq
塔姆驰　Tamutj
《塔尼斯石碑》　Tanis Stela
塔泊　Tabor
塔如　Tꜥ-rw

塔外瑞特　T3-wrt
塔耶赫　T3-yḥ
太菲比　Tefibi
太弗努特　Tephnut
太麦赫　Tmḥ
太普—赫特　Tp-ḥt
太瑞什　Tw-rw-š3
太乌赫努特　T3yw-ḥnwt
泰赫努　Tyḥnw
泰斯　Thes
泰提　Tti
泰缇　Thethi
特尔—艾尔—达巴　Tel ed-Daba'
特尔艾尔—法拉赫　Tell el-Farah
特尔艾尔哈麦赫　Tel el-Hammeh
特尔艾尔胡森　Tel el-Husn
特尔恩—那阿麦赫　Tell en-Naameh
特赫尔　thr
特罗雅　R3-3w
特瑞瑞斯　Trrs
特书伯神　Teshub
特提—恩　Tty-ᶜn
特耶尔　Teyer
提尔　Tyre
提尼斯　Tny
廷特—塔—阿姆　Tynt-t3-ᶜmḥ
统治者　ḥq3
图米拉特　Tumilat
图特霍太普　Thut-hotep
《图特摩斯四世陵墓》　The Tomb of Thoutmsis IV
托得　Tod

W

瓦格圣宴　wag-feast

瓦荷内赫　Wahenekh
瓦瓦特　W3w3t
瓦希布瑞　W3ḥ-yb-Rᶜ
瓦耶赫塞特　W3-yw-h3-s3-t3
瓦桎—亥坡尔—瑞　W3ḏ-ḫpr-Rᶜ
外尔—卡　Wr-k3
外普瓦乌特　Wp-w3wt（Wepwawet）
外瑟尔卡弗　Wsr-k3f（Userkaf）
《晚埃及语杂记》　Late-Egyptian Miscellanies
"王公"　ḥ3ty-ᶜ
"王公财产"　pr-ḥ3ty-ᶜ
王子　rpᶜ.ty
威德曼　Wiedemann
《威尔伯纸草》　The Wilbour Papyrus
威尔逊，J. A.　J. A. Wilson
维舍什　Weshesh
维什普塔赫　Weshptah
苇尼　Wny
"威严形象"　tit špst
汶诺菲尔　Wnn-nfrw
《文献 I》　Urkunden I
沃瑟瑞特卡乌　Wsrt-k3w
乌尔述　Wršw
乌哈　Wh3
乌哈特　Wh3t
乌赫姆—美苏特　Wḥm-mswt
乌加里特　Ugarit
乌拉扎　ᶜn-n-rᶜ-tᶜ（Ullaza）
乌容阿尔提　Uronarti
乌扎　Udjo

X

西里西亚　Cilicia
西米拉　Simyra

西缅 Simeon		叶尔塞特 Yerset	
西萨太特 Sisatet		伊勃亥特 Ybḥɜt	
西特亥佩尔卡 Sit-kheper-ka		伊卜色克伯 Yb-sˁ-kˁ-bˁ (Ibseqeb)	
希伯仑 Hebron		伊布沙 ʾIbı̓-Šɜr	
希拉康坡里 Hieraconpolis		伊布晒姆 ʾIb-Šmw	
希拉克里奥坡里 Heracleopolis		伊尔柴特 Yrrṯt	
希勒 Sile		伊尔恩瑞 ʾIr-n-Rˁ	
《西努亥的故事》 Story of Sinuhe		伊尔太特 Yrṯt	
希特 Sit		伊赫尔诺弗瑞特 Yy-ḫr-nfrt	
夏勒, J. V. J. V. Scheil		伊霍太普 Y-ḥtp	
谢克—萨阿德 Sheikh Saʾad		伊卡特 Ikat	
《新埃及语杂集》 Bibliotheca Aegyptiaca		伊肯 Yqn	
辛外色瑞特昂赫 Sn-wsrt-ˁnḫ		伊麦瑞斯 Yy-mrs	
《新王国石碑》 Stèles du nouvel empire		伊米—阿 Imy-a	
欣嫩 Hinnom		伊姆特斯 Ymts	
叙利亚 Ḫɜrw		伊普晒姆伊布 Yp-Šmw-ı̓b	
穴居人 Yntyw		伊恁那 Inena	
		伊瑞 Yry	
Y		伊塞斯 Yssy	
		伊什汝 Ishru	
雅麦特 Yɜmt		伊什塔—乌姆米 Ishta-ummi	
亚尔穆塔 Yarmuta		伊斯梅利亚 Ismailiyeh	
亚莫尔 Y-m-r		伊特尔 Iter	
亚姆 Ymɜm		伊提 Ity	
亚诺安 Yanoam		伊西斯 Ɜst	
亚实基伦 Ashkelon		伊希 Yḥy	
亚特—塞拜克 Yˁt-Sbk		垠姆特夫 Yn-mwt.f	
亚洲人 Mn.t.yw		尹泰弗 Intef	
亚洲人 ˁɜmw		尹藤 ʾIntn	
亚洲沙漠居住者 ˁɜm-ḥryw-šˁ		"油树保护者" ḫw-bɜq	
亚洲穴居人 Ynw-Mn.t.yw		《遇难水手的故事》 Shipwrecked Sailor	
要塞 ḫtm			
耶茨雷埃勒 Jezreel		**Z**	
耶赫姆 Yḥm			
耶拉扎 Y-rɜ-dɜ		泽特, K. K. Sethe	
耶诺阿姆城 Y-nw-ˁ-mw		扎哈 Dɜ-hɜ	

扎米拉　dꜥ-my-rꜥ
扎一纳赫特　Za-nakht
扎希　Dꜣhi
斋巴特　Dbꜣ.t
斋瑟尔卡瑞　Dsr-kꜣ-Rꜥ

斋特　Dt
《忠诚教谕》　*Loyalist Instruction*
"众神之舍"　Qbḥ-nṯrw
佐塞尔　Nṯr-ḫt（Djoser）
作战　pḥrr